KB260981

전쟁 이후의 미국 경제

불황은 계속된다

김인영 (서울경제신문 뉴욕특파원) 지음

www.book21.co.kr

머리말

월요일인 2003년 3월 17일 아침 9시, 백악관 지하 벙커의 상황실에서 조지 W. 부시 대통령은 내각을 비상 소집했다. 이른 아침부터 콜린 파월 국무장관은 6개국 외무장관들에게 전화를 걸어 유엔 상임위원회에 이라크 공격 결의안이 통과될 가능성이 있는지를 타진했다. 파월은 부결 가능성이 99%라고 부시 대통령에게 보고했다.

마침내 부시 대통령은 국제 사회가 전쟁을 반대하더라도 무력으로 이라크의 무장을 해제시켜야겠다고 마음을 정했다. 곧이어 아침 10시, 백악관은 저녁에 부시 대통령이 중대 연설을 할 것이며, 그 연설은 이라크에 대한 최후통첩이 될 것이라고 밝혔다.

그 시각, 세계 역사, 정치, 경제의 모든 것이 바뀌었다. 바닥을 모르고 가라앉던 뉴욕 증권시장은 폭등세로 돌아섰고, 배럴당 40달러까지 치솟았던 국제 유가는 30달러 이하로 떨어졌다.

그날 저녁 8시 부시 대통령은 전국에 생중계한 대국민 연설을 통해 이라크의 사담 후세인 대통령에게 48시간의 시간을 줄 테니 도망가라, 그렇지 않으면 전쟁을 할 것이라고 경고했다. 공식 용어는 최후통첩이었지만, 사실상 선전포고였다. 그리고 49시간 30분 후인 3월 19일 저녁 9시 30분, 이라크 시간으로 20일 새벽 5시 30분 미군 전투기는 바그다드 상공으로 출격, 이라크 군 시설에 대대적인 폭격을 단행했다. 전쟁이 시작된 것이다.

　21세기 두 번째 전쟁으로 기록되는 이라크 전쟁은 2001년 9 · 11 테러 참사의 연장선상에 있다. 미국인이라는 이유로 수천 명의 민간인이 죽은 테러가 발생한 후 미국은 무서운 슈퍼파워로 변했다. 그들은 더 이상 적이 도발할 때까지 기다리지 않았다. 이른바 선제 공격론이다. 테러 집단과 대량살상 무기(WMD)를 보유한 '악의 축' 국가에 대해 위험이 커지기 전에 싹을 제거해야 한다는 논리다. 따라서 부시 대통령은 아버지가 마무리하지 못한 이라크 점령을 12년 만에 다시 시도했다. 이라크전은 몇 가지 역사적 성격을 띠고 있다.

　첫째, 미국 역사상 선제 공격론에 의한 첫 전쟁이다. 미국이 먼저 공격당하거나 분쟁 국가를 지원한 종전의 전쟁과 달리, 테러의 온상이 되고 있는 나라를 사전에 공격함으로써 미국에 대한 공격을 미리 차단한다는 명분의 전쟁이다. 이라크의 무장 해제를 위해 미국이 대규모 파괴력을 가진 첨단 무기를 사용하고 있다는 점에서 반전 세력에게 명분을 제공했다.

　둘째, 미국의 독단주의(unilateralism)가 강화됐다. 구 소련 붕괴 이후 세계 유일의 초강대국으로 남은 미국은 전통적인 우방인 프랑스 · 독일은 물론 과거의 적이었던 러시아 · 중국의 반대를 무릅쓰고 전쟁을 수행했다. 이는 미국 내에서 다자주의(multilateralism)를 내세우는 민주당의 반발은 물론 세계 여론을 분열시키는 원인이 됐다.

셋째, 제2차 세계대전 이후 형성된 국제 질서가 붕괴되고 있다. 전후 세계 평화를 위해 조직된 유엔 안전보장이사회가 이라크 공격을 놓고 갈라졌으며, 공산권 방어를 위해 만들어진 북대서양조약기구(NATO)가 분열됐다. 미국 보수파들은 이번 전쟁이 진정한 의미의 냉전체제 종식이라고 규정했다.

넷째, 베트남전 이후 최대의 반전 시위가 벌어져, 인류가 전쟁과 평화라는 주제로 진지하게 논의하는 계기를 마련했다. 1648년 베스트팔렌 조약 이후 인류 역사는 전쟁을 피하자고 논의를 해왔지만, 이번에도 전쟁은 피할 수 없었다.

다섯째, 이라크 문제가 해결된 다음에 부각될 지정학적 이슈는 북한 핵 문제다. 부시 행정부가 규정한 '악의 축' 3개국 중 하나인 북한과 이란에 대해 미국의 압력이 가해질 것으로 보인다.

9·11 테러에서 이라크 전쟁까지 1년 6개월 동안, 미국은 전쟁과 테러 위협, 그리고 경제 불황이라는 세 가지 유령에 시달렸다.

앨런 그린스펀 연방준비제도이사회(FRB) 의장을 비롯한 미국의 많은 경제전문가들은 이라크 전쟁이 끝나면 미국 경제가 살아난다고 주장했다. 하지만 전쟁이 실물 경제 회복에 도움을 주지는 않는다. 물론 전쟁이 끝나면 위축됐던 소비와 투자 심리가 재개되는 측면은 있다. 주가가 어느 시기까지 폭등하고, 2003년 하반기엔 미국 경제 성장률이 다소 올라갈 것이다. 하지만 미국 경제는 1990년대 10년간의 장기 호황으로 형성된 자산 거품과 생산 설비 과잉을 3년 이상 해소하지 못하고 있다. 그린스펀 의장의 낙관론은 3년간 경제 슬럼프 과정에서 오류로 판명됐고, 미국의 실물 경제 여건은 전쟁 여부와 상관없이 기력을 상실하고 있다. 이 책은 현재의 미국 경제 문제가 장기적으로 지속될 수밖에 없는 이유를 지난 몇 년간 나타난 경제 현상을 분석하여 제시하고 있다. 미국이 겪고 있는 경기 침체는 지난 10년간의 장기 호황 후에 오는 구조적인 현상이며, 미국 자체의 개혁 없이는 근본적인 회복이 불가능한 것이다. 그러나 미국은 내부의 근본적인 개혁보다는 제국주의적 면모를 강화함으로써 이 난국을 타개하려고 한다. 테러 이후에 증폭된 미국인들의 애국 열기도 여기에 힘을 실어주는 실정이다.

그렇다면 이러한 상황에서 한국은 어떤 선택을 해야 하는가? 더욱이 이라크 전쟁이 끝나면 미국이 북한을 다음 상대로 지목할 것이라는 관측이 나오고 있는 현실에서 말이다.

나는 2003년 1월에 서울에 다녀온 적이 있다. 그 무렵에 서울 강남 코엑스에서는 북한에서 온 고구려 시대 유물과 벽화가 전시되고 있었다. 나는 고구려를 보고 꿈꾸고 싶어 그곳에 들렀다. 발해와 함께 우리에게 오랫동안 잊혀졌던 고구려를 찬찬히 들여다보고 있던 차에 새로운 사실을 하나 발견했다. 바로 철옹성이었다. 쇠로 만든 독처럼 견고하다는 뜻을 가진 이 성은 북한 원자로가 위치한 평안북도 영변에 있다.

영변산성이라고도 하는 이 성은 4개의 성으로 이루어져 있고, 그중 약산성과 본성은 고구려 때 쌓았다. 철옹성이라는 명칭은 약산성이 위치한 곳의 지형이 깎아지른 절벽과 가파른 벼랑으로 막혀 있어 험하기가 비할 데 없으며 사방에 산봉우리들이 겹겹이 둘러싸고 있다고 해서 붙여졌다. 철옹성은 역사적으로 외세의 침략을 여러 차례 받았는데, 11세기 초 거란의 공격을 수 차례 물리쳤으며 1236년 몽고와 고려 말 홍건적, 1636년 병자호란 당시 청나라군을 모두 막아냈다.

철옹성은 바로 김소월의 시 '진달래'의 소재지이기도 하다.

나 보기가 역겨워

가실 때에는

말없이 고이 보내 드리오리다.

영변(寧邊)에 약산(藥山)

진달래꽃

아름따다 가실 길에 뿌리오리다.

가시는 걸음걸음

놓인 그 꽃을

사뿐히 즈려 밟고 가시옵소서.

나 보기가 역겨워 가실 때에는

죽어도 아니 눈물 흘리오리다.

철옹성과 진달래의 고장 영변이 국제 사회의 초점이 되고 있다.

북한은 2002년 말 핵확산금지조약(NPT)을 탈퇴한 후 1994년 미국과의 제네바 합의에 따라 가동을 중단했던 영변 원자로를 재가동하기 직전에 있다. 〈뉴욕타임스〉는 미국 정보 소식통을 인용하여 영변 원자로에서 연기가 나오는 것을 관측했다고 보도하고, 미 국무부도 "북한의 영변 원자로 재가동은 또 하나의 도발이며 고립을 자초하는 행위"라고 경고했지만, 아직 명백한 증거는 나타나지 않고 있다.

문제는 북한이 원자로를 재가동할 경우 국제 사회가 그어놓은 '금지의 선(red line)'을 넘어선다는 사실이다. 영변의 5메가와트 원자로는 1년 동안 가동할 경우 핵폭탄 1개 분량의 플루토늄을 만들 수 있으며, 재가동에서 재처리까지의 최단 기간은 1년 6개월 정도로 추정되고 있다. 따라서 북한의 원자로 재가동은 더 이상 외교적 수사의 문제가 아니고, 전쟁으로 갈

수 있는 중대한 기로에 있다.

미국에서는 빌 클린턴 대통령 때, 북한 영변을 폭격해서 원자로를 파괴하는 이른바 '제한 전쟁론'을 검토했다고 한다. 이 작전은 지금도 유효하다고 소식통들은 전한다.

뉴욕에 사무실을 두고 있는 한반도에너지개발기구(KEDO)에 근무하다 귀국 발령을 받은 한국 정부의 한 고위 관계자는 귀국을 앞두고 이렇게 얘기한 적이 있다. KEDO의 미국측 사람들은 북한을 공격할 준비가 돼 있다고 노골적으로 말하고, 어떻게 공격할 것인지도 자세하게 설명한다는 것이다. 이 말을 들은 고위 관료는 섬뜩했다고 전했다. 한국에선 김진표 부총리가 미국의 영변 공격설을 〈오마이뉴스〉에 흘렸다고 해서 한때 논쟁이 된 적이 있다. 하지만 미국 보수층에선 많은 사람들이 그런 얘기를 하는 것이 사실이다.

북한이 3월 초 동해상에서 미사일 시험을 재실시했다는 소식이 일본 니케이 지수를 한때 8000포인트 아래로 떨어뜨린 적이 있다. 북한 핵 문제가 동시에 국제 금융시장을 자극하는 대표적인 사례다.

북한 핵 문제가 확대되면서 국제 금융시장에서 한국 경제에 대한 위기 신호와 경고가 쏟아지고 있다. 신용평가 기관인 무디스는 한국에 대한 국가신용 등급 전망을 두 단계 낮췄다. 한국 금융 기관의 단기차관 코스트가 올라가고, 국채 가산금리 상승에 가속도가 붙고 있다.

미국 은행들이 한국 금융 기관에 대한 신용한도(크레딧 라인)를 줄일 움직임을 보이고 있다. 5년 만기 외평채의 가산금리는 지난해 12월 북한의 NPT 탈퇴 직후에도 1.1~1.2%의 좁은 범위에서 안정적으로 움직였으나, 한때 2.0%로 급등했다.

한국의 해외 자본 조달 코스트가 높아지면서 원화에도 하향 압력 요인으로 작용하여, 국제 외환딜러들은 일본 엔화와의 연동 공식(1엔=10원)을 파기하고 있다.

뉴욕 월 가에서는 그동안 한국을 안전한 투자국으로 분류했으나, 최근 들어 '덜 안전한 나라'로 인식하고 있다. 이머징마켓 펀드들은 한국, 터키, 필리핀, 인도네시아 등 불안한 나라를 피해 중국, 러시아, 남아프리카 공화국으로 자본을 이동시키고 있다.

한반도에서 전쟁은 막아야 한다. 하지만 지금 북한의 태도는 마치 '철옹성'을 사수하듯 미국에 항쟁을 벌이고 있고, 한국은 "진달래꽃 아름따다 가실 길에 뿌리"는 식으로 대응하는 게 아닌가 싶어 걱정이다.

코엑스의 고구려전을 보면서 당시 아시아의 최강이었던 당나라와 싸우던 연개소문의 모습이 떠올랐다. 임금(보장왕)을 허수아비로 만들어놓고 연개소문이 차지한 막리지라는 지위도 지금 김정일의 군사위원장쯤 되지 않았는가. 그러나 연개소문도 끝내 몰락했다.

북한이 NPT를 탈퇴한 지 몇 달이 지났지만, 핵 사태에 대해 진전된 모습을 보이지 않고 있다. 한국이 북한을 한민족이라고 생각한다면 "말 없이 고이 보내드리"겠다는 수동적인 태도로 일관할 수 없다.

봄을 시샘하는 꽃샘바람이 두어 차례 불면 이제 한반도 야산엔 진달래가 핀다. 4월 말께면 영변의 약산 철옹성에도 진달래가 필 것이다. 그 아래에 있는 핵 발전소를 둘러싸고 한반도에 긴장감이 돈다면 그때도 "죽어도 아니 눈물 흘리"는 태도로 나갈 수 없다.

이 책을 쓰는 과정에서 〈서울경제신문〉과 〈뉴욕 한국일보〉 동료들, 자료 제공과 사태 분석에 도움을 준 뉴욕 금융계 인사들에게 감사드린다. 그동안 게으른 나를 채찍질하고 힘을 실어준 아내 심영숙, 딸 수명이에게도 사랑의 마음을 전한다.

2003년 4월

〈서울경제신문〉 뉴욕 특파원 김인영

차례

머리말

1부 미국 경제의 거품 붕괴

2부 추락하는 월 가

3부 강화되는 아메리카 제국주의

4부 한국 경제가 살 길

1부 | 미국 경제의 거품 붕괴

1

거품은 꺼진다

새로운 밀레니엄을 한 달여 앞둔 1999년 11월 17일, 뉴욕 맨해튼의 리먼 브러더스 본사 빌딩에서 한국 기업 '두루넷'이 거창한 상장식을 열었다. 한국 기업으로는 첫 나스닥 직(直)상장이었다. 당시 한국에서 내로라하는 포철, 한전 등이 서울 증권거래소에 상장한 주식을 맡겨 주식예탁증서(DR : Depository Receipts)로 뉴욕 증시에 상장했던 것과 달리, 두루넷은 한국 증시에 상장하지도 않은 채 곧바로 미국 나스닥에 상장하여 미국 기업과 동등한 대우를 받는 과감성을 보였다.

뉴욕 증시의 기호, 즉 티커 심벌(ticker symbol)은 '코리아(KOREA)'였다. 두루넷은 '코리아 두루넷'이라고 회사 이름을 늘려서 '코리아'라는 티커 심벌을 차지했다. 이와 비슷한 경우로 홍콩의 인터넷 포털서비스 회사인 '차이나닷컴'은 나스닥에 상장하면서 '차이나(CHINA)'를 티커 심벌로 부여받아 첫날 거래에서 공모가의 3.36배로 마감한 바 있다. 나라

이름을 주식 코드로 사용할 때에는 그만큼 국위를 신장해야 한다.

두루넷도 처음에는 그랬다. 나스닥 주식 코드 '코리아'의 가격은 데뷔 첫날 공모가의 2배로 폭등했다. 초고속 인터넷 회사인 두루넷의 주식은 첫날 44달러에서 출발하여 한때 51달러까지 치솟았다가, 공모가 대비 2배에 가까운 35.1달러에 거래를 마쳤다. 당시는 '닷컴(dot com),' '넷 (net)'이라는 말만 들어가도 주가가 폭등하던 시절이었다. 국적 불문, 수익 여부 불문이었다. 인터넷이면 무조건 사자는 분위기 속에서 한국에서는 이름도 없는 두루넷이라는 기업이 한국 정보통신산업을 대표하며 뉴욕 증시 투자 자금을 긁어모은 것이다.

두루넷의 첫날 거래량은 전체 상장주식 1010만 주 가운데 940만 주로, 하루 동안 93.1%의 높은 회전율을 기록했다. 공모에 참여한 월 가의 기관투자자들이 거래 첫날에 거의 다 팔아치웠다는 얘기다. 그들로서는 가격이 2배나 오른 데다 인터넷 주가의 변동성이 높기 때문에 신속히 팔아 며칠 만에 2배 장사를 했고, 사는 사람도 인터넷 거품이 꺼지지 않을 것이라는 신념으로 나오는 물량을 모두 소화한 것이다.

주간사 은행인 리먼 브러더스 측은 "두루넷 경영진과 한국 인터넷 산업에 대한 높은 신뢰의 표시"라며 극찬했고, 월 가의 트레이더들은 외국 기업임에도 불구하고 한국의 대형 인터넷 업체에 대한 첫 투자 기회라는 점에 주목했다. 이에 힘입어 두루넷의 주가는 한 달 후 84달러까지 치솟았고, 정점을 기준으로 시가총액은 45억 달러에 달했다.

내가 귀국하던 2000년 1월에는 두루넷이 한국에서도 유명해져 있었다. 한국에도 코스닥 붐이 불었고, 모두들 주식 투자 열풍에 휩싸여 있었다. 며칠 후 인터넷 시대를 맞아 집에 초고속 인터넷을 깔기 위해 두루넷에 전화를 걸었다. 두루넷에서는 한 달 내에 선을 연결해주겠다고 했다.

한 달을 기다리다가 또 전화했더니 조금 더 기다리라고 했다. 결국 두루 넷은 우리 집에 인터넷망을 연결해주지 않았다. 이런 회사가 어떻게 국 내 대기업도 엄두를 내지 못하는 뉴욕 증시 직상장을 단행해 한 번에 소 위 '대박'을 터뜨릴 수 있었을까? 두루넷은 나스닥 상장으로 총주식의 18.1%를 주당 18달러에 팔아 1억 8000만 달러를 마련해갔다.

그러나 3년 후인 2002년 말, 두루넷의 주가는 0.5달러대로 떨어져 나 스닥에서 퇴출 위기에 직면했고, 회사를 매각하는 문제까지 대두됐다 (2003년 두루넷은 한국에서 법정 관리를 신청했다). 뉴욕 증시 주가를 체 크하기 위해 'korea'를 칠 때마다 왜 이런 회사가 나라 이름을 티커 심벌 로 사용했는가 싶어 창피할 때가 있다. 해외, 그것도 국제 금융시장의 심 장부에서 한국의 국위를 실추시킨 대표적인 사례다.

도표1-1. 두루넷 주가 (단위 : 달러)

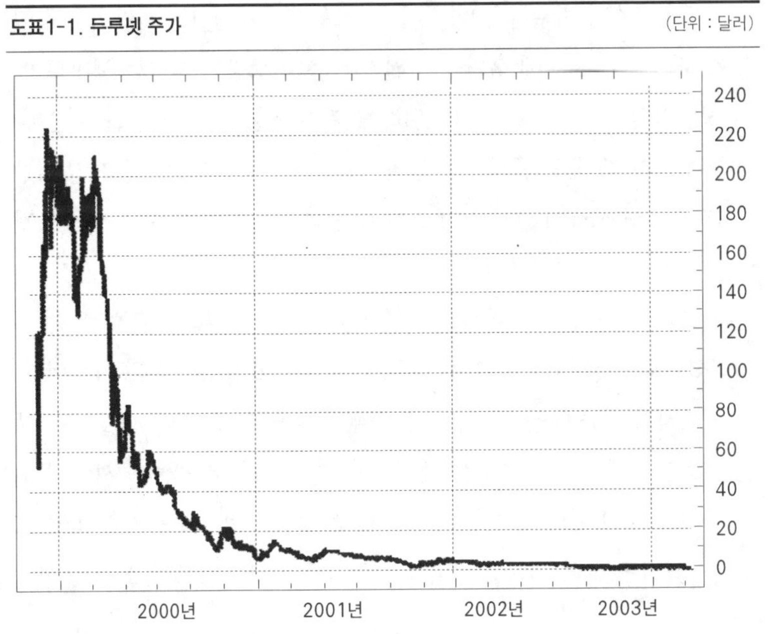

도덕적 해이가 부른 나스닥 붕괴

두루넷의 흥망은 뉴욕 증시의 거품이 최고조로 달했다가 꺼지는 과정을 단적으로 보여준다. 정보통신주가 집결한 나스닥은 하늘 높은 줄 모르고 치솟아, 1998년에 2000포인트, 1999년에는 4000포인트를 훌쩍 뛰어넘어 2000년 3월 10일에는 5048.62포인트까지 치솟았다. 한 해 사이에 지수상으로 2배나 오른 것이다. 그러던 나스닥 주가는 2000년 3월을 고비로 내리막길에 들어서 1년 만에 전체 시가총액 중 무려 3조~4조 달러가 공중으로 날아갔고, 2002년 말에는 1200포인트 이하로 떨어져 80%나 가라앉았다. 기술주 중심의 나스닥이 붕괴하고, 이어 3년간 블루칩 지수인 다우지수와 S&P 500지수가 서서히 무너지면서 뉴욕 증시의 거품이 꺼지기 시작했다.

여기서 나스닥 지수가 무너질 것을 알고 먼저 빠져나간 사람이 누구였을까? 잘나가던 시장에 흙탕물을 튀기며 먼저 도망친 사람들은 바로 벤처 창업자와 증권 브로커였고, 뒤늦게 빠져나간 개인투자자들은 큰 손해를 보아야 했다. 거품처럼 부풀었던 주가가 무너지면서 월 가의 내부자 거래(insider trading)와 기업 회계 부정의 가능성이 싹트기 시작한 것이다.

나스닥이 붕괴된 지 1년 후인 2001년 기업 경영 분석 기관인 톰슨 파이낸셜이 분석한 바에 따르면, 나스닥 상장 기업의 대주주들 가운데 지분을 매각하여 1억 달러 이상을 번 경우가 50명 정도 된다. 이들 대부분은 나스닥 지수가 최고조였을 때인 1999년 10월에서 2000년 사이에 보유 주식을 내다 팔았다. 일례로 인터넷 컨설팅 업체인 사이언트의 최고경영자였던 36살의 에릭 그린버그는 주가가 최고치에 달했을 때 주식을 매각하여 2억 달러 이상의 현금을 챙겼다. 그 후 이 회사의 주가는 폭락하여 2001년 3월의 시가총액은 1억 달러를 겨우 넘는 수준이었다.

IT 업체의 창업자들이 모두 떼돈을 번 것은 아니지만 나스닥 상장업체의 내부자 대부분은 주가가 좋을 때 지분을 매각하여 많은 돈을 번 것으로 조사됐다. 이들은 시가 이하로 주식을 확보한 후 소액투자자들에게 거액으로 팔아 목돈을 챙기면서도 죄의식을

인터넷 거품을 다룬 앤서니 퍼킨스와 마이클 퍼킨스의 저서 『인터넷 버블』의 표지

느끼기는커녕 "자본주의란 원래 그런 게 아니냐" 하며 자신의 성공을 당연시했다.

물론 월 가의 브로커 회사들도 많은 돈을 벌었다. 1998년 이후 기업공개(IPO)시장에서 플릿보스턴 파이낸셜이 5억 달러 이상을, 베어스턴스와 도이체방크가 각각 4억 달러 이상을, 골드만 삭스가 3억 달러 이상을 벌었다. 그들은 일단 상장 수수료를 받고 나면 주가가 폭락하건 말건 상관하지 않는다.

이 밖에 애널리스트들도 인터넷이야말로 21세기의 주력 산업이라며 소액투자자들을 끌어 모으는 데 일조하여 이익을 챙겼다. 인기 있는 애널리스트는 1000만 달러가 넘는 연봉을 받아가기도 했다. 모두들 자본

주의 시스템을 활용해 막대한 돈을 벌었지만, 결과적으로 거품을 팽창
시켰다가 꺼뜨리는 데 일조한 셈이다. 일종의 '도덕적 해이'에 빠져 있었
던 것이다.

도덕적 해이는 월 가 사람들과 젊은 벤처 사업가에게만 있었던 것은
아니다. 연방준비제도이사회(FRB : Federal Reserve Board)도 나스닥 지
수가 달아오르는 것에 대해 립서비스(구두 경고)만 했지 적극적인 행동
(금리 인상)을 취하지 않았다는 비판을 받고 있다. FRB가 방관하는 사이
에 풍부한 유동 자금이 기술주로 몰렸고, 돈 한푼 없이 떼돈을 버는 미국
판 졸부를 양산했다는 이유에서다.

도덕적 해이가 있는 곳에 반드시 경제의 거품이 발생하고, 그 거품이
꺼지는 과정에 불황이 닥쳐왔다. 10년 장기 호황을 구가한 미국 경제는
증권시장의 거품이 꺼지면서 2001년 초부터 경기 침체를 겪었고, 그 와
중에 9 · 11 테러를 당한 것이다.

2

무너진 신경제 이론

1990년대 말 노벨 경제학상 수상자 로버트 솔로우 교수는 "미국 경제가 세계에서 가장 위대한 경제인이 입증되었고, 따라서 갑자기 침몰할 우려는 없다"고 단언했다. 미국 경제가 장기 호황을 구가하고, 뉴욕 증시는 장기 '황소 장세(bull market)'를 형성하던 1990년대에 미국 경제학계에는 이른바 '신경제학파(new economics)'가 생겨났다. 신경제학파는 기업들이 정확한 전망을 통해 생산하기 때문에, 수급 불균형과 재고 누적에 따른 전통적인 경기 사이클은 이제 종식됐다고 주장했다. 아울러 스탠퍼드 대학의 폴 로머 교수는 '창의적 아이디어와 신기술'에 의해 경제가 성장하는 '신성장 이론'을 제기했다. 새로운 경제 이론은 그 자체가 '팍스 아메리카나'를 대변했다.

신경제학파에 속하는 젊은 학자들은 경기 변동이 사라졌으므로 미국 경제가 예측 가능한 미래까지 장기 호황을 지속할 것으로 믿었다. 유토

피아적 신경제학자들은 그들의 이론을 뒷받침해줄 기업으로 10년 만에
세계 최대 인터넷 장비 회사로 부상한 시스코 시스템스를 꼽았다. 시스
코는 2000년 한때 인텔을 제치고 주식 시가총액으로 1위에 올라 신경제
의 총아로 지목되기도 했다. 그러나 인터넷과 통신산업의 거품이 꺼지
면서 신경제의 총아 시스코도 쇠퇴를 피할 수는 없었다.

2001년 5월 8일 저녁 시스코의 최고경영자 존 체임버스는 뉴욕 월 가
의 애널리스트들을 만났다. 그는 지난 4월로 끝난 회계분기 매출이 전
회계분기보다 30% 떨어졌고 다음 분기에도 매출이 10% 정도 감소할 것
이라고 밝혔다. 분기 매출 47억 달러에 27억 달러의 적자가 났으니, 시
스코의 경영 상태가 심각한 수준에 이른 것이다. 체임버스는 "100년 만
의 대홍수"라는 표현을 써가며 적자 요인을 가급적 외부 경제 환경의 탓
으로 돌렸다. 그 자신도 거품이 꺼질 줄 몰랐던 것이다.

시스코 경영 위기의 주범은 바로 창고에 가득 쌓인 재고물량이다. 이
회사의 재고는 IT 거품이 꺼지기 시작한 2000년 11월에서 2001년 1월까
지 한 회계분기에 25억 달러어치나 쌓였고, 다음 분기에도 22억 달러나
됐다. 이 정도면 분기 매출의 절반에 이르는 엄청난 물량이다.

시스코는 이 재고의 3분의 2를 폐기 처분했다. 15억 달러나 되는 값비
싼 물자를 굳이 사장시키는 이유는 IT 산업이 너무 빨리 변하기 때문에
9개월 전에 사들인 원료는 소용이 없기 때문이었다.

신경제 이론가들은 새로운 시대에도 일시적인 수급 불균형이 생기지
만 정보시스템에 의해 곧 균형을 되찾는다고 주장해왔다. 그러나 시스
코의 재고 누적은 이들이 주장해온 경기 사이클 소멸론을 정면으로 부
정했다. 현대적 e-비즈니스의 선두 주자임을 자처해온 시스코는 인터넷
을 이용한 사이버 공간에서 프로세스를 관리하고 코스트를 줄이겠다고

공언했지만, 그 결과는 현실 공간에 나타나지 못했다.

시스코의 경영 위기는 신경제 이론에 많은 허점이 있음을 드러내는 동시에 전통 이론이 내세우는 경제의 기초 여건(펀더멘털)의 중요성을 새삼 확인시켰다. 신경제 이론가와 신경제 경영인들도 그들이 비판해온 구경제 이론과 새로운 접목을 시도함으로써 변증법적 발전을 도모해야 할 단계가 온 것이다.

신기술과 시장을 맹신한 오류

미국의 신경제 이론은 21세기 첫 불황을 거치면서 붕괴했다. 창의적

도표1-2. 나스닥 지수 추이

아이디어의 선구자였던 인터넷과 IT 산업은 공중 분해됐다. 시장 경제를 지향했던 미국 경제는 시장을 속인 기업인과 금융인들의 회계 부정, 주가 조작 등 범죄 사건이 터지면서 세계 경제 모델로서의 자격을 잃었다. 침몰하지 않을 것이라던 미국 경제는 또 다른 침체에 직면해 있으며, 주식시장은 장기 침체의 수렁에서 허우적거렸다. 세계에서 가장 안전한 투자처였던 미국 시장은 이제 외국인들의 기피 대상이 됐고, 팍스 아메리카나의 상징인 그린백(달러)의 가치는 하향 곡선을 그렸다.

신경제의 핵심은 '신기술에 의한 성장, 시장 지향적 경영 시스템, 수급 조절에 의한 경기 사이클 소멸' 등으로 요약된다. 1920년대 철도와 전기가 이끈 신기술의 호황은 곧 대공황을 초래했다. 마찬가지로 인터넷과 통신산업이 주도한 1990년대 신기술의 거품은 이미 2000년에 나스닥 붕괴와 함께 꺼졌으며, 현재까지 미국 경제 회복의 관건인 투자 회복의 걸림돌이 된 것이다.

주식시장 붕괴는 신경제 이론가들이 칭찬한 시장 지향적 시스템에 위기가 발생했음을 의미했다. 1990년대에 미국 기업인들은 주식시장을 쳐다보며 장기적 비전보다는 단기적인 수익에 초점을 맞추었다. GE의 잭 웰치 회장 같은 스타급 경영자들은 거액의 스톡옵션을 받고 불필요한 사업과 인력을 과감히 잘라냄으로써 월 가 투자자의 인기를 끌어 주가를 끌어올렸다. 그러나 경기가 꺾이면서 스톡옵션은 경영자들의 노비문서로 전락했다. 월드컴, 엔론, 타이코, 임클론 등의 경영자들은 휴지조각이 된 스톡옵션을 보전받기 위해 회계장부 조작, 내부자 거래, 탈세 등 온갖 불법 행위를 저질렀다. 기업들은 시장의 요구에 따라 단기 수익을 올리기 위해 경기가 완만하게 침체하는데도 직원들을 대량 해고하는 바람에 실업률을 급증시키는 역효과를 초래했다.

시장주의자들은 '완전한 합리적 가격' 운운하며, 다우존스 지수가 앞으로 몇 년 후에 3만 6000 또는 4만, 10만이 될 것이라며 논쟁을 벌였다. 그러나 그들이 무시했던 주가수익률(PER)의 개념이 이제 다시 중시되면서, 고평가된 뉴욕 주가는 3년째 가라앉고 있다.

기업 경영자들이 투자자를 지나치게 의식하는 월 가의 구조적 문제는 분식 회계라는 추악한 결과를 낳았고, 경영수지가 악화되면 근로자부터 잘라내는 고용시스템은 실업률을 급상승시켰다. 저축을 하지 않고 여유

미국 신경제의 산실인 미국 캘리포니아 새너제이의 실리콘 밸리 전경

자금을 증권시장에 부어버린 미국인들은 주가 하락으로 소비 둔화에 직면했다. 이것은 모두 미국식 신경제시스템에서 비롯된 미국식 자본주의의 위기다. 영국의 〈이코노미스트〉지는 미국식 경제를 "불타버린 경제"라고 지적했다.

신경제론자들은 정부와 중앙 은행이 급격한 성장을 조절하고, 기업도 수요를 앞지르는 공급을 컴퓨터시스템으로 제어하기 때문에 파국적인 불황을 피할 수 있다고 주장했다. 그러나 신경제에도 고전경제학의 수요 공급의 법칙이 적용됐다. 인터넷과 광케이블 투자는 수요를 수백~수천% 초과하는 바람에 현재 5%도 채 사용되지 못하고 있다.

미국은 경기 회복의 처방을 고전 이론, 즉 구경제(old economy) 방식에서 찾았다. 산업 부문의 과잉 재고를 정리하여 공급을 줄이고, 통화량 확대와 세금 감면을 통해 신규 수요를 창출하는 방식을 채택했다. 그러나 최종 수요(final demand)가 발생하기에 앞서 신경제의 부산물인 증시 과열, 달러 고평가, 허술한 회계 관리, 스톡옵션 중심의 경영 관행 등의 모순이 터져나왔다. 이런 문제가 미국 경제 회복을 지연시키고 있는 것이다.

1997년 콜로라도 주 덴버에서 열린 선진 8개국(G8) 정상회담에서 당시 빌 클린턴 대통령은 미국식 자본주의가 가장 강력하며, 일본과 유럽은 미국을 배워야 한다고 주장했다. 그 발언은 1990년대 초 일본 총리가 G7 회의에서 미국의 쌍둥이 적자를 갚아줄 수 있다고 큰소리친 데 대한 앙갚음이었다. 그러나 1990년대의 잔치가 끝난 후 취임한 조지 W. 부시 대통령은 미국 경제가 최상의 시스템을 갖추고 있다고 자랑하지 못했다. 1990년대 10년 호황에 가려졌던 미국 경제의 누적된 모순이 한꺼번에 표출되고 있었기 때문이다. 또한 3년 이상 슬럼프가 계속되면서 미국 경제는 10년 이상 장기 침체의 수렁에서 헤어나지 못한 일본 경제를 닮아갔다.

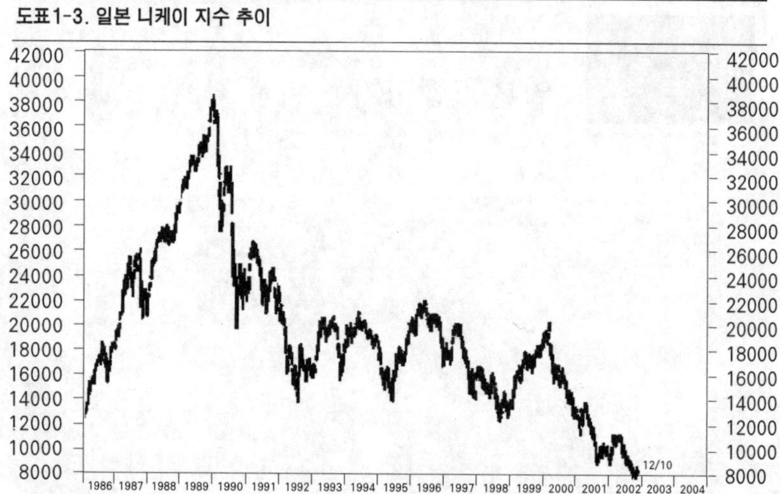

　미국 경제가 1990년대 장기 호황을 구가하면서 나스닥 지수는 한때 5000포인트까지 가파르게 상승했고, 집에서 쉬던 할머니에게까지 파트타임 일자리가 주어질 정도로 완전고용시장이 형성됐다. 그러나 자산 거품이 꺼지면서 미국 경제는 2001년부터 2년째 경기 침체와 1%대의 저성장을 지속했다.

　당시의 장기 호황은 미국 경제에 다섯 가지 거품을 형성했다. 투자, 증시, 소비, 달러, 부동산이 바로 그것이다.

　이 중 가장 먼저 꺼진 것이 투자 거품이다. 1센트의 수익도 내지 못하는 인터넷 기업에 수억 달러의 자금이 유입되던 투자 거품은 2000년에 폭발하고 말았다. 그리고 나스닥 거품 붕괴에 이어 블루칩 주식의 2차 거품 붕괴가 실현되어 뉴욕 증시의 블루칩 지수는 2002년 7~9월에 거의 공황 수준으로 폭락했다.

10년간 상승 기조를 달려온 달러는 2002년에 10% 가량 하락했고, 무역 적자가 늘어나는 한 몇 년간은 하락 기조를 지속할 수밖에 없는 여건에 처해 있다.

다섯 가지 거품 중 2003년 초까지 버틴 것은 소비와 부동산시장이다. 사상 초유의 9·11 테러를 겪었는데도 미국의 경기 침체가 완만했던 것은 소비가 강하게 버텨주었기 때문이다. 부동산시장은 경기 침체 시기에도 상승세를 유지했다. 금리가 내리면서 부동산시장의 거품은 오히려 커져가고 있는 것이다.

FRB 내부에서는 2001년 봄부터 통화정책이 실물 경제에 미치는 영향력이 줄어들고 있다는 논의가 제기되어 왔다. 중앙 은행 사람들은 'M1', 'M2' 등 통화총량 개념을 사용하며 돈줄을 풀었다 당겼다 하는 것으로 경기를 조절할 수 있다고 믿었다. 그러나 통화정책이 만능 요술방망이는 아니었다. 앨런 그린스펀 의장은 증시투자자들의 탐욕과 패닉, 기업인들의 투자 과열 등 사회심리적 현상을 통화 조절 장치로 막을 수 없음을 고백한 바 있다.

문제는 1990년대 호황의 잔재인 자산 거품이 아직 완전히 꺼지지 않았다는 점이다. 일본은 자산 거품이 꺼졌는데도 10년 이상 주가가 올라가지 못하고 있다. 뉴욕 증시도 일본 증시처럼 상당히 오랫동안 가라앉을 가능성이 크다. 주가가 더 가라앉을 경우 소비의 거품도 가라앉고, 미국 경제 회복은 상당한 시일이 걸리게 된다. 다만 다행스러운 점은, 과거와 달리 불황과 호황을 넘나드는 경기 사이클의 강도가 약해졌다는 사실이다.

일본식 디플레이션이 온다

뉴욕 증시의 거품이 꺼지면서 월 가의 경제전문가들 사이에서 미국의 경제 상황이 1990년대 초 도쿄 증시의 거품 붕괴로 일본이 장기 불황에 돌입할 때와 비슷하지 않느냐는 논란이 벌어졌다. 실제로 FRB 내부에서도 2002년 여름에 일본식 디플레이션 가능성에 대한 연구가 비밀리에 진행됐다.

1990년대 초 일본은 부동산과 증시 거품이 붕괴되자 우선 금리를 0% 수준으로 인하했고, 나중에는 은행 부실을 막기 위해 재정확대정책을 취했다. 이런 조치들이 무위로 돌아가자 1997년에는 엔화 약세로 수출을 살리려고 했다. 이 과정에서 달러에 자국 통화를 고정시켰던 한국 등 아시아 국가들이 외환 위기를 겪었다.

미국은 2001년에 경기 회복을 위해 공격적인 금리 인하를 단행하고 재정확대정책을 채택했다. 이후 금리를 더 내리기 어렵게 되고 5년 만에 재정 적자까지 발생하자 달러 하락을 용인하였다. 즉, 21세기 초 3년간 미국 경제가 겪어온 '주가 폭락에 따른 자산 거품 붕괴, 자본 투자 위축, 소비 둔화, 초저금리, 실업률 증가' 등은 10년 전 일본의 경제 상황에 그대로 오버랩된다. 그러나 일본의 장기 침체는 아시아의 문제로 그쳤지만, 미국의 거품 붕괴가 가져올 불확실성은 세계 경제에 엄청난 파장을 몰고 왔다는 점에서 큰 차이점이 있다.

미국과 일본은 위기를 맞는 과정과 반응도 비슷했다. 1980년대를 풍미했던 일본식 경제의 효율성은 메모리칩 분야의 투자 위축으로 삐걱거리기 시작했으며, 4만 포인트를 목전에 두었던 니케이 지수는 1990년 새해 벽두에 붕괴됐다. 처음에는 일본의 경제학자들도 대장성의 개입으로 조만간 경제가 회복될 것으로 믿었고, 당시 미에노 야스시 일본은행 총재는 경제의 기초가 단단하다고 장담했다.

1990년대에 글로벌 스탠더드임을 자부했던 미국의 신경제는 IT 산업 붕괴로 한계를 드러냈고, 새로운 밀레니엄 도래와 함께 나스닥 지수는 3년 만에 정점에서 4분의 1 수준으로 폭락했다. 미국의 블루칩 지수도 시간차만 있었을 뿐 하락했다. 그러나 2002년 여름에 〈월스트리트 저널〉은 2년 6개월 동안 계속됐던 "하락 장세(bear market)가 앞으로 몇 년은 더 갈 것"이라고 전망했다. 앨런 그린스펀 FRB 의장도 "경제의 장기적 전망은 밝다"며 자신감을 보였고, 월 가 경제전문가들이 3년째 하반기에는 경기가 회복될 것이라 전망하는 것도 일본과 비슷한 양상이다.

지난 10년간 증시 호황으로 미국인 성년의 절반 이상이 주식을 보유하고, 개인 자산에서 주식 비중이 부동산만큼 높아졌다. 따라서 증시 폭락은 개인의 자산 감소 효과를 가져와 소비 심리를 둔화시켰고, 금융 거래 감소로 세수 부족을 초래했다. 증권 거래가 급감하면서 연방 정부는 2002년에 2000억 달러에 가까운 재정 적자를 내 4년간의 흑자 시대를 마감했다.

2000~2001년 2년 동안의 IT 산업과 나스닥 증시 침몰이 미국의 1차 거품 붕괴라면, 2002년에는 미국 기간산업 주식인 블루칩이 급락하는 2차 거품 붕괴를 맞았다. 1차 거품 붕괴 때 미국은 금리정책을 주무기로 사용했지만 실패했고, 2차 블루칩 붕괴를 맞아서는 달러 하락을 용인함으로써 제조업의 경쟁력 회복을 도모했지만 효과는 나타나지 않았다.

금리, 환율 다음에 미국이 사용할 수단은 무엇인가. 혹자는 전쟁 가능성을 제시했다. 이라크 전쟁, 북핵 문제 등이 그것이다. 1930년대의 대공황을 해결하는 마지막 수단은 제2차 세계대전이었다. 전쟁을 통해 군수산업을 부추기고, 이를 통해 다른 산업 분야에 파급시키는 것이다.

그린스펀 의장이 미국 중앙 은행을 이끌면서 내세운 원칙은 '선제적 인플레이션 억제'였다. 물가가 상승하기 6~9개월 전에 금리를 조절함으로써 인플레이션을 사전에 막는다는 것이었다. 그러나 미국 경제의 거품이 꺼지면서 FRB 내부에서는 일본의 디플레이션에 대해 심도 있는 연구와 검토가 이루어졌다. 월 가 경제전문가들은 주가와 달러 하락으로 금융자산 가치가 하락했기 때문에, 이제 미국 경제는 인플레이션이 아니라 디플레이션을 걱정해야 한다고 주장했다.

FRB는 거품이 붕괴되기 시작한 2001년에 무려 11차례에 걸쳐 금리 인하를 단행하면서 은행간 콜금리를 6.5%에서 40년 만에 최저인 1.75%로 끌어내렸다. FRB 내부에서조차 금리 인하가 지나치다는 반론이 강하게 제기됐지만, 그린스펀 의장은 '보너스'로 1% 포인트 정도 더 내리는 과감한 조치를 단행했다. 그러나 일본의 제로 금리와 비슷한 수준으로 금리를 내려도 경제는 살아나지 않았다. 그러자 그린스펀 의장은 2002년 가을에 또 한 차례 금리를 인하하여(0.5% 포인트) 은행간 콜금리를 1.25%까지 떨어뜨렸다.

기업 부문에선 사실상 디플레이션 상태에 진입했다. 경영인들은 가격을 인상할 기회를 빼앗겼다고 푸념했다. 유가와 임금 상승도 상품 가격을 올리는 요인이 되지 못했고, 달러 하락으로 수입원자재 가격이 올라도 최종 상품 가격은 하락했다. 최종 수요가 살아나지 않고 설비 과잉이 해소되지 않았기 때문이다.

일본보다 기초가 튼튼하다

그러나 미국 정부와 중앙 은행은 미국 경제가 적어도 일본처럼 되지는 않을 것으로 믿었다. 첫 번째 이유로 미국이 일본보다 경제 위기를 재빨리 인식하고 대처하고 있다는 점을 들었다. 2002년 FRB는 역사상 가장 급진적으로 금리 인하를 단행했고 연방 정부도 재정정책을 취했다. 미국은 일본보다 신속하게 경제 위기에 대응했기 때문에 최근의 주가 하락이 극복되면 그린스펀 의장의 말대로 경제가 회복된다는 것이다.

둘째, 1980년대 말에 도쿄 황궁 부지가 미국 캘리포니아 주 전체 땅값보다 비쌌을 정도로 일본의 부동산 거품은 걷잡을 수 없이 커졌다. 지금 미국 부동산시장이 달아오르고 있지만, 10년 전의 일본처럼 거품이 형성되지는 않았다.

셋째, 일본은 은행이 부동산을 담보로 대출을 해주다가 부실에 빠졌으나, 미국의 은행은 건실하게 운영되고 있다는 점을 꼽고 있다. 일본은 1990년대 초 재할인율을 6%에서 0.5%까지 내렸지만, 부동산을 담보로 대출을 했다가 땅값 하락으로 은행 부실이 누적되면서 유동성 함정에 빠졌다. 하지만 미국 은행들은 주식을 담보로 대출을 하지는 않았기 때문에 증시 하락이 금융시스템의 위기로는 치닫지 않을 것이라고 주장한다.

거품은 꺼지는 법이다. 미국과 일본의 거품은 시간과 양태에서 차이가 있을 뿐이다. 뉴욕 증시가 하락하면서 과거 대세 상승기의 선순환 과정이 이젠 악순환의 모순 구조로 돌변하고, 미국 경제는 어쩔 수 없이 일본의 전철을 밟고 있다.

일본은 1990년대 초에 막대한 재정 흑자와 금리 인하 여력이 있었음에도 경제 회복에 실패했다. 미국은 금리 인하의 실탄이 부족하고 연방

정부의 재정 적자가 누적되는 상황에서 경기촉진정책을 사용하고 있기 때문에 일본보다 훨씬 위험한 게임을 벌이고 있는 것이다.

분명한 것은 미국 경제가 잘못될 경우 그 파장은 일본의 경우보다 엄청나게 크다는 사실이다. 일본의 장기 불황은 1990년대 말에 고정환율제를 채택해온 한국 등 아시아 국가들을 외환 위기로 내몰았다. 일본의 장기 침체는 아시아의 문제로 그쳤지만, 미국의 장기 침체는 세계 경제에 어두운 불확실성을 드리우고 있다.

장기 호황의 끝

1996년 12월 5일 저녁, 앨런 그린스펀 의장은 한 저녁 모임에 참석하여 '비이성적 과열(irrational exuberance)'이라는 유명한 말을 했다. 그가 뉴욕 증시 거품론을 제기하자, 다음날 도쿄 증시를 시작으로 홍콩, 유럽을 거쳐 뉴욕 증시까지 폭락했다. 그날 유일하게 상승한 증권시장이 바로 한국 증시였다.

외환 위기 직전의 한국 증시는 국제시장에서 섬이나 다름없었다. 한국은 당시 외국 은행으로부터의 차관 도입은 허용했지만 증권시장의 문호는 닫아놓고 있었다. 과천의 경제 관료들은 직접 금융시장을 묶어 놓으면 외국 자본의 지배를 당하지 않을 것으로 생각할 뿐, 은행의 단기차관 통계조차 갖고 있지 못했다. 외환 위기를 겪은 한국 증시가 외국에 문호를 개방한 이후, 금감원 통계에 따르면 한국 증시의 외국인 지분율은 시가총액 기준으로 1996년 13%에서 2001년에 36.6%로 급상승했다.

그린스펀의 '비이성적 과열' 경고가 나왔을 때 다우존스 지수는 6400
포인트였고 S&P 500 지수의 주가수익률은 대공황 직전인 1929년 10월
수준이었다. 그러나 뉴욕 증시는 그린스펀의 경고를 무시하고 그 후 5년
동안 상승을 거듭했다. 그러나 2000년 나스닥 지수는 정점에서 4분의 1
수준까지 떨어졌고, 다우존스 지수는 그린스펀의 경고 시점인 6000포인
트까지 떨어질 기세였다.

뉴욕 증시가 하락하면서 하락 장세(bear market)를 상징하는 곰이 들이닥치자, 그린스펀 의장이 금리 인하를 미
끼로 저지하려는 상황을 풍자한 만화

10년 만의 침체

미국의 경기 사이클을 공식적으로 판단·선언하는 기구는 보스턴 인근의 케임브리지에 있는 전미경제조사국(NBER : National Bureau of Economic Research) 산하 '경기 사이클 결정위원회'다. 민간 학술 단체인 이 위원회는 미국의 저명한 경제학자 6명으로 구성돼 있다. 이 위원회 소속 학자들은 이메일로 최신 경제 통계에 관한 정보를 교환하지만, 경기 침체 또는 경기 확장을 선언할 때 외에는 만나지 않는 것을 규칙으로 하고 있다. 지난 1992년 이후 모임을 갖지 않았던 이 위원회는 2001년 가을에 다시 모임을 갖고, 미국 경제가 2001년 3월부터 경기 침체에 돌입했으며 "(초기에는) 침체가 너무 완만해 판별하기 어려웠지만, 테러 사건을 계기로 경기 위축이 심화되고 본격적인 침체에 진입"했다고 공식 발표했다.

이 선언으로 미국 경제는 1991년 3월에 시작된 경기 확장기를 정확하게 10년 만에 끝내고, 제2차 세계대전 이후 10번째 경기 침체를 맞았다. NBER은 2001년 3월에 막을 내린 호황이 미국 역사상 가장 길었다고 덧붙였다.

NBER은 미국에서 경기 사이클에 관한 한 절대적 권위를 갖고 있다. 2001년 미국의 경기 침체를 선언할 당시의 NBER은 노벨 경제학상을 수상한 마틴 펠드스타인 위원장을 필두로 후버연구소의 로버트 홀 연구위원, 프린스턴대에서 FRB 이사로 옮겨간 벤 버넌크 교수, 하버드대의 제프리 프랑켈 교수, 노스웨스턴대의 로버트 고든 교수, 시카고대의 빅터 자노위츠 교수 등 미국 경제학계에서 내로라하는 인물로 구성돼 있었다.

미국 정부나 월 가의 경제전문가들, 미국 언론들도 NBER이 공식적으로 호황, 불황을 선언할 때까지 '경기 침체(recession)'라는 용어를 사용하지 않는 것을 관례로 한다. 아무리 경기가 어려워도 NBER이 공식 평가를 내리기 전에는 '경기 침체의 가능성'이라는 말로 대신한다.

NBER의 경기 사이클 결정위원회는 신중하기로 유명하다. 추정 통계나 수정 가능성이 있는 통계가 최종 통계로 굳어질 때까지 몇 달이건 기다리고, 월 가의 경제전문가들처럼 쉽게 입을 열지 않는 것이 특징이다. 1990년 10월~1991년 3월까지의 경기 침체를 1991년 4월 25일에야 선언할 정도다.

미국에서는 통상 국내총생산(GDP) 증가율이 2개 분기(6개월) 이상 마이너스로 나올 때를 경기 침체라고 본다. 따라서 1993년 1/4분기의 3개월 동안 −0.1%의 성장률을 기록한 것은 경기 침체라고 하지 않는다.

그렇지만 1980년에는 침체가 끝나기 전에 경기 침체를 선언한 적이 있었다. 당시 연방 정부 통계는 2/4분기에 −9.4%를 기록했을 뿐 1/4분기와 3/4분기는 플러스 성장으로 나왔다. 정부 통계가 맞다면 이 위원회의 판단이 잘못된 것이 된다. 이 위원회의 분석이 옳았다는 것은 16년 뒤인 1996년에야 검증됐는데, 그때 연방 정부는 1980년 3분기의 성장률을 −0.6%로 수정했다.

2001년 경기 침체 때에도 NBER의 판단이 옳았음이 입증됐다. 미국 상무부는 2002년 7월 31일에 한 해 전인 2001년 GDP 성장률을 수정하면서, 미국 경제가 지난해 1/4분기부터 3/4분기까지 3개 분기에 걸쳐 마이너스 성장을 기록했다고 발표했다. 그때까지 상무부의 통계는 2001년 3/4분기에만 마이너스 성장(−1.3%)을 했을 뿐 나머지 3개 분기에는 플러스 성장을 했다고 밝혔었다. 따라서 1개 분기의 마이너스 성장으로 경기 침체라고 할 수 있느냐는 반론이 미국 경제학자들 사이에서 나왔다. 미 상무부의 수정 통계가 나오기 이전에 월 가의 경제전문가들은 "이상한 경기 침체"라며 NBER의 판단에 의문을 제기했었다. 폴 오닐 미 재무부 장관도 TV 인터뷰에서 "한 분기의 마이너스 성장으로 미국 경제가 침체했다고 할 수 없다"라고 주장했고, 그린스펀 연방준비제도이사회 의장도 '경기 침체'라는 용어를 사용하지 않고, 대신에 '하강 국면,' '경제 둔화,' '경기 사이클의 위축 국면'이라는 애매한 단어를 선택했다. 결국 미 상무부의 수정 통계가 나온 후에야 NBER의 권위가 회복된 것이다.

경기 침체에서 탈출한 2002년 미국 경제는 완만한 회복의 길을 걸었지만, 미국인들은 이를 회복이라고 느끼지 못했다. 2002년 미국의 분기 성장률은 1/4분기 5.0%, 2/4분기 1.3%, 3/4분기 4.0%, 4/4분기 1.4%로 장난감 요요처럼 들쭉날쭉 움직였다. 어느 경제전문가는 미국의 경제 회복을 '요요 회복'이라고 불렀다. 이는 소비 부문에서 저금리를 활용한 무이자 할부 판매, 주택금융 재융자 등의 혜택으로 인위적인 수요 창출이 이뤄졌으나 곧이어 소비에 피로감이 형성됐음을 의미한다. 또 기업 부문에서는 경기 회복에 대한 기대로 재고를 늘렸다가 회복이 힘들다고

도표1-4. 미국 분기별 경제 성장률

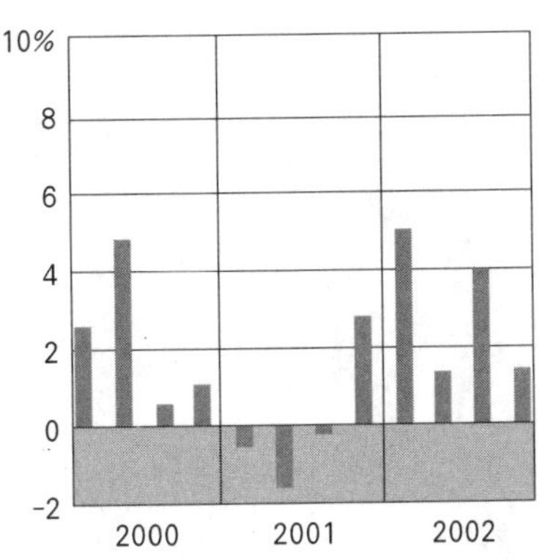

판단하여 재고를 줄이는 과정을 반복했다.

메릴린치 증권의 선임 경제전문가인 제럴드 코언은 현재의 미국 경제를 "걸음마 단계의 뒤뚱거림"으로 비유했다. 일어서려다 쓰러지고, 또 일어나는 경제 회복의 걸음마 단계에 있다는 것이다. FRB가 금리를 전격적으로 인하하고 부시 행정부가 과감하게 세금을 내린 효과가 나타날 때에는 높은 성장을 하지만, 그 효과가 떨어지고 소비가 피로감에 빠지면 곧 1%대의 저성장으로 되돌아갔다. 10년 호황의 거품이 꺼지면서 나타나는 후유증이 3년째 지속된 것이다.

경기 침체에서 벗어나 완만한 회복세를 보이던 2002년에 월 가에서
는 '더블딥(double dip)' 논쟁이 벌어졌다. '더블딥'이라는 말은 〈월스트
리트 저널〉과 같은 신문이나 경제전문 뉴스 채널인 CNBC 등에서 새롭
게 등장하여 한국 언론에도 알려진 시사용어다. 미국 경제가 불황을 극
복하는 과정에서 두 번의 마이너스 성장 기간을 거치며 경기 사이클이
'W자형'을 그린다는 것으로, 이중저점형 침체라고도 한다. 이 이론에 따
르면 2002년에 마이너스 성장을 기록했던 미국 경제가 2003년 상반기
에 회복세로 돌아서지만, 하반기 이후에는 또다시 마이너스 성장으로
돌아갈 것이다.

더블딥 논쟁은 모건스탠리의 수석 경제전문가 스티븐 로치에 의해 시
작됐다. 당시만 해도 이 이론의 주창자는 한 사람뿐이었고, 월 가의 내로
라하는 경제전문가 대부분은 궤변이라며 시큰둥했다. 심지어 리처드 버

너 같은 모건스탠리 소속 경제전문가들도 팀장의 견해를 반박하는 보고서를 낼 정도였다. 더블딥 논쟁은 1대 1000의 싸움이었고, 로치도 그 가능성이 40%에 불과하다며 한 발 물러났다.

그러나 2002년 여름부터 상황이 달라졌다. 그해 2/4분기에 미국의 성장률이 1.3%로 뚝 떨어지고 실업률이 악화되면서 증권투자자들은 더블딥이 오는 게 아니냐며 바짝 긴장했고, 월 가에서는 더블딥 가능성을 인정하는 사람들이 늘어났다. 하지만 더블딥 이론은 여전히 소수 견해이고, 다수의 경제전문가는 미국 경제가 둔화(slow down)할 가능성은 있지만 또다시 마이너스 성장(recession)으로 돌아서지는 않을 것으로 보았다.

나는 2002년 초 더블딥 이론의 주창자인 모건스탠리의 스티븐 로치를 만나 그가 더블딥 주장을 하게 된 배경에 관해 들은 적이 있다. 당시 그는 더블딥의 가능성을 세 가지로 설명했다.

첫째는 역사적 측면이다. 제2차 세계대전 후 미국이 겪은 여섯 번의 경기 침체에서 다섯 번의 더블딥 현상이 나타났다. 경제가 일단 침체에 빠지면 회복하는 듯하다가 다시 침체하고, 그 후에 본격적인 회복이 나타나는 것이다. 지난 1970년대 중반에서 1980년대 초 사이에는 두 번의 트리플딥(triple dip) 현상도 나타났다.

두 번째는 최종 수요(final demand)가 후퇴할 경우 이중저점이 발생했다는 점이다. 현재 미국 경제는 경기 회복을 지속시키기에 충분한 궁극적인 수요 회복이 보이지 않는다. 즉 최종 수요의 회복이 약하게 진행되고 있기 때문에 후퇴할 가능성도 있다는 것이다.

세 번째 요소는 미국 경제가 1990년대 거품 시대를 지나면서 형성된 구조적 문제다. 경기 침체는 일반적으로 구조적 문제를 제거하는 기능이 있다. 그러나 지금 미국 경제는 지극히 낮은 저축률에다 대규모 설비 과잉, 기록적인 부채, 엄청난 경상수지 적자에 시달리고 있고, 이런 점들은 과거 경기 회복시에는 전혀 보지 못했던 일이다.

이 와중에 2002년 7월에 뉴욕 증시가 폭락하여 미국 경제를 지탱해온 소비와 부동산시장마저 흔들리면서 더블딥에 대한 우려가 월 가를 지배했다.

월 가의 수많은 경제전문가들에게는 대학의 경제학 교수들이 받는 '이코노미스트'라는 칭호가 붙는다. 재미있는 사실은 21세기 초 3년간 뉴욕 증시가 하락하고 2년간 미국 경제가 침체 또는 둔화되는 과정에서 월 가 경제전문가의 분석이 상당 부분 오류로 판명됐다는 점이다. 투자 회사에 속해 있는 만큼 투자자들의 기대에 반하는 부정적 경기 전망을 내기 어려운 점도 있거니와, 경제전문가들 스스로가 장기 호황 시절의 분석 패러다임에서 벗어나지 못했기 때문이다. 이 와중에 2년 이상 소수 의견을 낸 로치의 비관적 전망이 현실 경제의 궤적을 따라갔고, 그만이 독보적으로 각광을 받고 있는 것이다.

더블딥 이론가(double dipper)들은 최근의 미국 경기 침체가 제2차 세계대전 이후 가장 길 것이며, 대공황 이후 처음으로 거품이 꺼지는 침체이기 때문에 더 어려운 상황이 남아있다고 전망했다. 산이 높으면 골이 깊은 법이다. 미국 경제는 빌 클린턴 대통령 시절에 10년 호황을 구가했고, 그를 뒤이은 조지 W. 부시 대통령은 상당한 기간 동안 어려운 시기를 보낼 것이다.

그러나 스티븐 로치는 2002년 말에 더블딥의 우려가 해소되고 있다면서 스스로의 주장을 접었다. 월 가의 경제전문가들 중에서 미국 경제에 가장 부정적이라고 알려진 그가 더블딥 가능성을 포기한 결정적 이유는

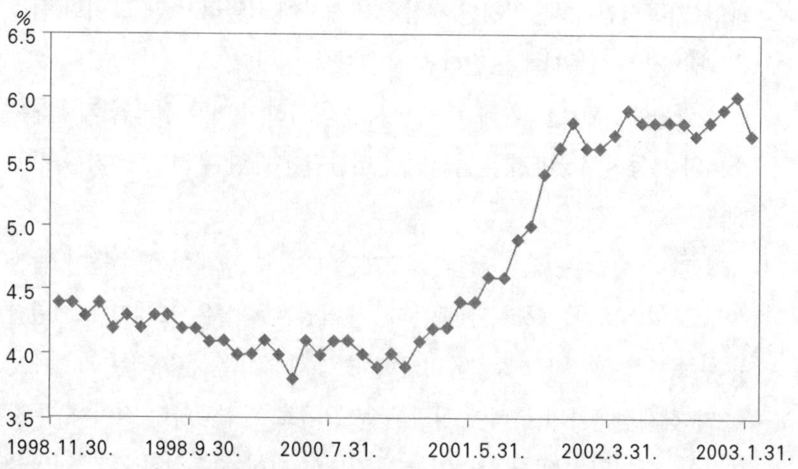

고용시장의 사정이 조금씩 개선되면서 실업자 증가 – 소비 위축 – 경기 침체의 악순환을 그릴 가능성이 낮아졌기 때문이다.

그는 산업 부문의 설비 과잉이 상품 가격 하락을 부추겨 디플레이션을 유발하고, 기업의 수익 악화와 대량 실업자 방출의 결과를 초래할 것이라고 주장했었다. 하지만 2002년 3/4분기 미국 성장률이 4%로 개선되고, 연말 소비 시즌에 소비자들이 왕성한 의욕을 보이면서 더블딥 가능성이 낮아졌다.

로치는 미국 경제가 둔화된 3년 동안에 더블딥 가능성 이외에도 아시아 증시와 뉴욕 증시의 연동성이 무너지는 디커플링 가능성과 미국 경제의 디플레이션 가능성을 제기하여 월 가에 뜨거운 논쟁을 불러일으켰다. 디커플링 이론은 지난 여름 그의 동료인 모건스탠리 홍콩 지점의 경제전문가 앤디 시에에 의해 부정되었고, 최근 일부 원자재 가격 상승으로 디플레이션 가능성도 거의 없는 것으로 판명됐다.

그러나 로치는 노동시장이 개선되고는 있지만 충분한 일자리를 창출하지 못하고 있으며, 소비가 가라앉지 않고 있는 것일 뿐 경기를 끌어올릴 정도의 추진력을 갖고 있지 않기 때문에 미국 경제는 여전히 취약한 구조를 노출하고 있다고 주장했다. 그는 유럽 경제가 하반기에 성장을 멈추고 일본 경제가 실업률 상승 등으로 여전히 어렵기 때문에 미국 경제만이 완전한 회복을 달성하기 어렵다며 경계의 고삐를 놓지 않았다.

10년간 장기 호황, 신기술에 의한 경제 개발, 증시 장기 상승 후 폭락, 기업과 금융사기범 재판, 신경제의 몰락…….

이런 테마는 21세기 첫 경기 침체를 맞은 미국 경제의 문제를 서술한 것으로 들린다. 하지만 이 주제는 바로 대공황이 시작된 1929~1930년에 미국 언론들을 장식했던 내용이다.

70년 전으로 돌아가보자. 당시 철도와 전기라는 신기술이 개발돼 미국 경제는 10년간 벌겋게 달아올랐다. 경제학자들은 미국의 경제가 새로운 경제의 영역에 들어섰으며, 불황은 없을 것이라고 주장했다. 그러나 1929년 10월 하늘 높은 줄 모르고 치솟던 뉴욕 증시는 폭락하고 대공황이 시작됐다. 미국 금융계를 쥐고 흔들었던 JP 모건 가문은 주가 조작 혐의로 의회의 페코라 청문회에 불려 다니면서 대공황의 주범으로 지목되었다. 10년 이상 지속되던 장기 불황은 제2차 세계대전이 터진 후에야

뉴욕 증권거래소 개장 모습. 뉴욕 증시는 2000년 이래 3년째 하락 장세가 이어지고 있다.

전쟁 특수로 인해 종식됐다.

현재의 미국 경제는 대공황 전후와 상당 부분에서 오버랩되고 있다. 인터넷과 통신 기술 등 이른바 하이테크 산업의 발달로 미국 경제는 1990년대 10년간 장기 호황을 구가했고, 신경제론자들은 미국에 불황 사이클이 사라졌다고 주장했다. 잭 웰치 등 스타 기업인들은 엄청난 스톡옵션을 챙기며 주가 상승에 온 신경을 쏟아부었다. 그러나 미국 경제는 상승 한계에 부딪히며 2001년 3월로 공식적인 침체에 들어갔고, 주식시장도 서서히 가라앉기 시작했다. 기업 경영자들은 스톡옵션으로 받은 재산이 날아가지 않게 하려고 내부자 거래, 회계장부 조작, 탈세를 감행했다. 그 결과는 신용의 위기였다. 투자자들은 기업을 불신하고 기업의 유가증권(주식)을 던져버리면서 뉴욕 증시는 연일 폭락 장세를 연출했다.

소액투자자들의 퇴장

9 · 11 테러가 발생한 지 1년이 지난 2002년 9~10월 뉴욕 주가는 테러 직후의 폭락 지점 이하로 떨어졌다. 테러에 의한 심리적 공황이 아니라 정말로 뉴욕 증시의 거품이 빠진 것이다.

미국 성년의 절반을 차지하는 주식투자자들이 "이젠 주식이 싫다"며 증시를 떠나는 대탈출 현상이 벌어졌다. 엔론, 월드컴, 머크, 존슨앤드존슨 등 미국인들이 선호했던 기업들에서 하루가 멀다하고 사기 행각이 드러나면서 뉴욕 증시의 젖줄이었던 양떼들(소액투자자)이 좁은 계곡을 급히 빠져나갔다. 먼저 빠져나가면 손해를 덜 보고, 뒤처지면 이리에게 잡아먹힌다는 투자군중의 심리적 패닉 현상이 형성된 것이다.

일반투자자들은 기업 경영인들의 연쇄적인 사기 범죄를 보고 이젠 저런 사기꾼을 도와줄 수 없다며 자체적인 처벌에 나섰다. 뮤추얼펀드에서 급하게 빠져나간 것이다. 당시 투자자의 분위기는 트랜스아메리카의 매니저 제프 반 하테의 말을 통해 정확히 진단할 수 있다. 그는 한 인터뷰에서 "일반투자자들이 지난 2년 반 동안 손해를 보고서 이젠 증시에서 손을 떼려고 한다"며, "개미군단이 증시에 염증을 느꼈다" 하고 말했다. 월 가에는 직장인들의 401(k) 등 은퇴연금 상환 요구로 주요 뮤추얼펀드들이 자금 위기에 처해 있다는 루머가 돌았고, 상당수 펀드들은 상환 자금 마련을 위해 주식 매각에 나서면서 주가 하락을 부채질했다.

AMG 데이터 서비스에 따르면 뉴욕 증시가 가장 불안했던 2002년 9

월 11~17일 사이 1주일 동안 증권펀드에서 빠져나간 자금은 114억 달러였다. 이는 9 · 11 테러 직후 뉴욕 증시가 극도로 불안할 때 1주일에 50억~60억 달러가 빠져나가던 것보다 2배나 많은 물량으로, 이 기관이 통계를 내기 시작한 1992년 이래 최고 수위였다. 월 가에는 1987년 10월의 블랙 먼데이, 또는 1929년 10월의 대폭락이 재현되지 않을까 하는 우려가 팽배했다.

1990년대 미국 신경제의 지수격인 나스닥 지수는 2002년 10월 초 1100포인트대로 떨어져 6년 만에 최저치를 기록했다. 한때 5000포인트까지 치솟았던 나스닥 지수가 2년 6개월 만에 5분의 1 수준으로 떨어진 것이다. 기업들이 투자를 늘리지 않는 데다 1990년대에 형성된 통신 · PC와 반도체 분야의 엄청난 과잉 설비가 해소되지 않고 있기 때문이었다.

세계 경제의 성장 엔진인 미국 경제가 3년째 기력을 상실하면서 1990년대 장기 호황이 형성힌 뉴욕 증시의 지산 거품이 급속하게 붕괴했다. 같은 시기에 일본은 여러 차례 단행한 금융 개혁의 결과를 얻지 못한 채 10년째 가라앉은 도쿄 증시가 맥없이 무너졌다. 미국과 일본 증시 폭락의 이중 파고는 한국은 물론 유럽, 이머징마켓에 잠재해 있는 내부 문제를 뒤흔들면서 세계 자본시장을 연일 강타했다.

뉴욕 증시의 주요 지수는 연일 기록을 경신하면서 5~6년 전 수준으로 돌아갔고, 일본 주가 지수는 20년 전 수준을 거슬러 내려갔다. 이런 와중에 미국의 부시 행정부는 이라크 공격을 기정사실화하고 여론 조성과 지지층 확보에 여념이 없었다. 전쟁 발발에 대한 우려는 유가 폭등을 유발하여 세계 경제와 증권시장에 악재가 되었다. 1997년의 아시아 위기, 1998년의 러시아 국가 파산은 국지적 금융 위기로 지나갔지만, 이번 위기는 세계 1, 2위 경제 대국에서 발원한 것인 만큼 세계 경제에 주는 파장과 진폭이 엄청나게 크다.

1980년대 말에는 미국 금융시장의 불안을 일본이 받쳐주고, 1990년대에는 일본 금융시장의 동요를 미국이 지탱하면서 세계 경제가 안정을 찾았다. 하지만 세계 단일시장이 완성된 21세기 첫 세계 불황에서는 뉴욕 증시 폭락이 일본과 유럽 증시를 흔들고, 도쿄 증시 폭락이 다시 뉴욕 증시를 동요케 하는 악순환이 반복됐다.

각국의 증시 동시 폭락은 세계적인 디플레이션을 유발시킬 가능성을 낳았다. 일본은 부동산과 증시 붕괴로 이미 몇 년째 디플레이션에서 헤어나지 못하고, 미국도 뉴욕 증시 폭락이 가속화할 경우 자산가치 하락에 따른 디플레이션이 우려된다. 디플레이션은 기업 수익을 감소시키고, 소비 위축을 초래하므로 경기 하강의 원인이 된다.

세계 증시의 동시 폭락은 자본의 국제 이동을 저해하고, 선진국의 해외 직접투자(FDI)를 위축시켰다. 자국 증시가 하락하면서 미국 뮤추얼펀드들은 해외투자 자금을 회수하고, 일본도 미국에 투자한 자금을 본국으로 송금시키는 바람에 국경을 넘나드는 투자 자금이 급감했다.

뉴욕 증시의 블루칩 지수인 S&P 500 지수는 2002년 10월 9일 현재 2000년 초의 정점에 대비할 때 49%가 하락하여 1973~1974년 하락 장세 때의 하락 폭(48%)을 넘어섰다. 지난 2년 6개월 동안의 뉴욕 증시 약세장은 1930년대 대공황 이래 가장 큰 규모를 기록했다. 월 가 투자자들 사이에는 "앞장서서 사면 손해를 본다. 더 이상 떨어지기 전에 팔자"는 분위기가 지배하고 있다. 일부 대형 투자 기관들은 다우존스 지수가 6000포인트대에 진입할 경우에 대비하고 있다는 소문이 돌았다.

1929년 미국의 대공황과 1990년대 일본의 장기 침체는 증시 붕괴에서 출발했다. 주가 폭락이 자산 거품을 붕괴시키고 은행 부실과 투자 부진, 소비 위축의 악순환을 초래했다.

뉴욕 증시의 S&P 지수는 2년 전 정점에서 50%, 나스닥 지수는 80% 폭락하고, 뉴욕 증시의 시가총액은 그 사이에 16조 달러에서 9조 달러로 급감했다. 뉴욕 증시의 거품 붕괴는 미국 경제 곳곳에 상처를 냈다. 미국 2위 상업 은행인 JP 모건의 부실채권 규모는 통신주 폭락으로 14억 달러로 불어났다. 개인투자자들은 주가 하락으로 담보력이 약해지면서 은행의 마진콜을 메우려고 소비를 줄였다. 주가 하락이 장기화될 경우 미국의 금융 부실은 일본처럼 위험 수위에 이를 가능성도 있었다.

주가 하락은 기업의 신용을 저하시켜 자본 조달을 어렵게 하고 투자를 지연시키고 있다. 미국에서 두 번째 가는 자동차 회사인 포드의 회사채 10년 만기물의 가산금리는 미국 국채(TB)에 대해 6%로 치솟아, 정크본드 수준으로 떨어졌다.

2002년 뉴욕 증시 폭락은 역사적으로 1973~1974년의 하락 장세와 비슷하다는 주장이 있다. 〈뉴욕타임스〉의 증권담당 평론가인 플로이드 노리스는 1974년의 정치·경제 상황이 2002년의 그것과 비슷하다는 점에서 당시의 약세장과 비교한 적이 있다. 그의 주장에 따르면 S&P 500 지수가 2000년 3월의 정점에 비해 49% 하락한 것이 3년째 약세장이 형성됐던 1974년의 블루칩 지수의 하락 비율과 같으며, 따라서 뉴욕 증시가 하락 장세를 끝냈을 가능성이 있다고 주장했다. 1974년 리처드 닉슨 대통령의 정치 스캔들과 오늘날 기업의 회계 부정이 비슷하고, 베트남전과 이라크 공격, 더블딥의 불황, 유가 상승 등도 30년의 세월을 사이에 두고 비슷하게 전개되고 있다. 또 당시엔 주력 상승주 50개의 거품이 꺼지면서 장기 하락 장세가 형성됐고, 2000년대엔 인터넷을 중심으로 한 기술주의 거품이 꺼지는 과정에 있다.

그러나 저점 형성론이 성급한 견해라는 반박도 만만치 않다. 부시 행정부는 아프가니스탄, 이라크, 이란에 이어 북한에 이르기까지 언제나 나라를 전쟁 상황으로 이끌고 있어 금융시장의 불안 요인이 되고 있으며, 미국 경제가 언제 회복될지 불투명하다는 것이다. 또 대공황 때보다 고평가된 블루칩 지수가 3년 만에 조정됐다고 보기 어렵다는 것이다. 줄리어스 베어의 애널리스트 브레트 골러퍼는 경기 하강이 전세계적으로 진행되고 있고 FRB가 무기력해졌으며, 뉴욕 주가가 여전히 고평가되어 있기 때문에 저점 형성론에 근거가 없다고 주장했다.

월 가를 불신하는 해외 기업

뉴욕 증시 하락, 달러 약세, 회계 부정 스캔들 등으로 외국 기업들이

도표1-6. 120년간 S&P 500 지수의 주가수익률 추이

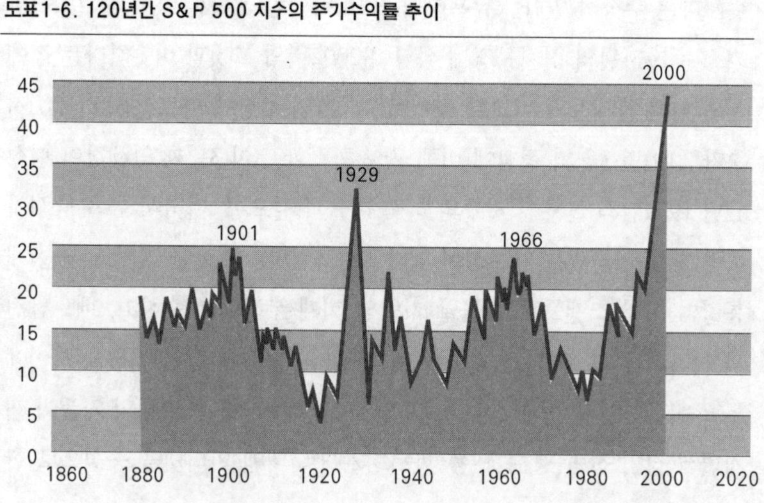

뉴욕 증시 상장을 기피하기 시작했다. 1990년대 말에는 뉴욕 증시에 상장해야 세계 기업이라는 자부심이 있었지만, 최근 들어 뉴욕 증시 상장을 추진하던 외국 기업들이 계획을 포기하는가 하면, 이미 상장한 회사도 철수하는 등 분위기가 바뀌었다.

2000년 뉴욕 증시의 미국 주식예탁증서 규모가 200억 달러로 정점에 달한 후 2001년에는 84억 달러로 한 해 전보다 70% 감소했고, 2002년에는 이보다 더 줄었다.

해외 기업들이 뉴욕 증시를 기피하게 된 현상의 원인은 엔론, 월드컴 등의 회계 부정 사건이 연이어 터지면서 뉴욕 증시의 신뢰도가 떨어진 데다 규제가 강화된 미국의 회계법으로, 외국 기업들이 굳이 뉴욕 증시의 문을 두드릴 필요가 없어졌다는 것이다. 2002년 초에 독일 자동차 회사인 포르셰는 뉴욕 증권거래소(NYSE : New York Stock Exchange) 상장을 추진했으나, 번거롭게 최고경영진의 재무제표 서약을 할 필요성이 없다며 상장을 포기했다. 개정된 미국 회계법은 최고경영자(CEO)와 최고재무책임자(CFO)가 반드시 재무제표에 대한 서약을 할 것을 의무화했으나, 독일 회계법에는 이사 두 명의 서명이 필요할 뿐이다.

일본의 다이와 증권도 뉴욕 증권거래소 상장 계획을 포기했는데, 미국의 개정회계법을 준수하며 굳이 미국에 상장할 필요성이 없었기 때문이었다. 프랑스의 사치성 소비재 판매업체인 LVMH는 나스닥에서 등록 자체를 취소했다. 전문가들은 미국 경기가 회복되고, 뉴욕 증시가 살아나면 외국 기업들의 상장이 늘어나겠지만, 1990년대 말처럼 해외 기업이 뉴욕 증시로 몰려오지는 않을 것으로 전망했다. 뉴욕 증시에 대한 믿음이 바닥으로 떨어졌다는 뜻이다.

FRB의 의장인 앨런 그린스펀이 2002년 여름 와이오밍 주 산장에서 재임기간에 저지른 오류에 대한 변명이자 고백을 토해냈다. 그는 "통화 정책으로 자산 거품을 막을 수 없었다"며 금리 조절을 통해 거품을 막지 못했다는 경제학자들의 비판을 인정했다. 그는 금리 인상이라는 무기를 사용하지 않은 채 말로만 주가 거품을 경고함으로써 증시의 거품 팽창을 방관했다는 비난을 받아왔다. 하지만 실제로 금리 수단이 만능이 아님을 자신의 경험을 통해 인정한 것이기도 하다.

그린스펀은 통화주의자로, 금리와 통화량을 조절함으로써 거시 경제의 사이클을 조절할 수 있다는 강한 신념을 갖고 있다. 미국이 경기 침체를 겪던 2001년 한 해 동안 그는 금리를 급격하게 내리면 미국 경제가 살아날 것으로 믿고 있었다. 그린스펀은 그동안 의회 증언에서 "통화정책은 각기 다른 시기에 여러 채널을 경유해 실물 경제에 영향을 미친다"

라고 전제하고 금리 인하가 결국에는 효과를 볼 것이라고 주장했었다.

그러나 2001년 FRB가 11차례에 걸쳐 단기금리를 40년 만에 가장 낮은 수준으로 내렸음에도 불구하고, 실물 경제는 살아나지 않고 증시는 곤두박질쳤다. 2002년 말 현재 16년째 FRB 의장을 맡고 있는 76세의 노익장은 스스로 통화주의의 한계를 인정한 것이다.

앨런 그린스펀 FRB 의장

FRB 내부에서는 이미 지난해 봄부터 통화정책이 실물 경제에 미치는 영향력이 과거에 비해 줄어들고 있다는 논의가 제기돼 왔다. 중앙 은행 사람들은 'M1', 'M2' 등 통화총량 개념을 사용하며 돈줄을 풀었다 당겼다 하는 것으로 경기를 조절할 수 있다고 믿기 쉽다. 그러나 통화정책이 만능 요술방망이는 아니다. 증시투자자들의 탐욕과 패닉, 기업인들의 투자 과열 등 사회심리적 현상을 통화 조절 장치로 막을 수 없다는 사실은 그린스펀의 고백으로도 뒷받침되고 있다.

'경제대통령'이라는 칭호를 받으며, 1990년대 장기 호황을 이끌어 뉴욕 월 가의 절대적 지지를 얻었던 그린스펀 의장도, 21세기 들어 미국 경제가 허우적거리고 주가가 하락하면서 인기를 잃었다. 그는 장기 호황으로 거품이 형성되고 있는 것을 미리 막지 못했다는 비난에서 자유로울 수가 없었던 것이다.

FRB의 공격적인 금리인하정책은 소비를 촉진시키고 유동성을 풀어 증시를 살리는 것이 목표였기 때문에, 소비 심리를 일시적으로 유지하는 데 효력을 발휘했다. 게다가 경기 침체기에도 부동산시장의 활황을 유지시켰다. 하지만 경기 슬럼프의 직접 원인이었던 기업의 설비 투자를 확대하고 실업률을 줄이는 데는 역부족이었다. 미국 기업들은 1999년 말과 2000년 초에 소비 증가율을 능가하는 속도로 막대한 시설 투자를 단행했다. 이때 만들어진 설비 과잉 문제를 해소하는 데는 금리 인하의 효과가 즉각적이고 직접적인 처방이 되지 못하고 있다.

NBER의 멤버인 노스웨스턴대의 로버트 고든 교수는 "금리 인하로 미국 경제가 극심한 불황은 피해갈 수 있겠지만 설비 투자가 확대되지 않는 한 장기적인 저성장과 실업률 상승은 불가피"하다고 말했다. 미국의 GDP에서 기업의 투자가 차지하는 비중은 3분의 1이나 되며 1990년대 미국의 장기 호황은 미국인들의 높은 소비 심리와 기업의 설비 확장에 따른 것이다.

도표1-7. 미국과 EU 금리 인하 추이

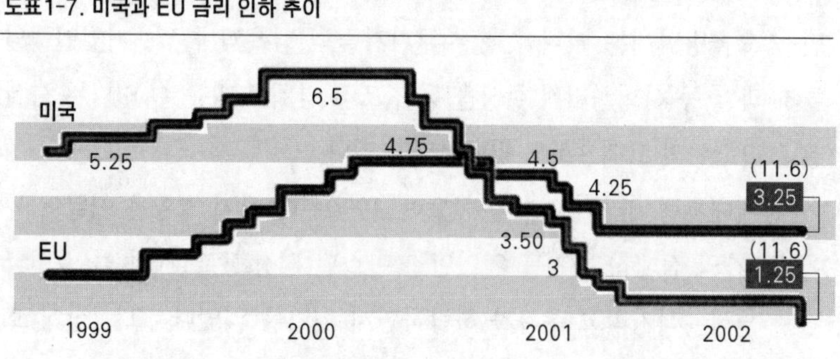

자금을 조달하기 어려운 점도 설비 확장의 요인이 되고 있다. 금리는 떨어졌지만 은행들이 기업대출을 까다롭게 하고 기업들의 설비 투자 확대에 결정적 기여를 해온 닷컴 기업들은 아예 자금줄이 막혀버렸다. 1930년대 미국의 대공황은 증시의 거품이 무너지면서 기업 부문의 설비 투자 감소로 악화됐다.

금리 인하의 직접적 영향이 미치지 않는 또 다른 영역이 노동시장이었다. 기업들은 경기 과열 때 상승한 임금을 내리는 것보다 인원을 정리하는 것이 수월해 실업자가 빠른 속도로 늘었다. 1990년대 말 3.9%까지 내려갔던 미국의 실업률은 2002년 말에 6.0%까지 치솟았고, 수백만 명의 미국인들이 일자리를 잃었다.

주택시장의 과열 부른 그린스펀

미국 경제가 경기 침체의 늪에서 허우적거리고 있는데도 주택시장만은 식을 줄 모르고 달아올랐다. 그린스펀의 공격적인 금리인하정책은 부동산시장의 활황이라는 부산물을 낳았던 것이다. 전문가들은 주식시장이 꺾이는 데도 부동산시장이 살아있기 때문에 미국인들의 부의 효과 (wealth effect)가 유지될 수 있다고 긍정적으로 평가했다. 하지만 주택시장의 거품을 확대시키는 역효과를 냈다.

미국 주택시장은 2001년 전반적인 경기 침체 시기에도 달아올랐다. 2000~2001년 2년째 주식시장이 25% 하락했지만, 주택 가격은 2001년에 평균 9% 상승함으로써 미국인들의 부의 효과 감소를 완충했다. 테러 이후 우려됐던 소비 위축이 일시적 현상에 그치고, 미국인들의 왕성한 소비가 살아나 경기 회복의 원동력을 제공했던 것이 다름 아닌 부동산

시장의 활황이었다는 분석이다.

주택 경기 호황은 FRB의 대폭적인 금리 인하에 크게 힘입었다. 2000년 5월에 8.7%에 달랬던 주택담보(모기지) 금리가 2001년 11월 이후 30년 만에 가장 낮은 수준으로 떨어졌다.

미국인들의 부는 크게 주식과 부동산의 두 축으로 구성돼 있다. 주식은 부자들이 많이 보유하고 있지만, 주택은 미국인의 3분의 2가 소유하는 대중화된 자산이기 때문에 경기 침체기에도 미국인들이 소비를 줄이지 않게 하는 심리적 배경이 됐다.

하지만 집값이 빠르게 상승하면서 부동산시장의 거품이 확대되는 문제가 불거졌다. 주택금융 회사인 HSBC 증권의 경제전문가 아이언 모리스는 2002년에 작성한 보고서에서 주가수익률의 개념을 주택시장에 도

도표1-8. 미국 월별 신규 주택 판매 건수 (단위 : 천 가구)

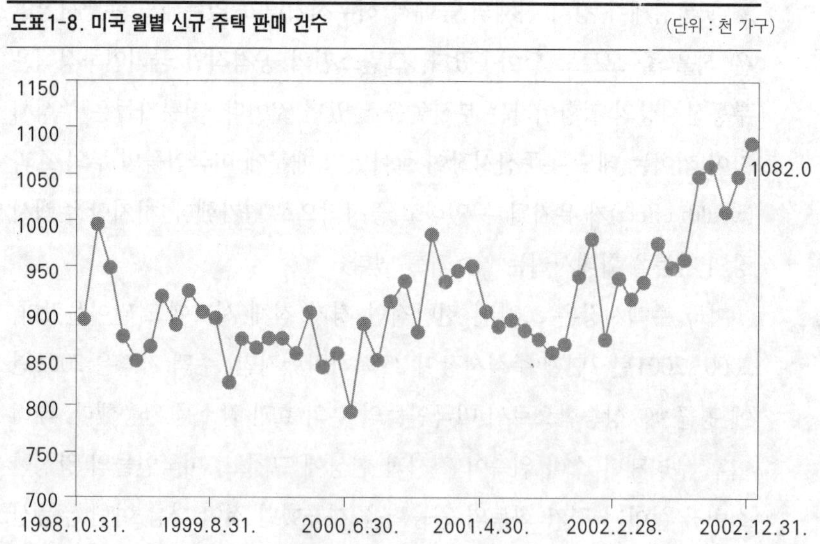

입하였다. 그는 주택 가격과 소득의 비율이 1.6으로, 집값이 미국인의 소득 수준을 크게 상회하고 있다고 밝혔다. 모리스는 이 수치가 지난 1989년 부동산 폭락 한 해 전과 비슷하며, 따라서 올해 금리가 상승할 경우 주택 가격이 폭락할 것이라고 주장했다.

이에 비해 부동산 가격 안정론을 펼치는 사람들은 "주택시장에 어느 정도 거품이 형성돼 있고 일부에서 냉각 조짐이 나타나고 있지만, 붕괴로 이어지기보다는 그간의 과잉 상승 압력이 해소되는 과정을 보일 것"으로 진단했다. 1980년대 후반의 미국 주택시장 거품 때는 공급 과잉으로 꺼졌지만, 지금의 주택 공급 규모는 1970년대 이래 가장 낮고, 현재의 집값이 1980년대 거품 때만큼 높지 않다는 것이다.

8 무능한 부시 정부

뉴욕 증시가 붕괴 직전에 있던 2002년 7월 〈뉴욕타임스〉는 조지 W. 부시 대통령이 지난 1927년 이후 취임한 미국 대통령 가운데 취임 18개월 동안 최악의 주가 하락을 경험한 대통령으로 기록됐다는 재미있는 기사를 냈다.

〈뉴욕타임스〉 보도에 따르면 부시 대통령이 2001년 1월 20일 취임한 후 2002년 7월 20일까지 18개월 동안 블루칩 지수인 S&P 500 지수가 무려 36.9% 하락했다. 이는 과거 13명의 대통령이 같은 기간에 겪었던 낙폭과 비교할 때 가장 크며, 대공황 발발 당시 허버트 후버 대통령 때의 낙폭 18.6%의 2배에 이르고 있다. 다우존스 지수 낙폭은 부시 대통령 18개월간 24.3%로, 후버 대통령의 24.8%와 비슷하다. 두 번째 낙폭은 리처드 닉슨 대통령 때로 23.6%에 달했다.

취임 후 1년 반 동안 가장 큰 폭의 주가 상승을 기록한 대통령은 대공황을 극복한 프랭클린 루스벨트 대통령으로서 55.1%, 이어 린든 존슨 대통령 27.5%, 현 대통령의 아버지인 조지 부시 대통령 26.2% 순이다.

〈뉴욕타임스〉는 과거 선례에 비추어 취임 직후 주가 폭락이 재선에 직접적인 영향을 미치지 않았으며, 경기 침체기에 취임했다가 경제를 살릴 경우 재선에서 좋은 결과를 얻은 것으로 분석했디. 그러나

부시 대통령의 초대 재무장관 폴 오닐

취임 18개월 동안 4.8%의 주가가 폭락한 지미 카터 대통령은 경제 문제를 등한시하는 바람에 재선에 실패했고, 초기에 주가가 폭등했지만 말기에 경기 침체를 겪은 아버지 부시 대통령의 경우도 재선에서 쓴맛을 보았다. 미국 대통령 가운데 빌 클린턴, 린든 존슨 대통령은 재임 8년 동안 경기 침체를 겪지 않았다.

이 기사는 부시 대통령에게 치명적이었다. 미국 유권자의 3분의 2가 주식투자자인 상황에서 주가가 떨어진다는 것은 인기가 떨어져 선거에 질 것을 의미했다.

무능한 경제팀

　뉴욕 증시가 하락하고, 경제가 휘청거리는 데는 부시 행정부의 경제정책이 미국 금융시장에 먹혀들지 않았고, 역으로 시장이 부시 정부를 불신했다는 얘기다. 가뜩이나 부시 대통령과 딕 체니 부통령의 기업 재직 시의 기업 회계 스캔들이 정치 논쟁의 도마 위에 올랐다.

　부시 대통령의 초기 경제팀은 무능을 노출했다. 폴 오닐 재무장관, 하비 피트 증권거래위원장은 외환정책과 기업 부정 척결에 미온적인 입장을 보여 민주당은 물론 공화당 내에서도 강력한 비난을 받았다.

　FRB가 여러 차례 금리 인하를 단행했지만, 경제와 증시가 살아나지 않고, FRB로선 시장 안정화를 위한 수단을 거의 다 소모했다. 따라서 금융시장에 대한 미 행정부의 리더십에 무게가 실리는 상황이었다. 하지만 뉴욕 월 가에서는 부시 행정부의 경제팀을 불신했고, 빌 클린턴 행정부 시절의 로버트 루빈 재무장관이 금융시장을 좌지우지하던 시절을 그리워했다. 골드만 삭스의 로버트 호매츠 부회장은 나와의 인터뷰에서 "3년 전에는 행정부의 리더십이 시장에 먹혔지만, 지금은 행정부에 대한 불신이 크기 때문에 시장이 더 불안"하다고 말했다.

　존 맥케인과 같은 공화당 상원의원은 하비 피트 증권거래위원장의 사퇴를 거듭 주장하며, 부시 대통령의 기업 부정 척결 방안보다 강력한 민주당의 회계 개혁 법안을 지지한다고 선언했다. 그는 피트 위원장의 친기업적인 금융규제정책이 현재의 기업 범죄를 가중시켰다며 피트 위원장의 사퇴가 개혁의 첫 단계라고 주장했다.

　폴 오닐 재무장관은 2002년 여름에 달러화가 급락하고 있을 때 한 달 동안 아프리카를 순방하며 록 가수 보노와 함께 광대모자를 쓰고 가난

구제에 관한 논쟁을 벌여 영국 〈이코노미스트〉의 비웃음을 산 적이 있다. 오닐 장관은 이 같은 비난을 의식, 아시아와 유럽 순방 계획을 중도에 취소하고 의회에 출석했지만, 시장은 이미 그의 손을 떠난 지 오래였다.

부시 행정부의 경제정책 책임자들은 엔론·월드컴의 부정이 터졌을 때 "천재들의 수법", "미국 자본주의에 기여할 것" 등이라고 언급하며 사태를 안이하게 인식했었다.

초기 부시 경제팀 가운데 로렌스 린지 백악관 경제수석은 지나치게 이론적이고, 존 테일러 재무부 차관은 유순하며, 글렌 허바드 경제자문위원회 의장은 대중적 설득력은 있으나 정책 결정력이 없다고 〈이코노미스트〉 지가 평한 바 있다.

부시 대통령은 미국 최초로 경영학 석사(MBA)를 받은 대통령이라고 자부했지만, 대공황의 책임을 뒤집어쓴 허버트 후버 대통령의 전철을 밟고 있다는 비아냥을 듣고 있었다.

2002년 11월 중간선거에서 부시 대통령의 공화당은 테러와의 전쟁을 성공적으로 수행했다는 점에서 미국인들의 전폭적인 지지를 얻어 상원과 하원의 다수당이 되는 데 성공했다. 선거 후 부시 대통령은 더 이상 경제를 이대로 놔두었다가는 걸프전에 이기고도 선거에 지는 아버지의 뒤를 이을 것을 걱정했다. 그가 경제에 취한 첫 조치는

부시 대통령이 하비 피트 증권거래위원장과 함께 대화하고 있다.

폴 오닐 재무장관, 로렌스 린지 백악관 경제수석, 하비 피트 증권거래위 원장의 경제팀을 교체한 것이었다.

폴 오닐 재무장관의 후임에는 CSX라는 미국 동부 철도회사의 회장을 지낸 존 스노를 임명하고, 백악관 경제수석에는 골드만 삭스의 회장을 지낸 스티븐 프리드먼을 지명했다. 그러나 스노 장관의 임명은 금융시 장과의 화해를 위한 것이 아니라 대규모 감세정책을 널리 홍보할 세일 즈맨으로 활용하자는 것이었다. 뉴욕 월 가와 교류가 거의 없었던 재무 장관이 금융시장과 원만하게 조율하고 미국 경제에 대한 신뢰감을 높일 수는 없었다. 따라서 골드만 삭스 출신인 프리드먼 경제수석이 뉴욕 월 가 금융기관과의 핫라인을 형성키로 했지만, 경제수석이 금융시장을 컨 트롤하는 데는 역부족이다. 민주당의 지적처럼 부시 대통령의 경제팀 교체는 얼굴만 바꾸었을 뿐 정책 오류를 시정할 생각을 한 것은 아니었 던 것이다.

9

부자만을 위한 정책

2002년 7월 부시 대통령은 텍사스 주 크로포드 목장에서 여름 휴가를 즐기고 있었다. 부시 대통령의 휴가는 고향 텍사스에서 쉬면서 현안 문제를 챙기는 이른바 '일하는 휴가'로 불리고 있다.

그때 크로포드 목장에서 가까운 와코라는 곳에서 경제정책 포럼이 열렸다. 물론 이 포럼에 미국 뮤추얼펀드의 대부로 알려진 찰스 스왑 회장이 참석했다. 부시 대통령은 공화당이 추진하는 감세정책의 여러 가지 아이디어가 제시된다는 이야기를 듣고 이 행사에 참석했다.

연사로 나선 스왑 회장은 주식 배당에 부과되는 세금(배당세)을 폐지하면 증시가 상승하고, 그러면 경제가 활력을 얻게 된다고 주장했다. 부시 대통령은 스왑 회장의 아이디어에 귀가 번쩍 띄었다. 그날로 그는 경제 비서진에게 배당세 폐지에 관해 연구할 것을 지시했다.

중간선거에서 승리한 부시 대통령이 과감한 경기부양책을 추진하면서 제시한 감세안의 골자는 배당세이고, 이 아이디어는 바로 30년 전에 뮤추얼펀드를 창업한 전설적인 인물에 의해 우연히 나온 것이다.

배당세 폐지를 검토하는 과정에서 공화당 내에 찬반 양론이 팽팽했다. 딕 체니 부통령과 친한 CNBC TV의 경제전문가 로런스 커들로는 그동안 프로그램에서 여러 차례 배당세 폐지를 반대해왔다. 공화당 핵심에서는 그동안 기업 투자 활성화, 소비 촉진 등을 위한 감세안을 검토했다. 하지만 부시 대통령의 마음속에는 배당세 폐지가 확고했고, 부시 행정부는 처음에 배당세 50% 경감 방안을 추진하다가 2002년 크리스마스를 전후로 배당세 완전 폐지로 전환했다는 후문이다.

부시 대통령은 2003년 1월 7일 시카고 경제클럽에서 앞으로 10년간 각종 조세 감면과 정부지출 증가 등의 형태로 6740억 달러를 투입해 경기를 부양하고 일자리를 획기적으로 늘리겠다고 밝혔다. 그는 "우리는 경제의 모든 부분이 건전하고 활기 있는 상태가 될 때까지 만족할 수 없으며, 모든 기업이 성장할 기회를 찾고 원하는 모든 사람들이 직업을 찾을 때까지 멈추지 않을 것"이라고 강조했다. 부시 대통령이 발표한 감세 및 경기부양안은 올해 9200만 명의 납세자들에게 평균 183달러의 세금을 줄여주며 앞으로 3년간 210만 개의 일자리를 추가로 창출할 것이라고 백악관은 설명했다. 이 경기촉진책은 증권시장 부양에 초점을 맞추고 있으며, 소비 진작, 지방 정부의 재정난 완화, 중소기업 투자 활성화 등의 목표를 겨냥했다.

부시 행정부의 경기촉진책에 담긴 감세 규모가 당초 월 가에서 기대한 10년간 3000억 달러의 2배를 넘는다. 이 같은 과감한 방안은 경제를 살리려는 부시 행정부의 절박감과 강력한 의지를 보여준 것이다. 백악관 측은 "부양정책이 경제를 3% 이상 성장시켜 실업자를 구제할 것"이라며, 6000억 달러 이상의 감세를 '경제 성장의 보험'으로 규정했다.

감세안의 핵심은 배당소득세 철폐였다. 배당세 폐지로 주식투자자들에게 돌아갈 혜택은 3640억 달러로 전체 감세액의 54%에 해당했다. 이는 증권시장을 살려 경기를 회복시키려는 경제 논리와 대선에 증권투자자의 지지를 얻으려는 정치적 목적을 동시에 달성하기 위한 것이었다.

또한 주식 배당에 대한 과세가 조세 원칙에 어긋난다는 지적이 법률학자들 사이에 제기돼 왔다. 배당은 기업이 세금을 납부한 후(세후)의 수익을 주주들에게 나눠주는 것이므로, 여기에 대한 세금 부과는 이중과세라는 것이다. 부시 대통령도 이와 관련, "이중과세는 불공정"하다며, "이는 원칙의 문제"라고 소신을 피력했다.

공화당측은 배당세 폐지로 주가가 10% 상승할 것이라고 주장하고, 증권시장도 이를 반겼다. 공화당은 배당세 폐지로 혜택을 받는 3500만 명의 인구를 2년 후 선거에 끌어들일 유권자로 파악한 것이다.

부시 행정부와 공화당의 정치적 공략 목표는 지난 1990년대 뉴욕 증시의 장기 호황으로 형성된 '투자가 계급(investor class)'이다. 신용어로 등장한 '투자가 계급'이 미국 경제와 정치의 주역으로 부상한 것이다. 공화당은 '중산층=주식 투자 계층'이라는 등식을 설정하고, 주가가 오르면 중산층의 지지를 얻는다는 정치적 마케팅 전략을 수립한 것이다.

부시 행정부와 공화당의 대규모 감세안에 대해 민주당은 '부자들의 잔치'에 불과하다고 비난했다. 해리 레이드 상원의원(민주)은 "감세 혜택이 극소수에게 돌아가고 다수가 수혜대상에서 제외된다면, 그것은 계급 전쟁(class war)"이라고 주장했다. 경제학자들은 이번 감세안으로 2003년 1580억 달러의 재정 적자가 2004년이면 2500억 달러 이상으로 급증할 것이라고 우려했다.

백악관에서 감세정책을 홍보하는 부시 대통령

부시 행정부가 겨냥한 투자가 계급에 대해서도 민주당측은 그런 계급은 존재하지 않으며, 부시 행정부의 감세 조치로 혜택이 소수 부유층에게 집중될 것이라고 주장했다. 워싱턴의 브루킹스 연구소는 이번 감세안이 전체 납세자의 1%에 해당하는 부유층에게 혜택의 42%가 돌아갈 것이라는 분석을 내놓았다. 중도적 연구 기관인 예산정책연구센터는 소득 상위 집단의 10%가 전체 주식과 채권 시가총액의 85%를 차지하고 있다고 조사했다. 이 조사에 따르면 미 국세청 통계를 기준으로 연간 소득 10만 달러 이하의 소득층에서 22%만이 배당세를 납부했으나, 10만~100만 달러의 계층에서는 72%, 100만 달러 이상의 계층에서는 전원이 배당세를 낸 것으로 나타났다.

민주당측은 투자가 계급을 정치적 우군으로 확보하려는 공화당의 논리가 허상이며, 대기업을 지원하면 중소기업에도 혜택이 돌아간다는 공화당의 전통적인 트리클 다운(trickle-down) 이론에 불과하다고 주장했다. 이러한 비판에 대해 공화당을 지지하는 경제학자들은 "주식 투자 대중은 빌 클린턴 대통령 시절의 증시 장기 호황으로 형성됐으며, 로버트 루빈 전 재무장관이 이를 뒷받침했다"고 반박했다.

부시 감세안의 또 다른 문제는 재정 적자 확대다. 세금을 깎아주는 것은 좋은데 정부의 씀씀이를 늘릴 경우 국가 재정에 적자가 발생하는 것은 불을 보듯 뻔한 사실이다. 메릴린치 증권은 부시 대통령의 감세계획이 실천에 옮겨질 경우 2003회계 연도에 미국 정부의 예산 적자 폭이 3000억 달러로 늘어날 것으로 전망했다. 3000억 달러의 예산 적자는 1992년의 기록적인 예산 적자 폭 2900억 달러를 웃도는 것이다.

부시 행정부의 경제정책에 반대하는 경제학자들은 감세안이 재정적자를 팽창시켜 이자율을 높이고 인플레이션을 유발한다고 주장했다. 이에 대해 〈월스트리트 저널〉은 GDP에 대한 재정 적자 비율이 올해 1.5%로 유럽의 3%에 비해 걱정할 수준이 아니며, 재정 적자가 이자율을 상승시킨다는 논리는 검증되지 않았다며 공화당을 옹호했다.

부시 대통령의 경기부양책이 성공을 거두기 위해서는 넘어야 할 산이 많고, 단기적인 효과가 나타나지 않을 가능성은 물론 장기적으로 미국 경제에 큰 주름살을 줄 위험이 높다. 전문가들은 향후 10년간 모두 6000억 달러 이상의 감세 및 정부 지출 증대는 첫해에 금리를 0.2% 포인트 높이는 효과를 낼 것이며, 장기적으로 0.5% 포인트 상승시키는 결과를 빚게 될 것으로 예상하고 있다.

경제학자들 사이에선 부시 대통령의 감세안에 대해 찬반 양론이 엇갈렸다. 부시 행정부의 경기부양책에 대해 골드만 삭스의 로버트 호매츠 부회장을 비롯, 뉴욕 월 가의 대다수 경제전문가들과 워싱턴의 국제경제연구원의 프레드 버그스텐 연구원 등이 이를 지지했다.

하지만 후버연구소의 밀튼 프리드먼 교수, 하버드대의 마틴 펠드스타인 교수 등은 재정에 의한 경기부양책이 단기 효과가 없으며, 장기적으로 인플레이션을 유발할 것이라며 문제점을 지적했다. 미국의 통화정책을 총괄하는 그린스펀 의장과 클린턴 행정부에서 재무장관을 지낸 시티은행의 로버트 루빈 회장은, 재정정책이 단기적이고 제한적이어야 한다

감세정책 세일즈맨으로 기용한 존 스노 재무장관

며 부시 행정부를 견제했다.

프리드먼 교수는 일본의 경우 통화정책 사용을 제한하며 재정정책을 남발했지만 그 결과는 스태그플레이션이었다면서, 정부 지출 증가는 그만큼 민간지출 감소를 초래한다고 주장했다. 프리드먼 교수는 재정에 의한 부양책은 경기가 회복될 때 오히려 인플레이션을 자극할 가능성이 있다고 지적했다.

10

미국에서 아시아로

미국 경제가 슬럼프에서 오랫동안 헤어나지 못하고 뉴욕 증시가 몇 년째 내리막길을 걷자, 뉴욕 월 가의 기간투자자들이 돈 되는 곳을 찾아 유럽이나 아시아로 눈을 돌렸다. 특히 2002년 상반기에는 한국 등 아시아 시장에 눈독을 들이면서 뉴욕 증시와 아시아 증시의 차별화를 의미하는 이른바 '디커플링(de-coupling)'이라는 신조어가 등장했다.

월 가 펀드들이 이머징마켓에 비중을 높인 것은 뉴욕 증시의 주가가 고평가돼 있는 데다 미국 달러화 약세가 지속되고 있기 때문이다.

메릴린치가 해외 투자에 적극적인 견해를 보였다. 메릴린치 증권의 글로벌 투자전략가 데이비드 바우어스는 2002년 초 보고서에서 "미국의 경제 회복이 부진하고 달러가 약세로 돌아서면서 미국 증시가 매력을 잃고 있기 때문에 이머징마켓의 포트폴리오를 높일 것"을 권했다. 또 미국의 단기금리가 40년 만의 최저인 1%대에서 운용되고 달러 하락 속도가 빨라지면서 안정성과 환차익을 노려 미국 금융시장에 유입됐던 해외 자본이 수익성이 높은 이머징마켓으로 이동했다.

2002년에 월 가의 글로벌펀드들이 투자 유망국으로 꼽은 나라는 한국과 멕시코였고, 러시아·헝가리·터키·브라질도 그 다음 순위로 이어졌다. 메릴린치의 애널리스트 티모시 본드는 이머징마켓 가운데 선두주자로 한국을 꼽고 그 다음으로 타이완·홍콩·싱가포르 등 아시아 네 마리 용을 들었다.

미국의 경제뉴스 케이블채널인 CNBC는 해외 투자 유망국을 소개하는 프로그램을 신설하여 방영했다. 뉴욕 증시가 3년째 침체를 면치 못하면서 월 가 펀드들의 관심이 수익성 높은 이머징마켓에 쏠리고 있다는 증거였다. 수십조 달러에 이르는 뉴욕 월 가의 방대한 자금시장에 역류 현상이 빚어지고 있는 것은 국제 금융시스템에 변화가 생기고 펀드 운영자들의 심리가 바뀐 것이다. 세계가 동시 불황에 빠졌을 때는 국제유동성이 안전한 미국으로 유입됐으나 미국 경제가 오랜 기간 부진의 늪에 허우적거리자 미국보다 빠르게 성장하는 이머징마켓에서 높은 수익을 얻을 수 있다고 판단한 것이다.

달러 하락도 미국 자본시장에 대한 매력을 잃게 했다. 국제유동성의 유입은 통화 강세에 비례한다. 미국의 경상수지 적자가 한계에 이르면서 달러가 하락하고 달러표시 유가증권의 상대적 가치가 떨어졌다.

또 저금리 기조도 미국 자본시장의 수익률을 낮추는 조건이었다. 단기 금리가 40년 만에 최저인 1%대로 떨어져 돈이 많이 풀려났지만 뭉칫돈이 갈 곳을 찾지 못하고 있는 실정이다.

뉴욕 증시 이탈의 또 다른 이유는 주가 하락에도 불구하고 여전히 고평가돼 있다는 판단 때문이다. 블루칩 500개 종목(S&P 500)의 주가수익률은 2002년 초 24로, 과거 50년간 평균치 15보다 훨씬 높으며 대공황 직전의 최고수위를 넘어섰다. 제2차 세계대전 이후 최악의 수익 저하에도 불구하고 주가하락률이 이를 따르지 못하고 있기 때문에 주가수익률은 낮아지지 않았다. 경기 침체 후유증으로 모든 상품 가격이 하락했는데도 뉴욕 증시만 비싸게 거래되고 있는 셈이다. 예일대의 로버트 쉴러 교수는 뉴욕 주가가 1929년 대공황 직전보다 높게 평가돼 있다고 경고했고, 루트홀드 그룹이라는 투자 회사는 S&P 500 지수가 지난 50년간의 주가수익률 평균치에 접근하려면 주가가 40% 이상 하락해야 한다고 주장했다.

월 가 펀드매니저들은 몇 년째 뉴욕 증시가 하락해서 큰 손실을 봤기 때문에 이문을 남겨 투자자들에게 돌려주고 보너스를 제대로 챙겨야 한다는 강박관념에 사로잡혔다. 이들 매니저는 위험성보다는 수익성을 우선하고 상승 여력이 높은 이머징마켓으로 눈을 돌렸다. 또 엔론 파산 이후 월 가 투사자들이 미국 기업에 대한 신뢰를 싱실하고 있는 것도 해외시장을 찾은 이유다. 내로라하는 미국 기업들이 회계를 분식하면서 매출과 수익을 부풀린 혐의가 드러나고 미국의 간판기업인 GE·IBM마저 불신을 받자 해외투자자는 물론 월 가의 투자자들마저 미국 기업에 투자를 기피했다. 더구나 9·11 테러 이후 미국이 세계에서 가장 안전한 투자처라는 제2차 세계대전 이후의 고정관념이 흔들리고 있는 점도 국제 자금이 미국을 떠나고 싶어하는 원인이 됐다. 테러 이전에는 국제 분쟁이 발생하면 뉴욕 금융시장으로 돈이 몰렸으나 9·11 이후엔 미확인 테러 경고에도 뉴욕 증시가 가라앉는 것이 이런 심리 변화를 반영한다.

아시아가 주목받는 이유

월 가를 이탈한 거대한 자금은 빠르게 회복하고 있는 동아시아 시장으로 눈을 돌렸다. 1990년대 초 미국의 저금리 기조가 형성됐을 때 막대한 자금이 한국을 비롯해 타이완, 홍콩, 싱가포르 등 아시아의 '네 마리 용' 국가로 이동했을 때의 양상이 또다시 재연될 가능성이 대두됐다. 역사적인 관점에서 뉴욕 증시의 거품이 꺼지지 않았지만, 동아시아 증시는 저평가돼 있고 상승 여력이 높다고 판단한 것이다.

월 가 투자자들은 미국 경제가 회복될 경우에도 아시아 증시가 가장 빠르게 성장할 것으로 믿었다. 테러 직후인 2001년 10월 26일자 〈월스트리트 저널〉은 "미국 경제가 내년에 빠른 회복세를 보인다면, 동아시아 증시가 중남미나 동유럽보다 더 큰 혜택을 누릴 것"이라고 분석했다. 역사적으로 볼 때 미국 경제가 회복되면 이머징마켓이 가장 큰 덕을 보았는데, 이번 회복 과정에는 아시아가 그 혜택을 보게 될 것으로 이 신문은 진단했다.

이 신문은 첫째 이유로 미국 경제가 회복되면 수입이 늘게 되고, 이에 따라 수출 지향적인 한국과 대만의 경제가 활성화될 것으로 내다보았다. 아시아시장에 대한 낙관론의 근거는 미 연방준비제도이사회의 초저금리정책, 부시 행정부의 경기부양책으로 미국 경제가 회복되고, 이에 따라 아시아 경기도 상승세로 돌아선다는 것이다.

월 가 투자자들은 필리핀과 인도네시아의 경우 정치적으로 불안정하기 때문에 안정된 한국과 홍콩에 대한 투자를 선호하고 있다고 〈월스트리트 저널〉은 전했다. 월 가 사람들은 아시아의 네 마리 용 가운데 미국과 일본의 경기 침체 영향을 가장 덜 받는 나라로 한국을 지목하고, 원화 환율이 아주 안정돼 있다는 점도 장점으로 꼽았다.

둘째로, 역사적으로 아시아 증시가 침체기엔 55% 하락했지만 바닥을 친 후 1년 내에 2배 상승하고, 5년 사이에 거의 3배 가까이 오른 것으로 분석됐다. 월 가 투자자들은 지난 1999년에 아시아에서 한 해 동안 2배 장사를 한 기억을 잊지 않고 있기 때문에 미국 경제 회복 소식과 함께 아시아로 몰려든다는 것이다.

이 같은 분석은 2002년 상반기에 뉴욕 증시가 침체하고 있는데도 불구하고 아시아 증시가 달아오르는 원인을 제공했다. 국제 금융시장에서는 이 같은 현상을 '탈동조화'라고 불렀고, 영문 그대로 '디커플링(de-coupling)' 또는 '디링크(de-link)'라는 용어를 사용했다. 월 가의 많은 해외투자가들은 아시아, 특히 한국 경제의 성장 잠재력이 크기 때문에 아시아 증시가 뉴욕 증시와의 연동 관계를 끊고 차별화하면서, 국제유동성의 새로운 피난처를 형성할 것이라고 주장했다.

그 무렵 뉴욕에 본사를 둔 푸르덴셜 증권은 아시아 보고서에서 "뉴욕 증시와 동아시아 증시의 탈연동 관계가 이제 본격화됐다"며 "뉴욕 주가가 고평가돼 있기 때문에 동아시아 주가의 가치에 관심이 쏠리고 있다"고 밝혔다. 이 보고서는 "뉴욕 증시와 동아시아 증시의 탈연동성은 이제 시작에 불과하며, 뉴욕 증시가 하락하더라도 동아시아 시장은 완강하게 하락을 거부할 것"이라고 전망했다.

푸르덴셜은 특히 한국과 타이완 증시가 2002년 상당한 힘을 받을 것이라고 전망했다. 실제 뉴욕 증시의 주가가 고평가돼 있지만 한국과 타이완의 주가는 2001년 말 이후의 급격한 상승에도 불구하고 아직 저평가돼 있다는 분석이 이런 전망을 뒷받침했다. 게다가 미국이 저금리 기조를 유지할 것으로 보여 미국의 금융자산 수익률이 낮을 것으로 관측되기 때문에 월 가의 자금이 동아시아로 몰려갈 것이라고 관측했다. 푸르덴셜은 "최근의 주가 상승에도 불구하고 한국에는 싼 주식들이 많이 있다"면서 "한국 주가는 지금까지 2002년 수익을 전제로 상승했지만 2003년 수익 상승이 분명하게 보이면 주가 가치에 대한 재평가가 이뤄질 것"이라고 분석했다.

동조화가 재연되다

하지만 디커플링 현상은 오래가지 못했다.

2002년 여름이 지나면서 아시아 증시는 뉴욕 증시를 따라 곤두박질쳤다. 오히려 뉴욕 증시보다 큰 폭으로 떨어졌다. 디커플링이 아니라 동조화가 재연되는 '리커플링(re-coupling)' 현상이 나타난 것이다.

디커플링이란 용어는 모건스탠리의 수석 경제전문가 스티븐 로치가 만들어낸 용어였다. 하지만 디커플링이 해소될 때도 모건스탠리가 이의를 제기했다. 2002년 7월 잇따른 기업 회계 부정으로 뉴욕 증시가 폭락할 무렵 디커플링의 원조인 모건스탠리가 디커플링 대신에 '리커플링'이라는 새로운 용어를 제시했다. 모건스탠리 홍콩 지점에 근무하는 애널리스트 앤디 시에는 아시아 증시가 그동안의 디커플링 관계를 끊고 다시 동조 관계로 돌아섰다고 주장했다. 그 근거는 미국 경제가 2차 침체(더블딥)에 빠질 경우 수출 중심의 아시아가 큰 타격을 받고, 세계 최대 금융시장인 뉴욕 증시가 흔들리는데 아시아가 좋을 수 없다는 것이었다.

뉴욕 월 가에서 디커플링 현상이 사라질 것이라고 판단하고 있을 무렵, 한국에서는 디커플링에 대한 집착을 버리지 못했다.

박승 한국은행 총재는 2002년 8월 6일 금융통화위원회 직후에 가진

기자회견에서 "한·미 증시의 디커플링이 가시화될 것"이라며, "원화강
세까지 가세해 한국 증시의 메리트는 갈수록 돋보일 것"이라고 말했다.
중앙 은행 총재가 다양한 정보와 자료를 토대로 낸 결론이겠지만, 분명
한 사실은 2002년 7월 뉴욕 증시 폭락 이후 한·미 증시에 디커플링이
나타나지 않고 있다는 점을 간과한 것이다.

 증시의 유행어는 특정한 시기와 상황을 설명하는 데는 적합하지만, 영
구한 진리를 담을 수는 없다. 디커플링의 논리는 2002년 상반기에 2년
동안 수익을 내지 못했던 월 가 투자자들이 고평가된 뉴욕 증시를 떠나
위험도가 높은 아시아 지역을 찾을 때 만들어냈던 것으로, 월 가 사람들
은 그 효과의 단맛을 다 본 시기에 한국은행 총재가 그런 주장을 했던 것

도표1-9. 다우존스 지수와 한국 종합주가 지수 변동률 비교

이다. 2002년 여름 이후 미국 경제가 다시 꺾이고, 뉴욕 증시가 폭락하면서 미국의 투자자들이 주식에서 대거 탈출하는 사태가 벌어졌다. 미국의 펀드들은 국내외에서 상환 자금을 마련하는 데 급급하여 그동안 주가가 많이 올랐던 아시아 시장에서 돈을 빼내 미국 내 투자가들에게 돌려주었다.

최신 증권 용어는 국제금융시장의 주도권을 가진 월 가 사람들에 의해 만들어지는 것이 관례다. 그들이 몰려갈 땐 '디커플링'을 주장했다가, 빠져나오면서 '리커플링'을 제기한 것이다. 일종의 투자 구호와 같은 것일 뿐 경제 현상을 설명하는 용어는 아니다.

스티븐 로치 –모건스탠리 경제전문가

"미국 경제가 회복되고 있는 것처럼 보이지만, 궁극적인 수요가 발생하지 않고 있기 때문에 또다시 가라앉을 가능성이 높습니다. 미국 달러화도 앞으로 3년간 20% 정도 절하될 것으로 전망됩니다."

미국의 투자 은행 모건스탠리의 스티븐 로치(Stephen Roach) 수석 경제전문가 겸 세계 경제 분석담당 이사는 미국 경기 침체가 두 번의 저점을 형성할 것이라는 내용의 '더블딥 이론'을 주창하는 사람이다. 9 · 11 테러 이후 놀라울 정도의 회복력을 보였던 미국 경제가 2002년 3월 이후 둔화 조짐을 보이면서 그는 또다시 미국 경제계의 주목을 받고 있다.

그는 한국에 대해 "일본의 은행 위기에 대비해 경제 개혁을 지속할 것"을 권했다. 맨해튼 모건스탠리 본사를 찾아 그를 만나보았다.

더블딥에 대한 견해를 듣고 싶습니다. 최근 미국 거시 경제 지표들이 좋지 않게 나오고 있는데, 또다시 침체로 빠지는 것입니까?

▶ 미국 경제가 더블딥을 형성할 가능성은 세 가지 측면으로 살펴볼 수 있습니다.

첫 번째는 역사적 측면입니다. 과거 여섯 번의 경기 침체에서 다섯 번의 더블딥 현상이 있었습니다. 경제가 일단 침체에 빠지면 회복하는 듯하다가 다시 침체하고, 그런 연후에 본격적인 회복이 나타나는 것입니다. 1970년대 중반에서 1980년대 초 사이에는 두 번의 침체에서 트리플딥(삼중저점) 현상도 있었습니다.

두 번째는 더블딥이 최종 수요가 후퇴할 경우 발생했다는 사실입니다.

우리는 재고 조정을 보면서 경기 회복을 관찰하는데, 지금의 문제는 경기 회복을 지속시키기에 충분한 궁극적인 수요 회복이 보이지 않고 있다는 점입니다. 저는 최종 수요의 회복이 약하게 진행되고 있기 때문에 후퇴할 가능성도 있다고 봅니다. 최종 수요를 구성하는 요소로 소비성 내구재, 주택 건설 활동, 기업 투자 등 세 가지를 들 수 있습니다. 내구재와 주택 건설은 침체기에 가라앉았다가 경기 회복시 활발하게 살아났습니다.

지금은 자동차 판매와 주택 건설이 활발하기 때문에 경기가 살아난다고 해서 더 좋아질 것 같지는 않습니다. 그런데 기업 투자는 지난 몇 년 동안 과거 침체기보다 훨씬 취약한 구조를 지속하고 있습니다. 기업 투자가 회복될 것이라는 증거가 현재로선 보이지 않고 있습니다. 따라서 미국 경제에 최종 수요가 살아나고 있다고 보기에는 상당한 의문점이 남습니다. 오히려 실망스럽기까지 합니다. 재고 사이클을 볼 때 경기가 또다시 후퇴할 가능성을 배제할 수 없는 상황입니다.

　세 번째 요소는 미국 경제가 1990년대 거품 시대를 지내면서 형성한 구조적 문제입니다. 경기 침체는 일반적으로 구조적 문제를 제거하는 기능이 있습니다. 그러나 지금 미국 경제는 지극히 낮은 저축률에다 대규모 설비 과잉, 기록적인 부채, 엄청난 경상수지 적자에 시달리고 있습니다. 이런 것들은 과거 경기 회복시에 전혀 보지 못했던 것입니다. 미국 경제의 구조적인 문제는 경기가 회복하고 확장하는 데 큰 장애 요인으로 작용할 것입니다. 앞서 설명했듯이 역사성, 최종 수요의 후퇴, 1990년대 장기 호황에 따른 구조적 문제 등 세 가지 요인이 겹치면서 미국 경제가 사상 가장 깊은 더블딥 현상을 맞을 것으로 봅니다.

9·11 테러 직후에 경제전문가들이 2001년 4/4분기와 2002년 1/4분기에 마이너스 성장을 할 것으로 예측했습니다. 그런데 테러 후 미국 경제는 놀라운 성장을 기록했습니다. 그 원동력이 무엇이라고 생각합니까?

➡그 이유는 몇 가지로 요약할 수 있습니다. 첫째, 9·11 테러로 미국은 충격에 휩싸였고, 몇 주 후에 경제가 붕괴될 것 같은 위기에 처해 있었습니다. 그때 경제를 치유하기 위한 강도 높은 처방이 단행됐지요. 저나 다른 경제학자들이 예상도 못할 정도의 처방이었습니다.

　둘째는 기업들이 테러 충격에 대응해 대대적인 가격 인하를 단행했습니다. 자동차 회사들은 아예 이자를 받지 않고 할부 판매를 단행했습니다. 일본 중앙 은행이 한 일을 한 셈이지요. 소매 판매점들도 가격을 인하해 크리스마스 대목을 앞두고 소비자를 자극했습니다. 당연히 소비가 늘게 되고, 지난해 4분기에는 과거 경기 침체기에 유례를 찾아보기 힘든 소비 확대가 있었습니다. 소비성 내구재 판매가 무려 39% 늘었습니다.

셋째는 FRB가 대단히 공격적으로 단기금리를 인하했습니다. 또 에너지 가격이 하락했고, 연방 정부가 대대적인 경기부양정책을 추진했습니다. 지금 미국 경제는 강력하게 회복되고 있지만, 이 회복력이 얼마나 지속되느냐 하는 것은 아직 의문입니다. 이론적으로 컴퓨터나 자동차, 가구와 같은 내구재는 한 번 사면 2~3년 동안 구매를 하지 않게 됩니다. 소비자들은 소득과 가격이 맞아떨어지는 시점에 내구재를 구입하는데, 2001년 말과 2002년 초가 그런 시점을 형성했던 것입니다. 그런데 이런 내구재 구매력 상승은 미래에 소비되어야 할 것을 앞당긴 것에 불과합니다.

달러 거품론을 주장한 것으로 알고 있습니다. 최근 달러가 약세로 돌아서고 있습니다. 미국 달러화가 붕괴될 가능성이 있다고 봅니까?

▶ 달러는 앞으로 3년 사이에 20% 하락할 것으로 봅니다. 그 정도로는 미국 경제에 대단한 위기가 되지 않을 것입니다. 달러는 고평가돼 있습니다. 현시점에서 평가하면 15% 정도 높게 평가돼 있습니다. 미국 경제는 엄청난 경상수지 적자를 내고 있습니다. 경제가 회복되는 시점에서 경상 적자는 더 커지고 있습니다. 미국의 경상수지 적자가 내년에 GDP의 6%까지 확대될 것으로 전망되고 있습니다. 이 적자를 메우려면 하루에 20억 달러의 해외 자본이 들어와야 합니다. 역사적인 관점에서 볼 때 미국과 같은 공업국가는 경상 적자가 GDP의 5%를 넘기 어렵습니다. 지금부터 달러의 조정이 시작되고 있습니다. 과거의 경험으로 볼 때 이 과정은 3년이 걸렸고, GDP의 1%에 해당하는 경상 적자의 폭을 줄이려면 20%의 통화 절하가 필요했습니다. 세계는 더 이상 미국이 주도하는 장기 경제 성장을 지속할 수 없습니다. 미국도 세계 경제를 리드하지 못할 것입니다. 앞으로 세 가지 일이 세계 경제에서 발생할 것입

니다. 우선 미국 경제 성장이 둔화될 것입니다. 반면에 한국과 같은 미국 이외의 나라가 내수시장이 커지면서 빠르게 성장할 것입니다. 그러면서 달러가 떨어지게 될 것입니다.

한국 경제가 "탈동조화의 본보기"라고 표현했는데, 무슨 뜻입니까?

▶제가 한국에 대해 그 표현을 쓴 것은 미국이 자체 문제 때문에 더 이상 세계 경제를 리드할 수 없다는 것과 같은 맥락입니다. 많은 나라들이 이제는 해외 요인, 특히 미국에 대한 의존을 줄이고 내수시장을 확대하고 있습니다. 탈동조화란 이를 의미하는 말입니다. 이런 측면에서 한국은 중국이나 일본 등 다른 아시아 국가보다 앞서 나가고 있습니다. 한국 경제는 지금까지 수출에 의존해 성장해왔습니다. 그러나 지난 14개월 동안 수출이 악화됐지만 소비를 늘려 글로벌 경제의 도전을 헤쳐 나갔습니다. 아마 한국은행은 소비와 부동산 시장의 팽창을 어디까지 허용하느냐를 고민할 것입니다. 한국에 인플레이션이 발생할 가능성이 제기되고 있는데, 한국은행이 긴축정책으로 전환하더라도 정상적인 발전 과정으로 봅니다. 내수시장을 조절해야 하기 때문이지요.

모건스탠리가 최근 한국의 가계 부채가 너무 많다고 지적한 보고서를 냈는데요.

▶한국의 부동산 가격이 상승하고, 가계 부채가 확대되고 있는 점을 주목합니다. 그러나 개인적으로는 아직 위험한 수준이 아니라고 봅니다. 만일 현재와 같은 속도가 1년 더 지속된다면 한국은 위태로운 상황에 직면할 것으로 우려됩니다. 소비자 채무가 늘어나고 부동산 가격이 상승하는 것은 오래 지속될

수 없을 것입니다. 지난 3월에 한국은행이 이를 우려했는데, 이유가 있다고
봅니다.

(2002년 5월 6일)

로버트 쉴러 -예일대 교수

"북한 핵 관점에서 주가수익률을 관찰할 때 뉴욕 증시는 더 하락하고, 최악의 시나리오도 가능하다고 봅니다."

로버트 쉴러(Robert Shiller) 예일대 교수는 1990년대 뉴욕 증시가 하늘 높은 줄 모르고 상승할 때 뉴욕 주가의 거품이 붕괴할 가능성을 우려했다. 그는 현재의 미국 경제가 또다시 침체 더블딥에 빠질 가능성이 높고, 다우존스 지수가 6000포인트 이하로 떨어질 수도 있다고 주장했다. 쉴러 교수는 최근의 '신용의 위기'는 1990년대 기업들이 스타 경영자를 초빙해 높은 스톡옵션을 주면서 주가를 관리한 결과라고 분석했다. 코네티컷 주 뉴헤이븐에 있는 예일대 캠퍼스를 찾아 그를 만나보았다.

뉴욕 증시의 S&P 500 지수의 주가수익률이 지난 120년 사이에 가장 높다고 주장한 것으로 알고 있습니다. 현재의 주가수익률은 1929년 대공황 직전보다 높습니다. 대공황 때처럼 뉴욕 주가가 붕괴될 가능성이 있습니까?

▶ 뉴욕 주가는 제가 그 주장을 한 이후 이미 많이 내려갔습니다. 나스닥의 경우 사실상 붕괴했습니다. 뉴욕 증시 붕괴의 시나리오는 있을 수 있는 일입니다. 아직도 뉴욕 증시의 주가수익률은 역사적 기준으로 높습니다. 저는 아직도 최악의 시나리오는 기본적으로 가능하다고 봅니다. 뉴욕 증시는 아직도 고평가되어 있습니다. 지금의 미국 경제는 기업 수익 저하에 따른 경기 침체입니다. 기업 수익이 아주 빠르고 급속하게 가라앉았지만, 경기 침체가 완만했기 때문에 주가가 수익 저하 속도만큼 하락하지 않았고, 따라서 오히려 주가수익률이 올라간 것입니다. 월 가의 애널리스트들은 항상 기업 수익이 조만간 올라간다고 주장을 하면서 주가 하락을 막았습니다. 애널리스트들은 걱정되는 분야는 보지 않으려고 하고, 겉으로 드러나는 현상만 보려고 하는 속성이 있습니다. 주가 거품 시대에 기업 경영자들은 주가가 올라가는 데 신경을 쓰고 장부를 좋게 하는 등 외적 모양새에만 초점을 맞추게 됩니다. 1990년대에 일어난 일을 돌이켜보면, 기업인들이 투자자들을 만족시키기 위해 단기이익에 급급했습니다. 단기적으로 장부를 좋게 만들기 위해 근로자를 해고했지, 장기적으로 기업 수익을 늘리는 대책은 소홀히 했습니다. 기업들은 나쁜 공식에 몰두했던 것이지요. 어떻게 하면 단기수익을 올리느냐에 혈안이 돼 있었습니다.

올해 들어 미국 경제가 회복되고, 기업 수익도 개선될 것이 분명합니다. 그런데도 주가가 고평가됐다고 할 수 있습니까?

◪(주가) 거품은 몇 년에 걸쳐 형성되고, 또 몇 년에 걸쳐 가라앉습니다. 사람들은 하루의 주가 폭락을 많이 기억하고 있습니다. 대공황의 시발점인 1929년 10월 또는 지난 1987년 10월의 블랙 먼데이가 바로 그 예입니다. 그러나 하루의 폭락은 곧바로 회복될 수 있습니다. 대공황 때도 다음해 주가가 상당히 회복되었고, 블랙 먼데이 때도 그랬습니다. 저의 주장은 몇 년에 걸친 장기적이고 점진적인 경향을 말하는 것입니다. 증권시장이 애널리스트들의 주장대로 단기적으로 급등할 수도 있습니다. 그러나 장기적인 관점에서 보면 주가는 여전히 고평가돼 있고, 기업 수익은 저하되고, 주가는 내려갈 것입니다. 미래를 속단할 수 없고, 아무도 예측할 수 없습니다. 다만 저의 예측은 앞으로 몇 년간 주가가 내려간다는 것입니다.

그러면 앞으로 몇 년 동안 더 내려갈 것 같습니까?

◪아마 10년 동안 내려갈 가능성도 있다고 봅니다. 문제는 1990년대에 주식시장이 너무나 빠른 속도로 상승했기 때문에 하락 장세도 그만큼 계속된다는 점입니다.

주택시장에도 거품이 있다는 주장이 있습니다.

◪주택시장은 1990년대에 아주 빠르게 상승했고, 아직도 오르고 있습니다. (벤처 열풍이 불었던) 샌프란시스코 일대를 제외하고는 아직 강세입니다. 뉴욕도 9 · 11 테러 후 약간의 하락세가 있었지만 여전히 강세입니다. 그러나 저는 주택시장도 언젠가 주식시장처럼 거품이 빠질 것으로 봅니다.

경기 침체에도 불구하고 주택 가격이 올랐는데, 주택시장 과열이 좀더 계속될 것으로 봅니까?

▣ 그렇습니다. 저는 집값이 더 오를 것으로 봅니다. 주택에 대한 신뢰도 더 높아지고 있습니다. 최근 테러가 있었고, 기업인들의 부패가 심각한 문제로 나타나자 기업(주식)에 투자하는 것보다 주택을 더 안전한 부로 생각하는 경향이 높아지고 있습니다. 심지어 9 · 11 테러가 주택 가격을 더 상승시켰습니다. 테러가 나니까 집이 가장 안전한 투자 수단으로 부각됐습니다. 예를 들어 여기 뉴헤이븐에 사는 저는 뉴욕의 고층건물에 사는 사람보다 (테러로부터) 안전하지 않습니까?(웃음)

그렇다면 FRB가 또 한 차례 금리를 인하할 가능성도 있습니까?

▣ 문제는 현재 FRB의 연방기금금리가 일본의 금리 수준에 근접했다는 사실입니다. FRB는 대단히 빠른 속도로 금리를 내렸습니다. 그러나 금리 인하 효과는 거의 나타나지 않았습니다. 주택금리를 낮추는 데 성공했지만, 기업 투자를 살리고 주식 시장을 상승시키는 데는 실패했습니다. 많은 사람들은 FRB가 금리를 내리면 주가가 올라간다고들 생각하는데, 지금은 그렇지 않습니다. 현재의 금리가 일본 금리에 근접하고 있기 때문에 더 내리는 데 한계가 있습니다. 앨런 그린스펀 의장이 지난 1996년 말에 '비이성적 과열(irrational exuberance)'을 경고했을 때에는 일본 주식시장을 염두에 둔 것입니다. 일본은 1980년대 말의 주식시장 거품이 꺼지면서 경기 침체가 시작됐고, 제로금리까지 유도했지만 현재에 이른 것입니다. 미국 경제는 현재 증시 거품이 꺼지는 단계에 있고, 이것이 경제에 악영향을 미칠 것입니다.

1980년대 일본의 증시 거품과 1990년대 미국의 거품에 어떤 차이가 있습니까?

▶ 첫째, 미국은 은행시스템이 일본보다 잘 규제돼 있고 잘 짜여져 있습니다. 둘째 일본의 주가(1980년대 말)는 상상도 못할 정도로 높았습니다. 일본의 거품이 미국보다 더 부풀어올랐던 것이지요. 1980년대에 일본은 세계에서 가장 높은 신뢰를 가진 경제로 자부하고 있었습니다. 그때 일본 증시의 전체 시가 총액이 미국보다 컸고, 세계 20대 은행의 절반을 일본이 차지했습니다. 일본의 거품은 일본으로 끝났지만, 지금은 미국 증시의 거품이 문제라는 점입니다.

그린스펀 의장이 1996년 말에 증시 거품을 우려했을 때 당시 다우존스 지수는 6400 포인트대였습니다. 그때 주가수익률은 20 이하였고, 지금은 20을 넘고 있습니다. 그렇다면 다우존스 지수를 기준으로 주가가 6000포인트 이하로 떨어져야 한다는 말입니까?

▶ 확실히 그럴 가능성은 있습니다. 5000포인트 이하도 가능하겠지요. 확실하지는 않습니다만, 현재의 기업 수익이 1996년보다 낮다는 사실입니다. S&P 500 지수의 과거 주가수익률 평균은 14였습니다. 사람들은 이 사실을 애써 잊으려고 하는데, 그게 문제입니다.

엔론 사태 이후 타이코, 월드컴 등에서 회계 분식, 주가 조작 등 화이트칼라 범죄가 만연하고 있습니다. 현재의 '신용의 위기'가 1990년대 증시 거품의 결과라고 봅니까?

▶ 그런 일은 주가가 거품처럼 부풀어올랐을 때 흔히 있는 일입니다. 1920년대에도 있었습니다. 그러나 최근의 기업 부정은 전체 기업의 1% 미만에서 발생한 일이고, 큰일이 아닙니다. 대부분의 기업에서는 뉴스에 보도되는 그

런 일이 있을 수 있느냐고 의아해하고 있습니다. 문제는 이 일로 인해 증시가 가라앉고 있다는 사실입니다. 외국인 투자자들은 미국의 일부 기업에 희한한 일이 벌어졌다고 투자한 돈을 빼내 가고 있습니다. 저는 회계 조작이니 하는 현재의 문제들이 그동안의 기업 경영 관행에 어떤 변화를 줄 것인가를 주목하고 있습니다. 1990년대 증시에 거품이 커져갈 때 기업의 분위기는 전통적인 경영인을 배척하고 외부에서 스타 경영자(CEO)를 초빙해, 그들에게 엄청난 봉급을 주고 주가를 높게 관리하도록 하는 것이었습니다. 스타급 경영자들은 기업의 장기 비전이나 충성도에는 전혀 관심이 없었고, 주가를 관리하는 데 초점을 맞추었습니다. 스타 경영자와 엄청난 스톡옵션이라는 두 가지가 경영자로 하여금 시장수익률에 치중하게 했고, 이런 경향이 지난 10~20년 동안 시장 지향적이라는 명분 아래 형성됐던 것입니다.

(2002년 7월 5일)

2부 | 추락하는 월가

1 잇따른 부정

2002년 7월 25일 아침, 케이블 회사 아델피아의 창업자 존 리가스 회장이 뉴욕 맨해튼에서 연방수사국(FBI) 요원들에 의해 수갑이 채워진 채 호송됐다. 죄목은 횡령죄. 리가스 전 회장은 회계 장부를 분식하여 23억 달러의 부채를 숨겨놓고, 회사돈 10억 달러를 빼돌려 호화 아파트를 사고 골프장을 건설하는 등 개인 용도로 사용한 혐의를 받았다. 그의 두 아들 마이클과 티모시 리가스도 그날 FBI에 체포됐다. 가족이 회사 장부를 속여가며 '한탕' 해먹은 것이다.

뉴욕 월 가에 금융시장이 형성된 지 200여 년 동안 지켜지는 불변의 원칙이 있다. "시장(투자자)을 속인 회사와 기업인, 금융인은 살아남지 못한다"는 것이 그것이다. 20세기 전반에 미국 금융시장을 좌지우지하던 JP 모건의 아들은 1929년 대공황 때 주가 조작을 한 혐의로 의회 청문회와 검찰 수사를 받았다. JP 모건은 사건 후 70년간 명맥을 이어왔으

회사 공금 횡령 혐의로 연방수사국에 연행되고 있는 아델피아의 창업자 존 리가스 전 회장

나, 21세기 초에 만성적자에 허덕이다 체이스맨해튼 은행에 인수되고 말았다.

1980년대 저축대부조합(S&L) 사건, 마이클 밀켄의 정크본드 사기 사건, 1990년대 살로먼 브러더스의 미국 국채 부정 거래 사건 등 뉴욕 월 가에는 10년 주기로 크고 작은 금융 사고가 터졌다. 그러나 이들 사건의 주역들은 거의 철창으로 갔고, 그 회사들은 모두 파산 또는 매각되어 지금은 형체조차 남아있지 않다.

9·11 테러 직후에 터져나온 일련의 회계 분식 사건은 해당 기업을 파멸로 몰아넣었다〔데니스 코즐로스키(타이코 회장) 기소, 새뮤얼 왁설(임클론 회장) 체포, 제프리 스킬링(엔론 회장) 사임, 케네스 레이(엔론 회장) 사임, 버나드 에버스(월드컴 회장) 사임, 존 라가스(아델피아 회장) 체포, 찰스 워트슨(다이너지 회장) 사임 등〕. 거짓말을 참지 못하는 미국 사회의 풍토를 보여준 것이다.

테러 직후 에너지 기업 엔론이 수십억 달러에 이르는 부채를 숨겨 수익을 부풀린 사건이 터졌을 때만 해도 회계 분식 사건은 한 회사의 문제로 그치는 것 같았다. 그러나 다음해 미국에서 터진 회계 분식 사건은 헤아릴 수 없을 정도다. 중요한 것은 회계 분식과 함께 최고경영자의 비리가 함께 밝혀지면서, 회사는 물론 경영진이 동시에 몰락했다.

미국 제2의 전화회사 월드컴은 미회수 대금 38억 달러를 매출로 잡아 회계를 분식한 것으로 밝혀졌다. 그러나 이 회사의 분식 사실이 밝혀지면서 주식이 폭락하고, 채권시장에서 자금 조달이 불가능해지고, 은행들은 돈을 돌려달라고 아우성을 쳤다. 이 회사는 2002년 여름에 미국 역사상 최대 규모인 1040억 달러의 파산을 신청하고, 회사돈 3억 6000만 달러를 남용한 에버스 전 회장은 의회 청문회에 불려다녔다.

종합 기계 회사인 타이코는 분식 회계에 이어 창업자이자 최고경영자(CEO)인 코즐로스키 회장의 사치가 도마 위에 올랐다. 코즐로스키 전 회장은 얼마 전만 해도 거액의 현금을 쾌척하는 자선사업가로 존경을 받았지만, 회사돈을 빼내 맨해튼의 침실 13개짜리 고층 아파트를 매입하는 데 1800만 달러를 썼고, 호화 아파트를 장식하기 위해 회사돈 1300만 달러로 프랑스 화가 르느와르, 모네 그림을 사 화제가 되기도 했다. 코즐로스키는 기소됐고, 그의 회사는 풍전등화에 직면했다.

회계 조작 사건은 미국 경제를 심각한 '신용의 위기(confidence crisis)'에 빠뜨렸다. 거의 매일같이 터져 나온 기업의 분식 회계가 미국 경제와 금융시장에 치명적인 악영향을 주었던 것이다. 경제는 금융시장의 신뢰에 의존하고, 금융시장은 정보에 의해 다수의 투자자들이 거래하는 공간이다. 이 시스템의 고리에서 가장 중요한 것은 '정보'이며, 이 정보의 신뢰성이 바로 '투명성'의 개념으로 정리되고 있다. 금융시장의 기초 정보가 되는 분식 회계 사건이 연쇄적으로 터지면서 뉴욕 월 가가 동요하고, 미국 경제가 흔들렸다.

엔론의 창업자 케네스 레이 전 회장

항암제 개발 회사 임클론의 새뮤얼 왁설 전 회장은 내부자 거래 혐의를 받았다.

분식 회계로 촉발된 미국의 기업 범죄는 1929년 대공황 이래 최대 규모로 평가되고 있다. 대공황 때에도 대형 금융 사고가 연이어 터지면서 증시가 장기 침체에 빠졌고 경제가 10년 이상 가라앉았다. 대공황은 제2차 세계대전이 터지면서 전쟁 특수에 의해 가까스로 해결됐다.

거품이 꺼지면서 나타난 미국 경제의 '신용의 위기'는 주가 하락을 촉진시키고, 투자 위축, 소비 둔화, 경기 회복 지연이라는 악순환의 고리를 형성했다.

2

대우를 닮은 엔론 사건

9·11 테러의 충격에서 헤어나지 못하고 있던 2001년 10월 16일 선진적인 경영 기법과 이노베이션으로 고속 성장을 구가해온 미국 에너지 그룹인 엔론이 파산 보호를 법원에 신청했다.

부시 대통령의 고향인 텍사스 휴스턴에 본사를 두고 있는 엔론은 미국 순위 7위의 에너지 그룹이었다. 1985년 송유관 회사인 휴스턴 내추럴 가스와 인터노스가 합병해 설립한 엔론은 창립 당시 해외 지사가 4개국에 불과했지만, 2000년에 이르러 30여 개국으로 늘어났다. 또 121억 달러로 시작한 총자산이 2000년에는 330억 달러로 3배 가까이 늘어났다. 1999년에는 인터넷 회사인 엔론 온라인을 출범, 에너지 관련 회사에서 파생 금융 상품과 첨단 광대역 통신망 서비스에 이르기까지 1500여 개 상품을 취급하는 종합 상품 거래 회사로 변신했다. 출범 이래 엔론 온라인의 총거래 규모는 6500억 달러에 달하며 하루 5000건이 거래되고 일일 거래 액수도 30억 달러에 달했다. 이에 하버드 경영대학원에서 사례 연구를 할 정도로 인터넷 전략 성공의 모범적 사례로 극찬받기도 했다. 그러나 뉴욕 증시가 하락하고 미국 경제가 꺾이는 가운데서 무리하게 사업 확장을 계속하면서 파산 위기에까지 몰린 것이다.

엔론 주식은 월 가 애널리스트들이 가장 많이 추천하는 우량주였다. 2001년 초 경영 실적과 미래 비전을 설명하는 자리에서 한 애널리스트가 경영진의 귀에 거슬리는 질문을 던졌다. 그때 최고경영자는 그 질문을 한 사람에게 "ass(x자식)"하며 버럭 화를 냈다.

엔론의 비극은 이때부터 시작됐다. 경영진이 많은 사람이 모인 자리에서 소액투자자를 욕하는 모습을 보며, 경영에 무언가 문제가 있다고 생각한 사람들이 주식을 팔기 시작했다. 하지만 2001년 매출 목표 2000억 달러의 미국 7위 기업이 무너지리라고 생각한 사람은 아무도 없었다.

도표2-1. 엔론 주가 추이　　(단위 : 달러)

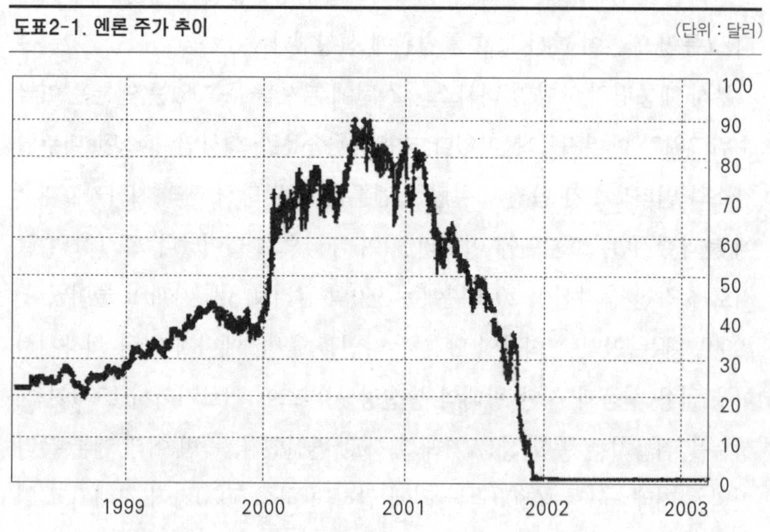

엔론에 문제가 있다는 사실은 2001년 초 언론에 의해서도 포착됐다. 경제전문 잡지 〈포춘〉의 베서니 맥린 기자는 사건이 터지기 열 달 전에 엔론의 회계 장부 조작 가능성에 의문을 품고, '엔론 주가가 너무 비싸지 않은가'라는 글을 실었다. 그녀가 취재를 하는 도중에 엔론 고위 간부들이 총동원돼 기사를 막으려 했고, 케네스 레이 당시 회장은 〈포춘〉 편집인에게 전화를 걸어 "엔론이 잘못되면 반사 이익을 얻을 사람들의 정보로 기사를 써선 안 된다"고 으름장을 놓았다. 그러나 〈포춘〉은 엔론 경영진의 전방위 공세에도 불구하고 맥린 기자의 기사를 게재했다.

투자 은행 골드만 삭스에서 금융시장 지식을 배운 이 여기자는 엔론의 회계 장부에 조작이 있을 가능성을 처음으로 제기한 기자였다. 하지만 그녀의 기사는 당시 큰 반응을 얻지 못하고 묻혀버렸다. 기사가 잘못됐다거나 엔론의 방해 공작이 있었기 때문이 아니라, 당시 뉴욕 증시 상황이 그렇게 만들었다. 엔론의 주가는 1999년에 50%, 2000년에 90%나 폭등하는 등 뉴욕 월 가의 기관투자자들이 가장 선호하는 주식이었고, 뉴욕 월 가 애널리스트들이 모두 나서서 엔론이 혁신적인 에너지 회사라며 주가를 띄워 올렸다. 이런 상황에서 맥린 기자의 기사가 먹혀들기 어려웠다. 그 틈을 비집고 엔론은 회계 감사 회사인 아서 앤더슨과 짜고 장부를 조작하고 주가를 띄워 올리는 장난을 칠 수 있었던 것이다. 그러나 마침내 엔론의 회계 장부 조작 사실이 터져나오면서 맥린 기자는 탁월한 기자로 평가를 받았고, 매스컴에서 앞다투어 모셔 가는 존재가 되었다.

경영진의 거짓말

미국 경제가 침체에서 헤어나지 못하고 사상 초유의 테러마저 발생하자, 엔론은 더 이상 회계 장부 조작을 감출 수 없었다. 테러 직후인 2001년 9월 중순, 엔론 경영진은 내부 갈등을 거쳐 과거 장부를 다시 회계해보니 3500만 달러가 잘못 계산돼 이익이 줄었고, 계열사인 금융 회사에서 대규모 손실이 발생하였기 때문에 주주들에게 12억 달러의 손해를 끼치게 됐다고 발표했다. 주주들에게는 청천벽력과 같은 소식이었다. 그렇다고 연간 매출 규모를 보나 600억 달러 규모의 자산을 감안해보더라도 이 정도의 회계 잘못이나 손실로 파산까지 갈 이유는 없었다.

문제는 그동안 경영진들이 거짓말을 했다는 사실이다. 미국의 일반회계준칙(GAAP)을 어기고 분식 회계를 하는 바람에 수익이 사실보다 부풀려졌고, 주주와 투자자들은 도대체 엔론의 부채가 얼마나 되는지를 의심했다. 한때 엔론 주식을 샀다고 자랑하던 사람들이 한꺼번에 팔아버렸고, 은행들이 빌려준 돈을 돌려달라고 한꺼번에 몰아쳤다. 엔론은 투자자를 무시하고 회계 장부를 거짓 보고한 죄로, 주가는 20센트까지 폭락하고 40일 만에 법원에 파산보호 신청을 내고 말았다.

엔론의 파산 신청으로 월 가 애널리스트의 긍정적 평가를 믿고 '묻지마 투자'식으로 엔론 주식을 샀던 투자자들은 혹독한 대가를 치르고, 회계감사 기관인 아서 앤더슨도 엔론의 분식 회계를 묵인해줬다는 의혹으로 투자자들의 원망을 샀다. S&P, 무디스 등 신용평가 회사들은 뒤늦게 엔론의 신용 등급을 정크(투자 부적격 등급) 수준으로 깎아내렸다.

오랫동안 엔론을 경영해온 케네스 레이 회장은 최첨단 금융 기법과 비상한 사업 아이디어로 미국 에너지 공급의 30%를 장악했다. 이러한 확장 과정에서 엔론은 사업 확장을 위해 소요 자금을 채권시장에서 주로 조달했으며, 부채 급증에 따른 신용 등급 하락을 피하기 위해 금융계열사를 통해 자금을 조달하는 편법을 사용했다.

엔론은 주식 발행을 통해 계열사에 출자하고, 계열사가 엔론의 지급 보증으로 채권을 발행하여 엔론에 되빌려주는 방식을 사용하는 과정에서 미국의 일반회계준칙을 위반하며 장부외 거래가 동원됐다. 엔론은 내부 경영 갈등을 겪은 후 2001년 10월 16일 회계 분식 과정에서 큰 손실이 발생했다고 발표했다. 그 직후 주가가 폭락세로 돌변하여 은행들이 이탈했으며, 사우디의 왈리드 왕자에게까지 손을 내밀었으나 돈 마련에 실패했다. 경쟁사인 다이너지가 인수를 선언하고 협상에 들어갔으나, 엔론의 자금 사정을 메워줄 은행이 나타나지 않자 손을 떼고 말았다.

레이 회장은 부시 대통령, 딕 체니 부통령과 절친한 사이이며, 연초에 부시 행정부 입각이 거론되기도 했다. 워싱턴 관측통들에 따르면 엔론은 2000년 선거에서 24억 달러의 정치 자금을 뿌렸고, 그중 72%가 공화당에 넘어간 것으로 알려져 있다. 최근에는 파산을 막기 위해 강력한 로비스트까지 동원했으나 불행을 피하지는 못했다.

투명성에 대한 불신

엔론이 파산하자, 뉴욕 월 가가 미국 랭킹 7위 기업인 엔론의 분식 회계를 확인하지 못하거나 묵인했다는 오명을 뒤집어썼다. 1997~1998년 아시아 통화 위기 때 한국을 비롯한 아시아

엔론의 케네스 레이 전 회장(앞줄 가운데)이 회사 로고 앞에서 직원들과 앉아 대화하는 모습

기업들에게 투명성(transparence)을 확보하도록 강요했던 그들이 자국 기업에 대해 그토록 감추고 두둔하려 했던 것이다.

미국 역사상 최대의 파산으로 기록될 엔론의 경영 위기는 장부 조작을 통한 분식 회계에서 출발했다. 4년간 9300만 달러의 이익이 조작되고, 금융계열사 부실이 12억 달러로 불어나며, 재무담당 간부가 회사돈을 빼돌리는 사건이 투명한 회계를 자랑하는 미국에서 발생한 것이다.

미국 회계법인의 양심을 자처해온 아서 앤더슨은 엔론의 회계 감사를 맡고도 장부 조작을 발견하지 못했다는 사실로 투자자들의 소송에 휘말렸다. 나중에 확인됐지만 아서 앤더슨은 엔론의 조작된 회계 장부를 파기함으로써 형사 범죄를 저질렀다. 앤더슨은 이에 앞서 선빔과 웨이스트 매니지먼트에 대한 회계 감사에서도 분쟁에 휘말렸고, 엔론 사건으로 월 가에서 퇴출 직전의 상황으로까지 몰렸다.

무디스와 S&P는 다이너지 사의 합병 무산이 발표되기 직전에 엔론의 등급을 무더기로 하향 조정함으로써 일종의 담합이 아니냐는 의심을 샀다. 무디스와 S&P 등 뉴욕 월 가의 양대 신용평가 회사들도 인수 협상에 나섰던 다이너지가 협상 결렬을 통보받을 때까지 엔론의 신용 등급을 투자 등급으로 유지했었다. 〈월스트리트 저널〉에 따르면 미국의 신용평가 기관

제프리 스킬링 엔론 전 회장이 의회 청문회에 나가 회계 부정을 부정하고 있다.

들은 엔론과 다이너지의 협상이 결렬되기 전날 밤까지 투자 등급을 유지하기로 합의했고, 다음날 새벽 다이너지로부터 결렬 통보를 받고 공식 발표 몇 분 전에 신용 등급을 하향 조정했다는 것이다.

엔론의 금융계열사는 현금을 확보하지 않고 있다가 회계 조작이 터지면서 투자자들이 한꺼번에 돈을 인출하는 바람에 한 달 사이에 파산을 맞게 됐다. 금융감독 당국이 은행에 대해서는 투자 자금의 일정 비율을 예치하도록 의무화하면서도, 비은행 금융 회사에 대해서는 예치 규정을 두지 않았다가 허점을 노출한 것이다.

또 피델리티, 뱅가드, 푸트남, 얼라이언스 캐피털 등 월 가의 대표적인 뮤추얼펀드들은 증권사 애널리스트들의 긍정적 평가와 허위 장부를 믿고 엔론 주식을 매집했다가 망신을 당했다.

〈뉴욕타임스〉는 엔론 사건 발생 직후 사설에서 엔론의 파산이 '월 가의 내부 폭발'이라며, 월 가 시스템에 문제가 있다고 지적했다.

엔론과 대우의 공통점과 차이점

엔론이 무너지는 것을 보면 마치 한국의 대우 그룹이 와해될 때를 연상케 한다. 정치권에 많은 자금을 대고, 분식 회계를 하며, 무분별하게 사업 확장을 한 것 등이 엔론과 대우에서 발견되는 공통점이다.

한국에서 대우 그룹만큼 정치인들에게 정치 자금을 많이 댄 기업도 없을 것이다. 대우의 김우중 전 회장이 한때 대통령 선거에 출마할 의사를 비쳤고, 대우 돈을 받지 않은 정치인이 없다는 말이 있을 정도로 정치 자금엔 후한 기업인이었다. 엔론도 2000년 선거에서 공화당에 가장 많은 정치 자금을 낸 기업으로 알려져 있다.

엔론은 주식 발행을 통해 계열사에 출자하고, 계열사가 엔론의 지급 보증으로 채권을 발행하여 엔론에 되빌려주는 방식으로 돈을 만들어 계열사를 확장하였다. 그 과정에서 회계 준칙을 위반하며 장부외 거래를 동원했다. 대우도 IMF로 나라가 어려울 때 금융계열사를 통해 채권시장에서 돈을 쓸어모아 사업을 확장하면서 회계 장부를 분식했다.

최고경영자가 경영에서 손을 뗀다고 했다가 얼마 후 다시 경영일선에 등장하는 것 등은 엔론이나 대우에서 발견되는 공통점이다.

그러나 대우와 엔론 사태를 처리하는 과정에서 중요한 차이점이 드러난다. 대우가 휘청거리자 한국 정부는 대우 채권을 지급 보증하고 수십조 원의 공적 자금을 쏟아부어 살리려고 했지만, 대우는커녕 한국 경제에 큰 짐을 지우고 말았다. 그러나 미국은 엔론을 시장에 맡겼다. 투자자가 빠져나가고 은행들이 돈을 빌려주지 않아 당장 파산 위기에 처했는데도 부시 정부는 후견자의 기업을 내버려뒀다. 정부가 시장 안정을 명분으로 개입한 것이 한국식 대응이라면, 사건을 완전히 시장에 맡기는 것이 미국식 대응이었다.

3

바닥에 떨어진 스타 기업인

테러 다음해인 2002년 미국의 스타급 기업인들이 거의 도마 위에 올랐나. 잭 웰치, 샌디 웨일, 마사 스듀어트 등 미국인들로부터 많은 존경을 받았던 인물들도 알고 보니 자신의 우월적 지위를 악용해 재산을 불리고 주가 조작에 앞장선 것으로 드러났다.

미국 기업 회계 부정의 직접 원인을 제공한 제도는 경영인들에게 주는 스톡옵션 제도였다. 경영진이 회사 수익과 주가에 신경 쓰고 직원들의 사기를 진작시키기 위해 회사 주식을 급여의 형태로 주는 이 제도가, 기업이 수익을 부풀리고 주가를 인위적으로 띄우는 수단으로 악용되고 있다는 지적을 받았다.

앨런 그린스펀 FRB 의장도 스톡옵션의 문제점을 제기했다. 그는 "스톡옵션 제도가 현행 회계법상 비용으로 처리되지 않고 있기 때문에 기업 경영의 투명성을 왜곡하고 있다"며 회계법의 개정을 역설했다. FRB

자료에 따르면 지난 1995년부터 2000년 사이에 S&P 500 지수 구성 기업의 연평균 수익 신장률은 12%이지만, 스톡옵션을 비용으로 처리할 경우 이 비율은 9.4%로 떨어지게 된다. 또 2000년 한 해를 기준으로 할 때 S&P 500 기업의 수익이 13.8% 하락하는 것으로 집계됐다.

스톡옵션 옹호론자들은 기업들이 임원과 직원들에게 자사주를 나눠줄 때 돈이 들지 않기 때문에 비용으로 처리할 수 없다며 회계법 개정을 반대했다. 이들은 실리콘 밸리 벤처 기업들의 경우 스톡옵션이 없으면 기업 수익이 절반으로 줄어들어 자금줄이 끊기게 된다고 주장했다.

하지만 스톡옵션을 비용으로 처리하자는 주장은 그린스펀 이외에도 뉴욕 월 가의 큰손 워렌 버핏도 지지했고, 엔론처럼 기업이 망해도 경영진들은 거액의 부를 누리는 도덕적인 문제가 제기되고 있기 때문에 상당한 설득력을 얻었다. 엔론 사태 이후 드러난 미국 스타급 기업인들의 부정 사례 몇 가지를 들어보자.

예술품에 미친 코즐로스키

2002년 여름 미국 언론의 최고 인기 드라마는 단연 종합 기계 그룹 타이코 인터내셔널의 데니스 코즐로스키 회장의 스토리였다. 그는 GE의 잭 웰치 전 회장을 경쟁 상대로 기업을 확장해온 공격적인 경영인이었다. 그는 회계 조작 사건으로 회장직에서 물러나기 전까지만 해도 거액의 헌금을 쾌척하는 자선사업가로 존경받았다.

그러던 인물이 뉴욕 주 상급법원에 출두했다. 뉴욕 맨해튼의 아파트를 장식하기 위해 1300만 달러를 들여 유명화가의 그림 6점을 사는 과정에서 100만 달러의 세금을 내지 않은 혐의였다. 르느와르의 정물화가 470

만 달러, 모네의 풍경화는 395만 달러에 이
르고, 침실 13개짜리 아파트는 1800만 달
러에 매입했다. 그림과 아파트 구입비는 회
사돈이었다.

역사를 돌이켜볼 때, 기업인이 고가 예술
품을 매입할 때는 그 나라 경제가 기우뚱거
리기 직전이라는 재미있는 사실을 발견할
수 있다.

타이코 인터내셔널의 데니스 코즐로
스키 회장이 수사관들과 함께 회사를
떠나고 있다.

1990년 일본 다이쇼와 제지의 사이토 료
에이 회장은 피카소 그림 두 점을 무려 1억 6000만 달러에 샀다. 그는 자
신이 죽으면 그림을 무덤에 가져가겠다고 밝혀 전세계 미술애호가들을
경악시키기도 했다. 그 후 일본 경제는 부동산과 주식시장의 거품이 꺼
지면서 장기 불황에 빠졌다.

또 1996년 뉴욕의 그리스티 경매장에선 17세기 조선백자 한 점이 765
만 달러에 경매됐다. 한국 도자기 경매가로는 사상 최고였고, 지금까지
도 그 기록은 깨지지 않고 있다. 그 물건을 산 사람은 다름아닌 한국 재
벌이었고, 그 직후 한국은 외환 위기를 맞았다.

고가 예술품 매입과 경제 추락 사이엔 어떤 연관성이 있다. 장기 호황
의 뒤에 경제의 거품이 부풀어오르고, 기업인들은 도덕적 해이에 빠져
돈을 물 쓰듯 하고, 마침내 거품이 꺼지면서 경제는 위기로 치닫게 된다.

뉴욕 월 가의 신뢰가 추락한 데는 기업 경영인, 월 가 브로커 회사들의
도덕성이 크게 훼손되었기 때문이다. 엔론에 이어 월드컴, 타이코 등
1990년대에 잘나가던 기업들이 줄줄이 회계를 분식한 사건이 터져나오
고, 메릴린치 등 대표적인 투자은행들이 애널리스트를 앞세워 투자자를

오도한 사실이 드러났다. 미국 기업인들의 신뢰가 실추함으로써 뉴욕 증시는 추락하고, 회복 단계에 들어선 미국 경제가 다시 꺾였다.

코즐로스키의 예술품 매입은 개인 기호의 차원을 넘어 미국 경제가 맞고 있는 신뢰의 위기가 상당히 심각하다는 점을 보여주었다.

만신창이가 된 잭 웰치

경제전문 잡지 〈포춘〉에 의해 '세계에서 가장 존경받는 경영인'으로 추앙받던 GE의 잭 웰치 전 회장이 만신창이가 됐다. 사연은 이혼 소송을 제기한 부인이 위자료를 많이 받으려고, 웰치가 GE로부터 제공받고 있는 은퇴 후 특전을 낱낱이 적시하면서 비롯됐다.

이혼 서류를 처음 보도한 〈뉴욕타임스〉의 기사는 아주 흥미롭다. 은퇴한 최고경영자가 회사 소유의 맨해튼 고급 아파트, 업무용 항공기를 사용하고, 심지어 레스토랑, 포도주, 야구 경기 1등석까지 회사 비용으로 처리하고 있다는 것이다. 이 사실이 폭로되자 회계학자들은 기소되어야 할 사안이라며 흥분했고, 주가가 떨어져 실망한 투자자들은 웰치가 회계 부정으로 걸려든 기업인들과 다를 게 없다며 불만을 터뜨렸다.

이 같은 비난이 쏟아져도 웰치는 현역 경영인이었을 때의 뚝심을 보여줬다. 그는 〈뉴욕 데일리〉 등의 언론에 등장하여 "20년 동안 GE를 이끄는 과정에서 주가를 40배 이상 올려놓았기 때문에 그런 특전을 받을 자격이 있다"라고 강력하게 항변했다.

그러나 여론이 악화되고 증권거래위원회의 비공식 조사 보도가 나오면서 그는 공식적인 연금 이외의 특전을 포기하겠다고 회사에 제의했다. 또 식당 비용은 자신이 냈고, 야구 경기는 한 번만 봤을 뿐이라고 변명했지만, 회사 아파트와 비행기 사용은 인정했다. 그는 연간 200만 ~250만 달러에 이르는 아파트와 비행기 사용료를 냄으로써 공짜로 GE와 주주들에게 자문을 해주게 됐다고 주장했다. 연금과 스톡옵션은 현역 시절 경영을 잘한 데 대한 보상이고, 아파트와 비행기는 GE가 잘되라고 자문해주는 대가라는 얘기다. 그가 특전을 포기했다지만 회장 시절 연봉의 절반이 넘는 연간 900만 달러의 연금을 받고, 2002년 2월 말 기준으로 2190만 달러어치의 스톡옵션을 갖고 있다. 게다가 회고록 발간으로 710만 달러를 받았다.

펜실베이니아대 와튼 경영대학원은 '한때 잘나갔으나 지금 무너진 경영인'으로 엔론의 케네스 레이, 월드컴의 버나드 에버스 전 회장과 함께 웰치를 꼽았다.

그는 2001년 7월 하니웰 인수에 실패한 후 NBC 방송에 나와 "일찍이 고향으로 돌아가 영웅으로 살았어야 했다"면서, 최고경영자 자리를 1년 연장해서 이미지가 실추된 것을 후회했다. 그때라도 정말로 매사추세츠 주 고향으로 돌아갔으면, 뉴욕에 살면서 명예가 바닥에 떨어지는 문제는 생기지 않았을 것이다.

잭 웰치가 20여 년 공들여 키운 GE도 회계 부정 사건에 휘말려 곤욕을 치렀다. 뉴욕 채권시장에서 황제로 불리는 빌 그로스가 GE의 회계 불투명성을 정면 공격한 것이다.

채권사 퍼시픽 인베스트먼트 매니지먼트(PIMCO)를 운영하는 그로스는 "GE의 기업어음(CP)를 사지 않을 것"이라며 보유한 GE의 단기채권을 모두 매각했다. PIMCO는 총자산 2500억 달러의 미국 최대 채권 펀드로, 그로스는 〈뉴욕타임스〉가 "미국에서 가장 유명한 채권 펀드매니저"라고 칭찬했던 인물이다. 그로스는 "GE가 2002년 15% 이상의 수익

증대를 발표했지만, 구체적인 내용을 제시하지 않았다"며, "파산 보호 신청을 낸 철강 회사 LTV나 걸프 앤드 웨스턴과 다를 바 없는 회사"라고 혹평했다.

신용평가 회사인 무디스도 GE의 금융계열사 GE 캐피털이 발행한 1270억 달러의 단기채권 가운데 4분의 1만이 은행의 신용 한도에 의해 보증되고 있기 때문에 자금 조달 위험에 놓여 있다고 경고했다.

그로스는 "가치와 정직이 기업의 정책 결정에 핵심"이라며 GE의 제프리 이멜트 회장, 잭 웰치 전 회장을 싸잡아 비난했다. 한국의 재벌 기업들이 사업 다각화에 대한 비난을 반박할 때 다각화에 성공한 모범 사례로 GE를 들곤 하는데, 이 회사도 한국 재벌의 잘못된 관행을 따라갔다는 비난을 받은 것이다.

곤욕을 치른 샌디 웨일

미국 최대 은행 시티 그룹의 샌디 웨일 회장이 경쟁자를 제거하고 경영권을 독점하기 위해 애널리스트에게 압력을 행사했는지의 여부로 곤욕을 치렀다.

사건은 시티 그룹 계열 살로먼스미스바니 소속 애널리스트 잭 그룹먼이 동료들에게 보낸 이메일 내용이 언론에 공개되면서 비롯됐다. 그룹먼은 이메일에서 "웨일 회장이 공동 회장이었던 존 리드를 핵공격(nuke)하기 위해 시티 그룹 이사인 마이클 암스트롱 AT&T 회장의 지지가 필요"했다면서 자신의 AT&T 무선통신 분야 투자 등급 변경이 시티 그룹 경영권 분쟁의 소산임을 암시했다. 시티 그룹은 1998년 트래블러스 그룹과 시티코프의 합병으로 탄생했으며, 웨일과 리드가 공동 회장으로 경영에 참여했다.

하지만 둘 사이에 갈등이 커지면서 양측이 동수로 구성된 이사회에 한 명의 이사를 더 끌어들이는 것이 경영권 확보에 주요 사안이 됐다. 당시 웨일 회장은 AT&T의 이사였고, 암스트롱 회장도 시티 그룹의 이사를 맡고 있었다. 그룹먼이 AT&T 무선통신 분야의 등급을 상향 조정한 후 2001년 2월 시티 그룹 이사회에서 리드 회장이 물러났다.

1997년 10월 6일자 〈비즈니스 위크〉는 샌디 웨일 당시 트래블리스 회장을 커버스토리로 다뤘다.

언론 보도가 나가자 웨일 회장은, "AT&T의 급격한 변화를 '새 시각(a fresh look)'으로 보라고 주문했을 뿐, 영향력 행사는 없었다"라고 해명했다. 그룹먼도 발표문을 내고 "직업적 중요성을 부풀리기 위해 이야기를 만들어냈다"면서 진화에 나섰다.

월 가에서는 경영인이 애널리스트를 불러 특정 기업을 언급할 경우 이는 압력으로 보아야 한다는 해석이 지배적이다. 뉴욕 주 검찰은 웨일 회장이 애널리스트에게 영향력을 행사했는지 여부를 조사했다. 웨일 회장은 간접적으로 애널리스트에게 영향을 준 것으로 인식되면서 안팎으로부터 강한 퇴진 압력을 받았다.

내부자 거래 의혹을 받은 마사 스튜어트

분식 회계, 애널리스트의 허위 분석, 주가 조작 등이 드러나 월 가의 신용이 실추하고 있는 가운데 한 쪽에서는 내부자 거래 사건도 발생했다. 미 연방수사국은 생명공학 회사인 임클론의 새뮤얼 왁설 전 최고경영자가 2001년 12월 항암제 개발 소식을 불법적으로 가족에게 흘린 혐의로 체포했다.

미 증권거래위원회에 따르면 왁설 전 최고경영자는 항암제 어비턱스가 미 식품의약청의 승인이 나지 않을 것으로 판단하고 2001년 12월 26~27일에 가족에게 이 사실을 알렸다는 것이다. 이 정보를 입수한 가족들은 27~28일에 모두 1000만 달러 상당의 주식을 매각하여 주가 하락에 대한 손실을 보전한 혐의를 받고 있다. 왁설 스스로도 500만 달러의 보유 주식을 매각하려 했으나, 증권 브로커들이 이사회의 의결 없이는 경영자의 주식을 매각할 수 없다고 거부하는 바람에 실패했다고 증권거래위원회는 밝혔다.

2001년 12월 28일 임클론이 개발한 항암제 승인이 거부된 뒤 임클론의 주가는 왁설 회장이 체포된 시점까지 90%나 하락했다.

미국 언론들은 임클론의 왁설 회장이 구속된 것보다 왁설의 여자친구이자 TV 스타인 마사 스튜어트가 내부자 거래로 임클론 주식을 매각했는지에 초점을 맞추었다.

미국에서 '가정사의 디바'로 통하는 마사 스튜어트는 임클론 시스템스 사의 주식 내부자 거래 사건에 휘말려 곤욕을 치렀다. 마사 스튜어트는 그동안 그녀의 꽃꽂이, 제빵, 육아, 저녁 초대 방법이 그대로 수백만 미국 가정이 따르는 생활 지침이 될 정도로 미국 가정사 분야에서 독보적

인 지위를 누려왔다. 또
5억 달러 상당의 자산 가
치가 있는 미디어 그룹
'마사 스튜어트 리빙 옴
니미디어 사'를 직접 운
영한 기업인이기도 하
다.

그녀는 임클론의 신약
승인 신청이 기각되기
전날인 2001년 12월 27
일 임클론의 주식 3928
주를 메릴린치의 주식중

미국 가정사의 디바로 알려진 마사 스튜어트

개인을 통해 처분했는데, 그때 남자친구인 왁설 회장으로부터 경영 정
보를 얻어 내부자 거래를 했다는 의혹을 빚었다.

실제로 그녀는 주식 매각 전에 왁설과 전화한 사실이 드러났고, 중개
인을 통해 딸 앨리자가 보유한 주식도 같은 날 처분한 것으로 드러나 의
혹을 확대시켰다.

하지만 마사는 끝까지 주식중개인의 판단에 따랐을 뿐 왁설 회장으로
부터 정보를 얻은 바 없다고 주장했다. 증권거래 당국도 구체적인 내부
자 거래 증거를 확인하지 못한 데다 여자친구 관계를 내부자 거래 기준
에 적용시킬 수 없었다.

에너지 기업의 가격 담합

2002년 가을에 미국 에너지 기업의 최고경영자들이 줄줄이 사표를 냈다. 엔론 파산으로 케네스 레이, 제프 스킬링 전 회장이 회계 조작 혐의로 사표를 낸 데 이어 이번에는 미국 에너지 업계 전체가 허위 거래 및 가격 담합 혐의로 수사 당국의 조사를 받으면서, 최고경영자들이 자리를 내놓아야 하는 새로운 상황에 직면한 것이다.

엔론의 경쟁사였던 다이너지의 척 워트슨 회장이 허위 거래 및 회계 조작에 대한 책임을 지고 사임했다. CMS의 윌리엄 맥코믹 회장과 타멜라 팔라스 마케팅담당 사장, 릴라이언트의 조 퍼킨스와 샤히드 말릭 사장이 물러나 2주 사이에 미국 에너지 업계에서 5명의 최고경영자가 연쇄 사표를 냈다.

미국 에너지 업계 최고경영자의 연쇄 사임은 업계의 관행으로 묵인돼 온 담합성 거래가 엔론 파산과 회계 조작을 조사하는 수사 당국에게 들통이 났기 때문이다. '라운드트립 트레이딩(round-trip trading)'으로 불리는 이 거래는 예컨대 A사와 B사가 서로 짜고 장부상으로 같은 가격, 같은 물량의 에너지를 사고 파는 방식이다. 증권거래위원회 등 연방수사 당국은 이 같은 거래를 통해 에너지 회사들이 담합으로 회계를 부풀리고 주가를 조작했으며, 가격 인상을 통해 2001년 캘리포니아 전력 사태를 유발한 혐의를 포착하고 조사를 벌였다.

CMS는 2000년 거래의 80%, 2001년 거래의 70%가 이 방식이었다고 인정하고, 2001년 매출에서 42억 달러를 다시 분류하겠다고 발표했다. CMS는 다이너지와 가장 많은 담합성 거래를 했으며, 듀크 에너지, 윌리엄스, 릴라이언트, 아킬라 등과도 같은 방식의 거래를 했다고 밝혔다.

엔론 사태 이후 지난 3년 동안 소비자 유가 상승이 이들 회사의 조작에 의한 것이라는 주장이 사실로 드러나는 등 미국 에너지 회사들의 비리가 속속 밝혀졌다. 뉴욕 월 가의 투자자들은 미국 에너지 회사들을 모두 "엔론과 같은 회사(Enronitis)"라고 비난했다. 에너지 회사들의 주가는 한 해 동안에 30~60% 폭락하여 투자자들의 불신을 반영했다.

　　존스 홉킨스 대학의 프랜시스 후쿠야마 교수는 그의 저서 『트러스트 (Trust)』에서 이렇게 주장했다. "신고전학파의 시장 자유주의는 이제 대체할 수 없는 경제 이론으로 자리를 잡았다. 자유주의는 세계화라는 이름으로 전세계로 확산됐다. 신고전학파의 이론은 80% 옳다. 그러나 나머지 20%의 진리는 바로 사회구성원간의 '신뢰(Trust)'다."

　　1997년으로 되돌아가보자. 7월 2일 태국 바트화 폭락으로 발원한 아시아 금융 위기의 태풍이 북상, 그해 겨울엔 한국을 집어삼키고 있었다. 그때 〈월스트리트 저널〉, 〈뉴욕타임스〉는 연일 1면 기사로 한국 정부와 기업, 금융 기관의 유착 관계를 질타하면서, 기업 지배 구조를 개선하고 회계 투명성을 높일 것을 요구했다. IMF와 미국 재무부는 뉴욕 금융가의 이익을 대변해 한국이 경제 개혁을 하지 않으면 인공호흡기(자금줄)를 떼버리겠다고 압박했다. 한국은 마지못해 회계제도와 기업 지배 구조 개선 등 경제 개혁을 약속하고, 500여 억 달러의 자금을 지원받아 파산을 면할 수 있었다.

그때 한국을 향해 쏟아부었던 '기업 지배 구조', '투명성', '회계 관행' 등의 용어가 또다시 미국 언론을 도배하고 있다. 이번엔 그 대상이 미국 기업이다.

에너지 그룹 엔론의 파산 이후 많은 미국 기업들이 분식 회계와 내부자 거래, 탈세, 가격 담합, 주가 조작 등으로 미국 금융감독 당국의 조사를 받았다. 월드컴, 타이코, 엘파소, 아델피아, 제록스, 임클론, 머크에 이어 이젠 IBM과 GE, GM 등 미국의 간판 기업마저 회계 부정 루머로 시달렸다.

연이은 회계 조작 사건으로 미국 경제는 심각한 '신용의 위기'에 빠졌다. 뉴욕 월 가에는 "9·11 테러가 외부 세력에 의한 폭발(explosion)이라면, 엔론 사건으로 인한 신용의 위기는 내부의 폭발(implosion)"이라는 유행어기 생겼다. 테러와 전쟁의 외중에 2002년 여름까지 거의 매일같이 터져 나온 기업인과 금융인의 화이트칼라 범죄가 미국 경제와 금융시장에 치명적이었다는 뜻이다. 그동안 기업 범죄 문제를 언급하지 않던 부시 대통령도 뉴욕에 와서 강경 대응 방침을 밝혀 미국 기업과 금융계가 병들어 있음을 입증했다.

기업의 부정이 경제 위기로

엔론 파산이 가져온 가장 큰 문제는 기업과 회계 감사 회사, 증권 회사, 은행, 신용평가 기관 등 미국 신용 경제의 주축을 이루는 그룹들이 집단으로 불신받았다는 점이다. '신용의 위기'가 확산되면서 회복의 징

조를 보이고 있는 미국 경제의 발목을 잡은 것이다. 엔론 주가는 한때 주당 90달러까지 치솟았지만, 회계 조작 사건이 터지면서 급락, 마침내 1달러 이하의 휴지조작으로 변해버렸다. 스톡옵션으로 자사 주식을 배당받았던 엔론 직원은 물론 401(k) 연금 포트폴리오로 엔론 주식을 샀던 투자자들도 하루아침에 거액의 재산을 날렸다.

분식 회계에 대한 우려는 엔론에 그치지 않았다. 미국 회계법인의 양심이라고 자처하던 아서 앤더슨마저 회계 조작에 가담하여 서류를 파괴하는 일이 벌어졌으니, 투자자들은 믿을 데가 없어진 셈이다. 조금이라도 회계에 이상이 있다는 의심이 제기되면 그 회사의 주식은 곧바로 투매 대상이 되는 현상이 열병처럼 번졌다.

한때 우량 종목으로 인기를 끌던 기업들이 줄줄이 분식 회계를 했다는 의심이 제기되고 주가가 폭락했다. 외국 회사도 안전지대는 아니었다. 아일랜드의 엘란이라는 제약 회사도 회계 조작 루머에 휘말려 뉴욕 증시에 상장돼 있는 주식예탁증서 가격이 폭락했다.

미국인들 가운데 주식 투자를 하는 사람은 지난 1990년대에 급증하여 현재 1억 명으로 추산되고 있다. 그들은 노후 자금을 마련하기 위해 봉급의 일부를 꼬박꼬박 주식시장에 부어넣었고, 주식 투자 대중화로 조성된 수조 달러의 자금이 지난 10년간의 뉴욕 증시 상승을 이끌었다. 그런데 문제는 엔론 사건으로 인해 1990년대 주가 상승을 이끌었던 월 가가 미국인의 절반에 해당하는 투자자 군단으로부터 심한 불신을 받고 있다는 것이다.

미국 최대 은행인 시티 그룹과 체이스 맨해튼 은행, 최대 증권사인 메릴린치도 엔론에 돈을 빌려준 경위를 의회에 나가 해명해야 했다. 신용등급이라는 무기로 아시아나 중남미의 한 국가 경제를 파국으로 몰아넣

었던 무디스나 S&P 등 신용평가 회사도 엔론의 투자 등급을 제때 조정
하지 못한 이유로 권위가 바닥으로 떨어졌다. 2001년 11월 엔론이 파산
보호를 신청했는데도 월 가의 애널리스트 11명 가운데 8명이 엔론 주식
을 추천하고 있었으니, 누가 애널리스트를 믿겠는가.

엔론에서 시작된 화이트칼라 범죄는 지난 1990년대 장기 호황의 산물
이다. 10년 동안 주가가 상승하는 과정에서 최고경영자들은 엄청난 스
톡옵션을 챙겼고, 그 부를 불리기 위해 뉴욕 금융가와 유착 관계를 맺었
다. 주가를 부풀리기 위해 회계를 조작하고, 이를 아서 앤더슨 같은 회계
회사가 도와줬다. 월 가는 기업 상장에서 돈을 벌기 위해 기업의 부정적
뉴스를 가급적 가리며 투자자를 유혹했고, 그 빙산의 일각이 메릴린치
의 애널리스트 사건이다. 이 과정에서 돈을 번 사람은 기업 경영진과 금
융인이었고, 손해를 본 사람은 선량한 투자자와 근로자였다.

역사 흐름을 좇아 뉴욕 증시를 연구하는 경제학자들은 현재의 주가가
거품이라고 주장하고 있다. S&P 500 지수를 구성하는 블루칩의 현재 주
가수익률은 10년 전에 비해 3배 이상 높고, 1929년 대공황 발생 직전보
다 2배 가까이 높은 수준이다. 엔론 파장이 걷잡을 수 없이 확산되고, 월
가의 신뢰를 무너뜨리면서 뉴욕 증시의 거품을 꺼뜨렸다. 테러 공격으
로 잿더미가 됐을 때 애국심으로 무장한 자신감으로 일어섰던 뉴욕 월
가가 이제 내부의 투자자들에게서 불신을 받는 홍역을 치르게 되었던
것이다.

후쿠야마 교수의 지론을 빌리자면, 미국 자본주의는 세계를 지배하는
데는 성공했지만, 80%의 미국 시장 경제가 20%의 신뢰가 무너지면서
통째로 붕괴될 위기에 처했던 것이다.

세계 금융시장의 중심임을 자부하던 월 가는 연이은 회계 조작 사건으로 그 명예가 실추되고 말았다. 경제전문가들의 증시 예측은 3년째 틀렸고, 내로라하는 애널리스트들은 투자자들의 집단 소송에 휘말렸다. 투자 회사들은 지난해 인터넷 회사 상장 과정에서 담합과 부정을 일삼았다는 이유로 감독 당국의 제재를 받았다. 월 가의 상징인 세계무역센터가 테러로 붕괴된 데 이어 월 가의 자존심도 스캔들과 소송에 휘말렸다.

돈놀음이 주업인 월 가 사람들의 가장 큰 치명타는 소득이 크게 줄어들었다는 사실이다. 뉴욕 주정부의 공식적인 집계에 따르면, 2001년 월 가 종사자들의 연말 보너스는 100억 달러로 2000년의 143억 달러에 비해 30% 줄었다고 한다. 이는 지난 1998년 아시아 위기 이후 처음이다. 증시가 좋지 않았기 때문에 언제 회사에서 쫓겨날지 모르는 파리 목숨이었다.

모건스탠리의 메리 미커(여)와 살로먼 스미스 바니의 잭 그룹먼(남)은 1990년대 말 인터넷 주가 거품을 형성한 대표적인 애널리스트였다.

가장 큰 망신은 월 가에서 내로라하는 예측가들이 2002년 미국 경제와 증시 전망을 하나도 못 맞추었다는 사실이다. 객관적인 주가 지수로 평가되고 있는 S&P 500 지수는 2001년 연말에 1150포인트로 끝났다. 그런데 월 가에서 이름을 떨치는 경제전문가들의 전망을 보면 에드워드 커슈너(UBS 워벅) 1570, 제프리 애플게이트(리먼 브러더스) 1350, 애비 코언(골드만 삭스) 1300~1425, 토마스 갤빈(CSFB) 1375, 토마스 맥머너스(뱅크 오브 아메리카) 1200, 더글러스 클리곳(JP 모건) 950포인트 등이다. 결국 연말 S&P 500 지수는 가장 인기 없는 비관적 견해의 경제전문가들의 영역으로 떨어진 것이다.

애널리스트 수난 시대

애널리스트들에게는 그야말로 수난의 시대였다. '인터넷의 여왕'이라고 불리던 메리 미커는 투자가들의 소송에 휘말려 곤욕을 치렀다. 최고의 애널리스트를 자처하던 헨리 블로젯은 부당한 분석을 했다는 이유로 감독 당국의 조사를 받고 있으며 메릴린치를 떠나야 했다. 객관적이고 공정한 것이 본분이지만, 봉급 주는 회사의 투자 방향에 다른 의견을 내기도 어렵고 한두 건 정도 짜고 하는 것도 괜찮지 않을까 하는 안이한 생각이 애널리스트 수난 시대를 자초했던 것이다.

애널리스트들은 분석과 전망이 맞지 않아 그 분석을 토대로 투자한 투자자들로부터 거센 항의를 받았다. 1990년대 말 뉴욕 증시 상승을 이끈 골드만 삭스의 애비 코언과 푸르덴셜 증권의 랠프 아캄포라와 같은 애널리스트는 언론에 얼굴을 들이밀지 못했다. 그들의 상승세 전망이 틀렸기 때문이다.

증권감독 당국과 의회는 애널리스트들의 전망이 소속 기관의 투자 방향과 연결돼 있다고 의심하여 이를 규제하는 법안을 만들었다. 애널리스트들의 세계에 대한 곱지 않은 시각이 확산된 것이다.

월 가는 20조 달러 이상의 돈이 움직이는 일종의 대규모 도박장이라고 할 수 있다. 애널리스트는 투자를 결정하는 사람은 아니지만, 자신의 분석과 전망을 통해 다른 사람의 베팅을 유인하므로 일종의 훈수꾼이라고 할 수 있다. 그 훈수꾼이 특정 게임참가자와 짜고 흥정을 한다면 공정한 게임이 될 리 없다.

애널리스트들에 대한 규제는 나스닥 시장의 거품이 붕괴된 후 제기됐다. 1999년 말에서 2000년 초 월 가의 애널리스트들을 일제히 인터넷주를 비롯하여 정보통신(IT)주를 사라고 주장했다. 인터넷 산업에 대해 부정적인 전망을 내리는 사람들은 투자 회사와 일정한 거리를 두고 있는 경제학자들뿐이었는데, 투자자들은 그들에게 관심조차 없었다. 기관 투자 회사들은 고액 연봉의 애널리스트들을 고용하면서 닷컴 기업 상장을 주도하여 엄청난 수수료를 챙겼다. 이름도 수익 구조도 없는 회사가 유명 애널리스트의 입에 거론되는 것만으로도 돈방석에 앉는 비정상적인 구조가 형성되었다.

증시 호황기에 뉴욕 월 가는 애널리스트들에 의해 움직인다고 해도 과언이 아니었다. 월 가의 반도체 애널리스트 몇 명이 한국 주식시장의 블루칩에 결정적인 영향을 미친 것도 이 때문이었다.

그러다 보니 애널리스트들의 몸값도 천정부지로 뛰었다. 정상급 애널리스트의 연봉은 10년 전만 해도 25만 달러 수준에 불과했으나, 1990년대 말엔 100만 달러가 넘었다. 1999년 인터넷주가 하늘 높은 줄 모르고 뛸 때, 모건스댄리의 인터넷 전문 애널리스트 메리 미기는 1500만 달러의 연봉을 받아 애널리스트로는 사상 최고의 연봉을 기록했다.

경기가 좋고 주식시장이 상승세를 유지할 때 불공정한 행위는 가리워졌다. 펀드매니저가 먼저 특정 주식을 대량 구입하고 소속 애널리스트가 그 주식을 '사라'고 판정할 경우, 투자자들이 몰려들고 그 펀드는 엄청난 수익을 얻게 된다. 다행히 주식시장이 활황세를 유지하여 주가가 오르고 있을 때에는 애널리스트의 말을 듣고 투자한 일반투자가는 불만이 없었다. 그렇지만 주식시장이 꺾어지면서 투자가는 불만을 품게 되고, 감독 당국은 투자 회사와 애널리스트의 유착 관계에 문제를 제기하고 규제 법안을 만들었다.

하지만 투자 회사가 자사의 포트폴리오에 손해를 주는 애널리스트들을 고용하겠는가? 또 수백만 달러의 연봉을 받는 애널리스트가 소속 회사의 투자 방침에 어긋나는 분석을 낼 수 있겠는가? 미국의 규제 당국은 애널리스트에 대한 강한 규제 법안을 만들었지만 투자 회사와 애널리스트 사이의 유착 관계는 완전히 끊기 어려운 속성을 지니고 있다.

신용을 잃은 신용평가 회사

한 나라의 정권도 무너뜨릴 수 있는 파괴력을 가졌다는 월 가의 신용평가 기관들은 주식시장이 달아올랐다가 식는 과정에서 기업의 신용 등급 조정 과정에 무리수를 두었다. 신용평가 회사의 입장에서 보면 주식시장이 과열되면서 주가가 갑자기 오르는데 그 회사 신용도를 올리지 않을 수 없었고, 주식시장 붕괴로 주가가 급락할 때 반대 방향으로 가지 않을 수 없었을 것이다.

엔론의 경우 무디스와 S&P는 다이너지와의 협상이 진행되는 동안까지는 투자 등급을 유지해주었다가 협상이 깨지면서 며칠 사이에 무려 13등급이나 내리는 오류를 범했다. 신용평가 회사들은 투자자들로부터 신용 감시를 게을리했다는 비난의 화살이 빗발치자 캘파인, 다이너지 등 다른 에너지 회사의 등급을 무더기로 낮추어버리는 바람에 괜찮은 회사까지 신용 경색에 빠뜨리는 모순을 저질렀다.

엔론 파산으로 촉발된 미국 기업의 회계 조작 사건으로 국제 금융시장에 막강한 영향력을 행사했던 무디스, S&P, 피치 등 세 개 신용평가 회사의 아성이 흔들렸다.

3대 신용평가 회사의 과점은 1975년 미국 증권거래위원회가 법안을 개정하면서 'A'등급 남발을 막기 위해 자격 요건을 갖춘 회사에 대해 신용평가 영업을 허가하면서 형성됐다. 이 허가제가 진입 장벽으로 작용, 3대 회사의 과점체제가 굳어졌다. 미국 신용평가시장은 2001년을 기준으로 S&P가 41%, 무디스 38%, 피치 14% 등 3개 회사가 95%의 점유율을 차지하고 있다.

3대 신용평가 회사에 대한 비판은 엔론 사태 이후 확산됐다. 투자자들이 엔론의 유가증권을 대량 매각함으로써 주가가 폭락했는데도 신용평가 회사들은 엔론의 투자 등급을 그대로 두었다. 주가가 휴지조각이 되는 순간에도 엔론의 신용 등급은 우량 등급이었다. 비판자들은 "무디스와 S&P가 엔론 파산 3개월 전에 조사를 실시했어야 했다"며, "신용평가 회사들이 투자 은행과 짜고 신용 등급을 뒤늦게 하향 조정한 것"이라고

신용평가 회사 무디스의 정문 위에 붙어있는 청동 부조물. 신용평가인으로서의 정신을 그리고 있다.

주장했다.

엔론 파산 이후 신용평가 회사들은 의회 청문회에 불려다니고, 미 증권거래위원회가 규제 완화 방안을 적극 추진하면서 개혁의 대상으로 부각됐다. 증권거래위원회는 신용평가시장과 평가 회사의 운영시스템에 대한 실사를 거쳐 진입장벽 해제 등 규제 완화 조치를 취할 방침이다. 신용평가 회사들이 경쟁 없이 영업을 해왔고, 3개 회사가 뭉쳐서 강력한 힘을 발휘해왔다는 비판을 받아들인 것이다. 증권거래위원회의 규제 완화 방안은 평가회사 허가를 확대하는 방안과 허가제를 폐기하는 방안 등으로 요약되고 있다.

미국의 신용평가 회사들은 1970년대의 뉴욕 주 파산, 1980년대의 오렌지 카운티 파산, 1990년대 아시아 통화 위기 때에도 늑장 대응했다는 비난을 받아왔었다.

신용평가 회사 가운데 무디스만 상장돼 있고, S&P와 피치는 비상장 회사로 남아있다. 무디스는 수익이 매출의 50%를 차지하는 짭짤한 회사로, 2001년 뉴욕 증시가 하락했을 때도 주가가 33% 상승했으며, 워렌 버핏이 15%의 주식을 매입할 정도로 인기 있는 회사다. S&P는 경제전문지 〈비즈니스 위크〉 등 출판사업을 비롯하여 사업을 다각화하고 있기 때문에 매출대비 수익이 상대적으로 낮지만 30% 수준을 유지했다.

6

정치권으로 확산된 회계 부정

에너지 그룹 엔론 파산의 파장은 워싱턴 정가를 휩쓸었다. 의회에서는 10군데 이상 청문회가 열려 엔론의 전직 간부를 불러내 회계 조작 사건을 조사하고, 회계 감사 회사인 아서 앤더슨의 간부들도 회계 감사를 제대로 하지 않은 이유를 추궁당했다. 부시 대통령과 절친한 사이로 알려진 케네스 레이 전 회장은 헌법상 권리라는 이유로 묵비권을 행사했지만, 한 여성 임원은 회계 조작이 사내에서는 이미 오래 전부터 알려져 있던 사실이라고 증언하여 충격을 주었다. 의회가 부시 행정부의 에너지 규제완화정책과 엔론의 로비 활동 사이의 연관성을 따지기 위해 에너지위원회 내용을 공개하라고 요구하자, 딕 체니 부통령은 법정에 가더라도 공개할 수 없다고 맞섰다.

정치권 인사가 연루된 회계 부정

회계 부정 사건의 불똥은 부시 대통령, 딕 체니 부통령에게로 튀었다.

부시 대통령은 1990년 하켄 에너지의 임원으로 재직할 때 경영 실적 공개 이전에 보유 주식을 매각하고도 8개월 후에 뒤늦게 신고하여 법을 어겼지만 당시 대통령이던 아버지의 도움을 받았다는 비난을 받았다.

체니 부통령은 1995년 10월부터 부시 대통령 후보 진영에 합류한 2000년 8월까지 핼리버튼의 최고경영자로 재직하던 중 회계 조작 사건을 묵인한 의혹에 휘말렸다. 유전개발 회사인 핼리버튼 사는 증권거래위원회로부터 회계 방법 변경에 대한 조사를 받았다.

〈뉴욕타임스〉 보도에 따르면, 핼리버튼은 1998년에 건설 공사 프로젝트의 비용 가운데 수요자 부담분을 계약 이전에 매출에 포함시켰으며, 회계 방식 변경 사실을 투자자들에게 알리지 않았다는 것이다. 이같이 변칙 회계 방식으로 처리한 금액은 8900만 달러로, 1998년 매출 170억 달러에 비해 작은 부분이기는 하지만, 당시 발표된 세전 영업수익 1억 7500만 달러의 절반에 해당하는 것이다. 미국 회계법에는 건설 공사 비용이 매출에 반영되려면 계약이 체결되거나 현금이 납입되어야 하는데, 핼리버튼은 이를 앞당겨 매출에 포함시켰다는 것이다.

핼리버튼은 당시 최고재무책임자였던 데이비드 포시 현 사장이 회계 방식 변경을 승인한 사실을 인정했지만, 당시 최고경영자는 이를 몰랐을 것이라고 밝혔다. 그러나 변칙 회계 또는 회계 조작 사건에서 최고경영자가 자유로울 수 없다는 것이 미국 언론들의 분석이다. 하지만 당시 회계법상 회사 재무제표와 회계 업무는 최고재무책임자가 책임질 일이었고, 최고경영자였던 체니 부통령은 사건이 확대되기 전에 빠져나올

수 있었다. 설사 알았다고 하더라도 책임이 없다는 것이다. 부시 행정부
는 제도상의 허점을 인정하고, 최고경영자가 회계에 책임을 지도록 회
계관련법을 개정했다.

경제학은 인간을 '이성적인 동물'로 규정하지만, 실제 인간의 마음은
탐욕이 지배한다. 탐욕은 인간에게 사회적 규범의 틀을 넘어설 것을 충
동질한다. 이득이 생기기 때문이다.
경제 원리는 '최소한의 투자로 최대의 이익을 남기는 것'이다. 이 원리
를 달성하는 지름길을 바로 부패가 열어준다. 월 가 애널리스트는 말 한
마디로 주가를 움직일 정도로 영향력이 막강하다. 증권 회사는 애널리
스트를 앞세워 특정 종목의 주가를 띄워놓고 팔면 누워서 떡먹기다. 애
널리스트도 적당히 소속 회사에 충성하면 100만 달러 이상의 고액 연봉
을 받을 수 있다.
그러나 부패는 선의의 투자자에게 손해를 입혀 시장 경제의 공정성을
왜곡하고, 세금을 탈루시켜 재정을 약화시킨다. 부패는 심할 경우 한 나
라의 경제를 붕괴시키는 독버섯과 같은 존재다.
지저분한 부패 스캔들에서도 좋은 뉴스는 있다. 회계 조작 또는 애널
리스트 사기 스캔들을 정리하는 과정에서 미국 기업의 투명성이 높아졌
고, 행정부와 의회가 시장 원리를 바로잡기 위해 법안을 개정한 사실도
건실한 시장 경제 발전을 위해서 긍정적인 측면이다.

분식 회계, 내부자 거래, 탈세, 주가 조작, 가격 담합 등, 2002년 여름
미국 언론의 헤드라인을 장식했던 화이트칼라 범죄 사건을 보면 미국
기업인들이 지금까지 저렇게 사업을 해왔구나 하며 놀랄 지경이다. 여

기서 주목할 점은 엔론 사태 이후 지금까지 이른바 '화이트칼라 범죄'를 저지른 최고경영자가 대부분 베이비 부머 세대라는 사실이다.

베이비 부머 세대란 제2차 세계대전이 끝난 1945년부터 1960년 사이에 출생한 세대를 일컫는 말이다. 빌 클린턴 전 대통령, 조지 W. 부시 대통령이 포함된 이 세대는 그들이 20대이던 1960년대에 세계적인 팝송 열풍과 청바지 바람, 히피 경향을 일으켰으며 베트남전 반전운동의 주역이었다. 이들이 직장을 갖고 본격적인 경제 활동을 하면서 미국은 장기 호황이 시작됐다. 베이비 부머 세대는 장래에 은퇴할 때를 대비하여 봉급의 5~15%를 떼내 증권 투자를 했고, 이 돈이 뮤추얼펀드를 통해 뉴욕 증시에 유입됨으로써 1980~1990년대의 황소 장세를 주도했다.

이제 이 베이비 부머 세대는 두 번의 대통령을 탄생시켰고, 기업에서는 최고경영자를 양산하고 있다. 사회 지도층을 차지한 미국의 베이비 부머들이 늙어가면서 수십억, 수백억 달러의 대형 사기 사건의 중심에 서있는 것이다.

이 세대의 또 다른 문제는, 이들이 은퇴를 할 때가 됐다는 점이다. 10년 후면 이 인구층이 65세에 진입한다. 인구의 주력층인 이들이 은퇴할 경우 인력난이 발생하고, 노후 비용을 쓰기 위해 증시에 투자한 돈을 빼내면 주가 하락을 초래할 것이라는 전망도 있다.

7

스캔들에 허우적거린 부시 정부

1997년 10월 말 아시아 통화 위기의 태풍이 북상하며 홍콩 증시가 폭락하고, 그 여파가 지구촌을 돌아 뉴욕 증시도 폭락했다. 다음날 빌 클린턴 미국 대통령은 "미국 경제의 기초여건(펀더멘털)은 강하다"라는 말로 투자자들을 독려했다. 그 순간 뉴욕 증시는 기적과 같이 상승하였다. 당시에는 정부와 금융시장 사이에 신뢰가 있었다.

5년 후인 2002년 뉴욕 증시가 또다시 연일 폭락했다. 부시 대통령은 2002년 7월 15일 앨라배마 주에서 "미국 경제의 기초여건은 단단하다"며 똑같은 말을 했다. 그러나 부시 대통령의 목소리가 방송을 탄 후, 다우존스 지수는 440포인트까지 곤두박질쳤다. 며칠 전인 7월 9일 부시 대통령이 뉴욕에 와서 기업 회계 투명성 방안을 선언한 후 15일 연설 때까지 다우존스 지수는 무려 1000포인트나 폭락했다. 시장이 미국 정부를 불신하고 있다는 얘기다. 9 · 11 테러로 뉴욕 월 가가 잿더미로 변했을 때 테러 세력을 토벌하겠다는 부시 대통령의 목소리만 들어도 뉴욕 증시가 올라가던 때와 정반대의 현상이 벌어진 것이다.

뉴욕 증시 폭락 장세는 기업과 금융 부문에서 발생한 신뢰의 위기에서 연유했지만, 부시 행정부에 대한 불신도 한몫을 차지했다. 부시 대통령의 발언이 시장에 먹혀들지 않았기 때문이다. 우선 부시 대통령과 딕 체니 부통령의 과거 전력이 회계 스캔들의 와중에 휩쓸려 있고, 기업 개혁 프로그램이 유연하다는 지적을 받았다. 부시 대통령은 1980년대 말 석유 회사 하켄 에너지에 근무할 때 스톡옵션을 지급받기 위해 시중금리보다 낮은 이자율로 사내 대출을 받은 사실이 밝혀졌다. 아울러 투자가 감시 단체가 체니 부통령이 에너지 회사 핼리버튼의 회장으로 재직하고 있을 때 회계 부정을 눈감아준 의혹에 대해 소송을 제기함으로써 부시 행정부에 대한 불신을 가중시켰다. 폴 오닐 재무장관과 하비 피트 증권 거래위원장도 시장의 불신을 받기는 마찬가지였다.

부시 정부의 소극적 대응

연일 터져나오는 기업 회계 부정 사건과 시장 불안에 대한 부시 행정부의 처방은 크게 두 가지였다. 일단 상원과 하원이 기업 회계 개선 법안을 조속히 합의하여 시행에 들어가도록 촉구하는 것과 일정 시점(2002년 8월 14일)까지 회계가 잘못됐다고 인정하는 상장 회사에게 수정할 수 있는 기회를 준 것이다. 이외에는 별다른 대안이 없다는 것이 부시 행정부 고위 관료들의 솔직한 심정이었다.

부시 대통령이 테러범을 잡듯 기동수사대를 만들어 기업 범죄를 척결하겠다고 밝힌 내용은 이미 시장에서 외면당했다. 민주당 주도의 상원

법안이 비록 강경하기는 하지만 여론의 지지를 받는다면 이를 수용한다는 것이 부시 행정부의 입장이다. 부시 행정부는 빠른 시일 안에 법안을 통과시키고 시행하는 것이 시장 안정에 필수적이라고 보았다.

또 다른 대안은 2002년 8월 중순까지 회계 부정 사건을 몰아서 터뜨리겠다는 전략이다. 따라서 이때까지는 매일 사건이 터져나올 것이지만, 일단 이 시기가 지나면 투자자와 시장이 회계 부정의 악몽을 잊을 게 아니냐는 발상이다.

부시 경제팀이 이처럼 소극적 처방을 제시할 수밖에 없는 것은 회계 부정 사건으로 인한 신뢰의 위기가 정부가 간섭할 성질의 사안이 아니며, 시장의 자체 소화가 필요하다는 인식 때문이다. 그러나 중요한 것은 부시 경제팀에서 시장에 영향을 줄 만한 인물이 없다는 점이다.

부시 행정부의 기업 부정 척결 방안의 초점은 문서나 통신을 통한 기업 사기 범죄에 대한 처벌을 강화한다는 것이다. 새로운 내용은 형사특별기동대 격의 기업 사기 전담반 신설, 기업 범죄에 대한 최고 형량 연장 등 두 가지다.

이외에도 기업이 경영진에게 운영 자금을 사내 대출할 수 없다, 최고경영자는 연간 재무제표를 인증하고 책임을 져야 한다, 최고경영자는 급여와 보너스 등 보상이 얼마나 되는지를 쉬운 용어로 명확히 제시해야 한다, 기업인이 분식 회계 등 사기를 통해 증액한 재산은 몰수한다, 기업 경영이 악화될 경우 사기 행위로 획득한 기업인의 보상(스톡옵션)은 인정할 수 없다, 기업 사기범은 다른 상장 법인의 임원이 될 수 없다, 증권거래위원회 수사요원을 100명 증원하고 예산을 1억 달러 증액한다, 증권거래위원회 규정을 강화하여 기업 임원의 책임성을 높이고 독립 회계 체계를 구축한다, 회계사는 독립적이어야 하며 상충된 이해 관계에

타협해서는 안 된다, 증권 애널리스트는 소속 회사의 유가증권 발행 알선 및 합병 중개를 돕기 위해 영합해서는 안 된다, 애널리스트들은 애매한 용어로 투자자들을 오도해서는 안 된다, 이사회는 기업 재무제표의 정확성을 점검하고 회계 회사가 최고경영자와 영합하는 것을 견제하며, 고위 경영진의 보상금이 현실적인지를 확인할 수 있도록 주주들은 진실된 사외이사 선임을 요구할 수 있다, 주주들은 보상위원회의 규정 이행 상태와 회계 투명성을 요구할 수 있도록 한다는 등의 내용을 포함했다.

의외의 효과

미 증권거래위원회가 데드라인으로 설정한 2002년 8월 14일까지 더이상 큰 회계 부정 사건이 터져나오지 않았다. 아무도 믿지 않았던 조치가 효력을 보이기 시작한 것이다. 기업 범죄자로 하여금 한꺼번에 자수 기간을 둔 결과는 아주 긍정적이었다.

대부분의 기업들이 최고경영자와 재무담당 책임자의 서명을 받아 기존의 재무보고서를 증권거래위원회에 제출했다. 엔론·월드컴 등 그동안 분식 회계 사건에 휘말렸던 회사들은 재무제표 제출을 연기했지만, 이들 회사의 문제는 이미 노출되어 시장에 반영된 사안이었다.

이날 서약서 제출 마감시간(5시 30분)이 가까워지도록 그동안 우려됐던 새로운 대형 분식 회계 사건이 터지지 않자, 뉴욕 증시는 진정 기미를 보였다.

애널리스트들은 이날의 폭등을 계기로 2001년 말 엔론 파산으로부터 시작되어 뉴욕 증시 폭락의 직접적인 원인을 제공했던 '신뢰의 위기'는 일단 큰 획을 그은 것으로 해석했다. 1년 가까이 기업 스캔들에 시달려

온 뉴욕 금융시장은 최근 들어 기업 및 금융인들의 솔직한 고백에 귀를 기울이는 경향을 보였다. 그동안 "사과가 몇 개 썩었을 뿐, 과수원은 오염되지 않았다"라고 했던 부시 행정부의 주장을 뒷받침한 것이다.

로버트 호매츠 - 골드만 삭스 부회장

"뉴욕 금융시장이 기업들의 회계 부정 사건을 소화해낼 때까지 주가가 하락할 것입니다. 미국 경제가 완전하게 회복하려면 2003년까지 기다려야 할 것입니다. 달러화는 외국인 투자자들이 미국에서 빠져나가고 있기 때문에 현수준에서 5~10% 더 떨어질 것입니다."

뉴욕 증시가 보름째 폭락세를 거듭하면서 달러 하락을 동반, 미국 금융시장이 공황 위기로 치닫고 있다. 뉴욕 월 가의 대표적 투자 회사인 골드만 삭스의 로버트 호매츠(Robert Hormats) 부회장을 만나 미국 경제를 진단하고, 한국 경제에 미칠 영향 등을 들어보았다.

그는 "뉴욕 증시의 바닥 형성 여부는 기업 불신에 대한 시장 소화력에 달려 있다"라고 말했다. 호매츠 부회장은 "미국의 금융시장 불안이 한국 경제에 부정적 영향을 미치겠지만, 한국은 내수시장이 발달해 있고 기업들이 국제 경쟁력을 확보하고 있기 때문에 심각한 상황으로 몰아넣지는 못할 것"이라고 진단했다. 그는 또 한국 기업들의 투명성이 상당히 개선됐지만, 기업 구조 개선과 투명성 확보에 좀더 노력할 필요가 있다고 지적했다.

최근 뉴욕 증시가 폭락했습니다. 그 이유는 무엇입니까?

➡크게 세 가지 요인을 들 수 있습니다. 첫째는 미국 경제 회복의 속도가 늦어질 것에 대한 우려이고, 둘째는 기업 수익이 낮게 나오고 있다는 것입니다. 셋째로 회계 문제와 기업 지배 구조의 문제를 들 수 있습니다.

뉴욕 증시가 얼마나 더 떨어질 것으로 봅니까?

➡더 하락할 것으로 봅니다. 주가를 예측하기란 힘든 일이긴 합니다만, 기업들이 회계를 수정하고, 회계 문제가 더 발생할 가능성이 있기 때문에 어려운 상황을 맞고 있습니다. 문제는 시장이 회계 부정 사건을 소화할 것인지 여부에 달려 있습니다. 하지만 아직은 시장이 소화해내지 못하고 있습니다.

예를 들어보겠습니다. 제약 회사 머크의 회계 누락(외상 매출)은 정상적인 상황에서는 전혀 문제가 되지 않았던 것입니다. 그렇지만 머크의 회계 문제에 투자자들이 아주 민감하게 대응하고, 시장에 큰 충격을 주었습니다. 3년 전만 해도 그런 회계 방식은 중요하지 않은 문제였습니다. 그렇지만 지금은 자그마한 문제도 시장에 큰 영향을 줍니다. 이런 것들은 비록 경제적으로 충격은 주지 않더라도 심리적으로 시장에 큰 영향을 주고 있습니다.

주가수익률이 높다는 주장도 있습니다.

▣ 그것도 주가 하락의 요인이 되고 있습니다. 경제가 좋으면 수익이 좋아지기 때문에 주가수익률이 문제가 되지 않습니다. 그런데 지금 주요 기업들이 수익이 나쁘기 때문에 상대적으로 수익에 비해 주가가 높다는 얘기가 나오고 있습니다. 경기가 상승할 때 많은 사람들은 주가수익률을 무시합니다. 경제가 나쁘기 때문에 주가수익률이 문제되는 것입니다.

미국 금융시장이 심각한 '신용의 위기' 를 겪고 있습니다. 현재의 주가 폭락을 1990년대의 장기 호황에 따른 거품 붕괴로 봅니까?

▣ 그렇게 보는 시각도 있습니다. 현재 금융시장이 거품이 붕괴되는 것처럼 보이긴 합니다. 1990년대에 산업 부분에 설비 과잉이 발생했고, 이제 그 격차가 붕괴되는 것처럼 보이긴 합니다. 거품이 붕괴될 때 그 격차가 메워지는 과정에서 많은 일이 발생합니다. 과잉 설비를 줄여야 하고 부풀려진 회계를 메워야 합니다. 이런 것들을 진정시키는 과정에서 시장이 충격을 받게 됩니다. 그렇지만 현재의 시장 변화는 좀더 면밀하게 지켜보아야 할 일입니다.

부시 대통령의 기업 부정 해결 방안이 미흡하다는 지적이 많습니다.

▣ 시장은 구두 발언에 의해 움직이지 않고 실천을 요구합니다. 시장은 증권거래위원회와 법무부가 어떻게 행동하는가를 기다리고 지켜볼 것입니다. 시장은 정부의 신뢰성을 요구하고 있습니다.

시장은 기업 부문과 금융 부문, 그리고 정부 부문에 각각 요구 사항이 있습니다. 기업 부문에서는 보다 투명한 회계 원칙을 세우고 감시할 수 있는 기능을 수립하느냐 하는 것이며, 금융 부문에서는 애널리스트들의 분석 활동에 대한 규제입니다. 현시점에서 최대의 관심은 정부 부문입니다. 행정부와 의회가 어떻게 대처하느냐에 따라 공은 다시 기업과 금융 부문으로 돌아갈 것입니다.

2002년 들어 달러가 크게 하락했습니다. 원인과 전망을 말씀해주십시오.

▶ 달러 하락에는 여러 가지 원인이 있습니다. 첫째, 달러가 그동안 지나치게 강했고 고평가되어 있었습니다. 둘째, 뉴욕 증시가 하락하면서 미국의 투자 환경이 약해졌고, 셋째로 채권수익률이 낮아지고 있습니다. 넷째, 기업 회계 문제가 확산되고, 다섯째는 투가 테러에 대한 가능성이 제기되면서 외국투자자들이 미국 투자를 줄이고 있다는 사실입니다.

달러는 더 떨어질 것으로 봅니다. 제 생각으로는 5~10% 더 하락할 것 같습니다.

달러 하락이 미국에 득이 되는 점도 있지 않습니까?

▶ 수출 경쟁력이 커지고, 제조업에 도움이 될 것입니다.

미국이 회계 문제로 세계 지도력을 잃었다는 지적이 많습니다.

▶미국의 국제적 리더십을 다시 찾기 위해서는 경제를 회복시키고, 신뢰도를 높이고, 회계 투명성을 높이는 것이 해결책입니다. 기업과 금융 부문에 대한 정부의 규제를 강화하는 것도 해결 방법의 하나일 것입니다.

미국 경제 불안이 한국에 큰 영향을 미치지 않을까요?

▶글쎄요. 과거 5년 전 같았으면 크게 영향을 받았을 것입니다. 물론 미국이 한국에게는 큰 시장이므로 미국의 경제 불안은 한국에 부정적인 영향을 미칠 것이지만, 그렇게 심각하게 다가오지는 않을 것입니다. 그 이유는 한국이 내수시장을 확대하면서 수출 비중을 줄였기 때문입니다. 수출 분야에서도 D램 등 기술 분야가 미국 경기 회복 지연의 영향을 받겠지만, 그다지 큰 영향을 받지 않을 것으로 봅니다. 한국 기업은 국제적으로 가격 경쟁력을 갖추고 있기 때문에 탄력적으로 대응할 여건을 갖추고 있다고 봅니다.

1997년 한국이 외환 위기를 겪었을 때 한국 정부의 자문역을 맡은 적이 있습니다. 5년 전과 현재의 한국 경제를 비교해주시지요.

▶한국 경제는 그동안 온 국민이 단결해 경제 개혁을 단행하여 성공했습니다.

경제 위기에 처한 국가가 어떤 길을 걷는가는 크게 두 가지가 있습니다. 첫 번째는 위기에 빠지면 사회가 혼란에 빠져 헤어나지 못하는 경우이고,

두 번째는 국민들이 함께 하면서 경제를 역동적으로 개선하는 경우입니다. 한국은 경제 위기를 맞아 경제와 정치적 위기를 어떻게 극복할 것인지를 시험받았으나, 성공한 두 번째의 모델로 부상했습니다. 아르헨티나는 반대의 경우로, 정치 갈등이 심화되고 있습니다.

한국은 위기 당시 권력 교체기였는데, 정부가 강력한 힘을 발휘해 경제를 운용했고, 아르헨티나처럼 지방 정부와의 갈등이 없었습니다. 이런 점들이 국제 사회의 신뢰를 얻었습니다.

한국 정부의 경제 개혁은 대단히 성공적입니다. 김대중 대통령은 경제 개혁의 강력한 옹호자로 평가받고 있습니다. IMF 위기 때 한국 국민은 대단히 훌륭했고, 매우 능력 있는 국민으로 평가받고 있습니다.

(2002년 7월 24일)

셔먼 루이스 -리먼 브러더스 부회장

"기업의 회계 부정이 더 드러나고 주가 하락이 지속될 경우 미국 경제가 또다시 침체할 가능성이 있습니다."

월 가 굴지의 투자 은행인 리먼 브러더스의 셔먼 루이스(Sherman Lewis Jr.) 부회장은 투자 회사에 40년간 근무한 베테랑으로, 뉴욕 증시가 상당기간 정체할 것으로 전망했다. 그는 한국 경제가 그동안의 경제 개혁으로 이득을 얻고 있지만, 앞으로도 개혁을 지속적으로 추진해야 할 것이라고 조언했다. 그는 또 일본 경제는 금융 부실을 털어내지 않는 한 진정한 의미의 회복이 어려우며, 미국이 겪고 있는 신뢰의 위기는 주주와 이사회, 회계사들이 독립적으로 경영인을 감시함으로써 해결될 것이라고 말했다.

　최근 뉴욕 증시가 급락하고, 미국 경제도 다시 둔화하고 있습니다. 그 이유를 말씀해주시지요.

■ 첫째로 소비자 신뢰 지수가 낮아지면서 소비 지출이 줄어들었습니다. 소비는 GDP에서 큰 부분을 차지합니다. 1/4분기에 GDP가 너무 좋게 나왔지만, 그 이후로 소비가 후퇴했습니다. 주식시장이 급락하면서 부(富)의 마이너스 효과가 나타났고, 소비자들이 지출을 줄이고 있습니다. 이 현상은 2분기에 이어 3분기에도 나타날 것입니다.

또 다른 관심은 무역 적자입니다. 무역 적자가 누적되면서 달러가 하락하고 있습니다. 다행히 주택시장은 활황세가 지속되고 있지만, 거품이 꺼질 경우 또 다른 불안 요인이 될 것으로 우려됩니다.

인플레이션은 억제되고 있고, 생산성은 기대 이상으로 좋게 나오고 있습니다. 이런 요인들을 종합해볼 때 미국 경제는 능력 이하의 성장률을 보이고 있습니다.

최근 뉴욕 증시가 급락했는데, 제가 월 가 회사에 근무한 40년의 경험을 근거로 할 때 그렇게 놀라운 일은 아닙니다. 그동안 여러 차례 경기 사이클과 주가 사이클이 변하는 것을 보았지만, 지난 1990년대처럼 주가가 상승해 거품을 형성하고 고평가된 것을 본 적이 없습니다. 이른바 닷컴 주식이나 통신주의 경우 급격한 조정을 받는 게 당연한 일입니다.

기업들의 불법 행위는 탐욕에서 나온 것입니다. 최근 터져나오고 있는 불법 회계 처리, 경영인들의 사기 행위는 뉴욕 금융가에서 수십 년 일한 저로서도 놀랍고 충격적인 사건입니다. 월 가 기관투자자나 개인투자자 모두가 이젠 주식 가치와 기업의 회계 장부, 기업 경영인, 회계 회사를 믿을 수 없게 됐습니다. 이것이 증시의 가장 큰 불안 요인입니다.

미국 경제는 언제쯤에나 완전하게 회복할 것으로 봅니까?

◘ 리먼 브러더스는 미국 경제가 2002년 하반기에 2~2.5%의 저성장을 지속할 것으로 믿고 있습니다. 미국 경제의 잠재성장률은 인플레이션을 제거할 때 3.5% 정도인데, 이보다 낮은 수준입니다. 리먼 브러더스의 경제전문가들은 미국 경제가 하반기에 완만한 성장을 한 뒤 2003년 초에 완전하게 회복할 것으로 보고 있습니다. 이 경제 전망은 몇 주 전보다 하향 조정한 것인데, 앞서 얘기한 주가 폭락, 신뢰의 위기 등이 그 원인입니다. 걱정되는 것은 현재의 이 전망이 더 낮아질 위험도 있다는 것입니다.

그러면 더블딥 가능성도 있다는 것입니까?

◘ 저는 가능성이 있다고 봅니다. 리먼 브러더스는 공식적으로 더블딥 가능성이 없다고 예측하고 있습니다만, 저는 지난 1~2개월 사이에 벌어진 주가 폭락의 결과가 또 다른 침체 가능성을 높이고 있다고 봅니다. 앞으로 기업의 불법 행위와 회계 부정이 더 드러나고 주가가 더 하락할 경우, 미국 경제가 더 나빠지고 더블딥이 현실화될 가능성이 있습니다.

미국 경제 둔화가 한국 경제에 미칠 영향은 무엇이라고 생각합니까?

◘ 리먼 브러더스는 최근 한국의 2002년 성장률을 6% 미만으로 하향 조정했습니다. 연초 성장률 전망치는 6.5%였습니다. 뉴욕 증시가 추가로 하락하고 부동산시장의 거품이 꺼지면 미국 경제의 성장은 더 둔화될 것이고, 일본

경제는 더 많은 구조 조정을 해야 하고, 달러는 추가로 하락할 것입니다. 이런 모든 조건들이 한국 경제에 부정적 영향을 미칠 것입니다. 그러나 한국은 아시아에서 매우 강력하게 성장하는 나라 가운데 하나이므로 그 영향이 그다지 크지는 않을 것입니다.

최근 주가 반등을 계기로 뉴욕 증시가 바닥을 쳤다고 볼 수 있습니까?

■ 그걸 알면 저는 부자가 됐을 것입니다(웃음). 저는 이 질문에 직접적으로 답하지 않겠습니다.

어떤 주식은 여러 가지 이유로 저평가돼 있고, 어떤 주식은 아직도 더 내려가야 합니다. 구체적으로 기술주나 통신주의 일부가 고평가되어 있다고 볼 수 있지요. 기술주나 통신주가 바닥을 쳤다는 증거는 없고, 아직 악재가 터져나오고 있습니다. 추가로 일부 회사에서 부도 사태가 날 것이며, 주가가 더 하락할 것으로 보고 있습니다. 우량주나 대형주에서는 상승 여력이 있다고 봅니다.

리먼 브러더스는 증시가 바닥을 치고 연말에 상승할 것으로 전망하고 있습니다. 그러나 저는 개인적인 경험을 통해 주식시장을 여전히 불안하게 보고 있고, 바닥을 지났는지는 시간을 두고 보아야 한다고 생각합니다.

앞으로 몇 년간 뉴욕 증시에 베어마켓이 형성된다는 견해도 있습니다.

■ 저는 그렇게 생각하지 않습니다. 베어마켓(bear market)이란 주가가 큰 폭으로 내려가는 것을 말합니다. 저는 앞으로 상당 기간 주가가 정체할 것으

로 보고 있습니다. 즉 바닥을 치고 올라는 가지만 크게 오르지 못하고, 또 내려가지만 크게 내려가지 않는 그런 장세를 말합니다.

한국 경제로 화제를 돌리겠습니다. 김대중 정부의 경제 개혁 조치를 평가해주십시오.

▣ 한국은 일본과 비교할 때 대단한 경제 개혁을 단행했습니다. 5년 전에 한국 경제의 붕괴는 일본식 경제 모델의 붕괴였습니다.

한국은 고통스런 개혁 과정을 거쳐 이제 그 결과의 이득을 보고 있습니다. 은행시스템이 안정됐고, 문제를 일으키던 노동 구조에 유연성을 확보하고, 재벌 구조 개혁에 상당한 진전을 이뤘습니다. 따라서 김대중 대통령의 정부가 국제적인 신뢰를 얻게 됐습니다. 한국 경제는 더 많은 구조 개혁을 해야 합니다.

부시 대통령이 마침내 의회에서 통과한 기업범죄척결법안에 서명했습니다. 이 법안이 발효되면 미국에서 기업 범죄가 해결될 것으로 봅니까?

▣ 그렇지 않습니다. 저는 금융시장과 주주, 이사회, 경영인들이 지속적으로 자기 정화 노력을 강화하는 것이 중요하다고 생각합니다. 법률만으로 기업의 탐욕을 저지하지는 못할 것입니다. 미국 행정부와 의회가 법률만으로 기업 범죄를 척결할 것이라는 생각은 과잉 반응입니다.

문제는 신뢰를 회복하는 것입니다. 법률 조문을 강화하고 기업인을 감옥에 넣는다고 문제가 해결되는 것은 아닙니다. 주주들은 기업이 제대로 경영되고 있는지를 감독해야 하고, 이사회는 주주의 이익을 위해 경영진과 독립해 경영을 감시하고, 경영인들은 스스로 정직해지도록 변화해야 합니다. 이런 것들은 시장을 통해서 이뤄져야 합니다.

법률 내용이 잘못됐다는 얘기는 아닙니다. 중요한 것은 법률이 제정되지 않았다고 하더라도 주주와 이사회, 회계사, 애널리스트가 독립적으로 활동하면서 감시하고, 경영이 제대로 이뤄지고 있는지 기업인이 정직한지를 감시하고 감독하는 시스템이 강화되어야 한다는 뜻입니다.

(2002년 8월 5일)

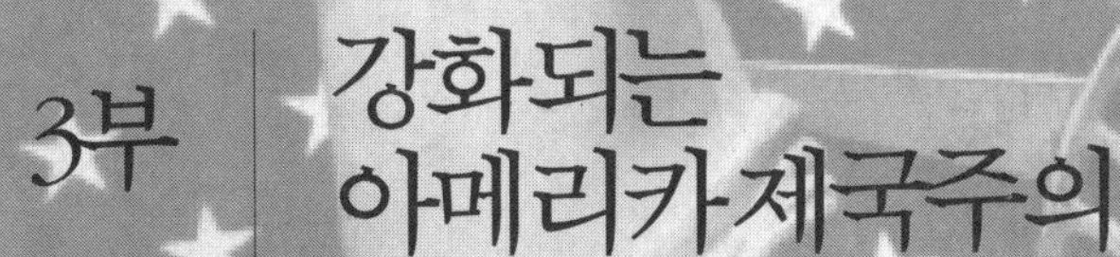

3부 | 강화되는 아메리카 제국주의

1

잊을 수 없는 그날

그날 아침 뉴욕의 날씨는 전형적인 초가을답게 상쾌했다. 이날 월도프 아스토리아 호텔에서는 조흥은행이 해외증권 발행을 위해 투자자 설명회가 예정되어 있었고, 몇 블록 더 가 유엔 빌딩에서는 한국 정부가 56차 유엔총회 의장국으로서 활동하는 첫날 행사가 마련되어 있었다. 나는 이것저것 챙길 것들이 많아 여느 날보다 아침 일찍 집을 나와 뉴욕 행 버스를 탔다.

아침 8시께 버스는 저지 시티를 지나 링컨 터널에 들어섰고, 터널 입구의 굽이진 언덕 위에서 기자는 무심코 차창 너머로 허드슨 강 건너편에 우뚝 솟아있는 세계무역센터를 바라보았다. 초현대식으로 지어진 쌍둥이 빌딩은 여느 때와 다름없이 세계 금융시장의 중심지다운 위용을 자랑하고 있었다. 그러나 그게 온전한 모습으로 본 마지막이었다.

2001년 9월 11일 화요일 아침, 나는 보통의 하루를 시작했다. 뉴저지

테러 직전의 세계무역센터

테러 직후의 세계무역센터

연기가 걷힌 세계무역센터

잔해 제거가 끝난 그라운드 제로

그라운드 제로의 잔해 제거 작업

주 리지필드 파크의 집에서 출발, 맨해튼 동쪽 이스트 강 건너편 〈뉴욕 한국일보〉에 있는 사무실에 도착한 시간은 아침 8시 30분. TV를 켜고 뉴욕 증시 개장 전의 뉴스를 챙기며 신문을 뒤적거리고 있는데, 갑자기 직원 한 사람이 세계무역센터에 불이 났다고 알려줬다. 그 순간, 미국 방송들은 조그마한 세스나 경비행기가 빌딩에 부딪쳐 사고를 낸 것 같다고 보도했다. 잠시 후 또 다른 비행기가 옆 빌딩을 관통하면서 두 건물 모두 불길에 휩싸였다. 그제서야 미국 방송들은 테러 가능성을 제기했다. 워싱턴 시의 펜타곤 건물에도 또 한 대의 비행기가 충돌했고, 펜실베이니아 주 야산에 제4의 비행기가 추락했다는 속보가 쏟아졌다. 테러가 분명했다.

나는 〈뉴욕 한국일보〉 편집국 창문을 통해 세계무역센터가 시커먼 연기를 내며 타는 것을 보았고, 곧이어 두 건물이 힘없이 무너지는 것도 목격했다. 출근할 때 본 그 위풍당당하던 뉴욕의 상징은 두 시간 후 수천 명의 인명피해를 내며 잿더미로 변했고, 세계 역사의 흐름에 큰 단층을 만들어냈다.

미국의 심장부는 이렇게 쉽고도 무참하게 공격당했다. 18분 사이에 세계무역센터가 붕괴되고, 국방부 본부 건물이 피격당했는데도 세계 최강의 군사력을 보유하고 있는 미국은 그 순간에 속수무책이었다. 플로리다 주의 한 초등학교를 방문 중이던 부시 대통령은 국가 재난을 선언하고 보복을 다짐했다.

미국이 테러리스트의 공격을 받을 것이라는 예측은 정보 기관의 첩보나 저널리스트의 분석에 의해 이미 오래 전부터 제기돼 왔던 사안이다. 〈뉴욕타임스〉의 칼럼니스트 토머스 프리드만은 1990년대 말에 쓴 그의 저서 『렉서스와 올리브 나무』에서 사우디아라비아의 부자 오사마 빈 라덴에 의해 핵공격을 받을 가능성을 예측한 바 있다. 그는 현대 사회가 국가 중심에서 개인 중심으로 전환하고 있으며, 과거에 미국과 소련이 핵무기 경쟁을 했다면, 지금은 개인도 핵무기를 보유해서 거대한 미국에 맞설 수 있게 됐다고 경고했다.

동서 냉전 시대가 끝나고 10여 년이 지난 후, 그 예측이 맞아떨어졌다. 다만 테러리스트들이 언제, 어디에, 어떻게 미국을 공격할지에 대한 구체적인 증거가 제시되지 못했을 뿐이다. 1989년 베를린 장벽이 무너진 후 세계는 '유일한 초강대국' 미국에 의해 주도되고, 미국 주도의 세계 질서에서 소외된 자들이 미국에 맞서 테러와 게릴라전을 펼치는 새로운 시대를 맞은 것이다. 2000년 1월 1일 자정, 뉴욕 중심가 타임스퀘어에는 수십만 명이 몰려 새로운 세기와 밀레니엄이 왔음을 축하했지만, 역사적 의미의 21세기는 2001년 9월 11일 오전 8시 47분에 시작된 것이다.

2

9 · 11 이후 세계가 변했다

9 · 11 테러가 발생한 후 며칠간 나는 뉴저지 주에 있는 집에 들어가지 못하고 뉴욕 시 롱아일랜드 시티에 있는 사무실에서 밤과 낮을 보냈다. 뉴욕 시는 맨해튼으로 들어가는 길을 모두 봉쇄하고, 뉴저지 주와 뉴욕 시를 연결하는 다리와 터널을 모두 폐쇄했기 때문이다.

며칠 후 가까스로 집에 들어가는데, 집 앞에서 놀던 초등학생쯤 되는 어린 미국 아이들이 나에게 공격하듯이 질문을 던졌다.

"아저씨는 미국인이 아니죠?"

"그래, 나는 미국인이 아니야."

"그린카드(영주권)를 가지고 있나요?"

"아니, 나는 한국에서 온 외국인이야. 그런데 그걸 왜 물어보니?"

"집집마다 모두 성조기를 게양했는데, 아저씨 집만 국기가 없잖아요."

그제서야 어린아이들이 나의 국적을 물어보는 이유를 알았다. 아랍인

테러리스트의 공격으로 수천 명이 희생당해 모든 미국인들이 추모의 물
결에 휩쓸려 있는데, 유독 우리 집만 성조기가 걸려 있지 않으니, 어린아
이들은 그 집 주인의 성향을 의심한 것이었다. 그래서 아이들이 알아듣
기 쉽게 설명했다.

"우리 한국은 다른 어느 나라보다 테러를 싫어한단다. 한국 사람들도
미국이 하고 있는 테러와의 전쟁에 찬성하고 있단다."

그제서야 아이들은 오해를 풀고, 나를 집에 들어가게 풀어(?)주었다.

테러 참사 직후 미국은 성조기 물결로 뒤덮였다. 미국인들은 승용차의
안테나에 다는 것도 모자라 차창에도 덕지덕지 성조기를 붙여놓고 다녔
다. 성조기를 게양하지 않거나 차에 달고 다니지 않으면, 내가 당한 것처
럼 비애국적인 것으로 오해받거나, 비미국인으로 무시당하기 일쑤였다.

뉴욕의 세계무역센터와 워싱턴 펜타곤이 테러 공격을 받은 후 미국은
그 어느 때보다 뜨거운 애국심으로 가득 찼다. 성조기를 만드는 공장은
참사 이전보다 십여 배 넘는 주문에 밀려 밤샘 작업을 벌였고, 조지 워싱
턴 다리에 걸려 있는 대형 성조기는 외국인인 내가 보기에도 가슴을 찡
하게 만들었다. 부시 대통령이 연설하는 곳마다 청중들은 "USA"를 외쳤
고, 테러로 숨진 사람들을 위한 헌금이 밀려들어 뉴욕 시는 정해진 창구
를 이용해달라고 부탁하는 실정이었다. 학교에선 미국의 자유와 민주주
의가 토론되고, 아침 조회시간에는 성조기를 흔들며 '신이여, 미국을 가
호하소서(God Bless the USA)'를 합창했다.

정치인들도 단결했다. 1년 전 법원의 결정에 따라 마지못해 부시에게
대통령 자리를 내주어야 했던 앨 고어 민주당 대통령 후보도 "부시는 나
의 총사령관"이라며 국민들의 단결을 호소했고, 민주당 지도부는 "미국
에는 야당이 없고, 오직 미국만 있을 뿐"이라고 말했다. 예산 집행에 깐

깐하기로 유명한 의회는 전쟁 및 복구 비용을 행정부 안보다 2배 많은 400억 달러로 늘려 통과시켰고, 빌 클린턴 전 대통령도 세계무역센터의 복구 현장을 찾아 격려하고 기도회에 참석하여 미국인들에게 힘을 실어 주었다.

그러나 미국의 애국심 열기는 또 다른 독선을 만들어낼 소지를 남겨두었다. TV 방송 토크쇼에서 한 참석자가 애국적 정서에 맞지 않는 말을 했다고 해서 그 프로그램 광고주로부터 항의를 받는가 하면, 백악관 대변인은 일부 언론이 군에 대해 비판적 표현을 하고 있다며 노골적으로 불만을 표시했다.

한 대학 교수는 9·11에 대해 이상한 발언을 했다고 해서 대학 측으로부터 경고를 받았고, 부시 대통령을 비판한 지역 신문기자들이 직장에서 쫓겨났다. 참사 현장을 훌륭한 예술 작품이라는 발언을 한 독일의 한 작곡가는 뉴욕 공연이 취소되는 보복을 당했다.

깨어나는 제국주의

9·11 이후 미국은 완전히 다른 나라로 변했다. 9·11 이전의 세계와 그 이후의 세계는 같을 수 없었다. 테러 이후 모든 게 다르다는 생각이 미국 지배층의 머리를 사로잡았다. 앨 고어 전 부통령의 안보담당 보좌관이었던 리온 퓨어스는 2001년 9월 11일이 "기원전과 기원후를 가르는 것만큼이나 중요한 역사적 기점"이 되었다고 정의했다. 콜린 파월 국무장관은 9·11을 계기로 "냉전도 끝나고, 포스트 냉전도 끝났다"면서 앞으로의 세계를 "포스트-포스트 냉전(post-post cold war)"으로 규정했다.

이런 분위기 속에 미국 지성인들 사이에서 더 이상 미국은 '잠자는 사자'가 될 수 없다는 주장이 나왔다.

9 · 11은 미국의 많은 것을 바꿔놓았다. 미국인들은 허탈감과 분노를 애국심으로 승화시켰고, 법원에 의해 당선이 결정된 부시 대통령은 확고한 리더십을 확보했다. 미국은 중앙아시아의 산악 국가인 아프가니스탄을 공격하여 알카에다 테러 세력과 이를 보호하던 탈레반 정권을 와해시켰고, 어제의 적이었던 미국과 러시아 · 중국은 테러와의 전쟁을 수행하는 과정에서 우방국으로 발전했다.

많은 역사학자, 사회학자, 저널리스트 들은 테러를 계기로 새로운 밀레니엄과 21세기가 본격적으로 시작되었다고 평가했다. 1980년대 말 베를린 장벽 해체를 계기로 동서 냉전체제가 종식되고, 그 공백을 미국 중심의 국제 자본시장, 즉 글로벌 단일시장의 메커니즘이 메웠다. 그러면 9 · 11 이후의 세계는 어떤 세계일까? 다름 아닌 '아메리카 제국주의'의 세계일 것이다.

로렌스 서머스 하버드대 총장은 빌 클린턴 행정부 시절 재무부 장관을 지낼 때 "역사적으로 미국은 초강대국이면서도 제국주의적 무력을 사용하지 않는 유일한 나라"라고 강조한 바 있다. 자본에 의한 세계 지배체제가 형성된 시절의 미국 재무부 장관의 말로서는 적절할지 모르지만, 테러 이후 미국 지식인들은 강대국이 무력 사용을 자제하다가 수천 명의 목숨을 잃은 현실에 주목했다. 아프리카, 중동, 아시아, 동유럽의 무정부질서가 테러의 온상이 되고, 무법자들은 미국을 목표로 공격해올 가능성이 훨씬 높아졌다. 9 · 11 테러는 클린턴 대통령 시절의 방임주의의 결과이고, 수십 명에 불과한 테러 조직이 핵무기 이상의 파괴력을 보유한 현실에서 미국은 테러리스트가 숨어있다면 어느 나라든 선제 공격해야 한다는 주장이 먹혀들었다. 테러 직후 부시 대통령이 의회에 제출한 국

테러 직후 그라운드 제로 잔해 위에 성조기를 올리고 있는 뉴욕 소방관들

조지 파타키 뉴욕 주지사(오른쪽)와 루돌프 줄리아니 뉴욕 시장이 테러 현장을 둘러보고 있다.

세계무역센터가 없어진 맨해튼 남단의 스카이라인

잔해 제거 작업 중인 그라운드 제로

테러 후 미국인들은 끊임없는 테러 후유증에 시달렸다. 2003년 2월 테러 경보로 미국인들이 화생방 테러에 대비해 테이프를 대량 구매하는 바람에 쇼핑센터의 테이프가 동이 나기도 했다.

방비 증액 법안이 실현되면, 미국의 군사력은 전세계 100여 개 국가의
군사력을 합친 규모로 커지게 된다.

3

성난 슈퍼파워

무너진 세계무역센터 자리에서 한 블록 건너편에 세인트 폴 성당이 우뚝 서 있다. 빌딩 숲에 묻혀 왜소하게 보이던 이 성당이 새로이 부각되는 것은 110층짜리 건물 두 동이 사라져 상대적으로 크게 보이기 때문만은 아니다. 230여 년 역사의 이 성당이 건재하고 있다는 사실은 미국의 정신이 살아있고 역사가 숨쉬고 있음을 보여준다. 세인트 폴 성당은 1766년에 건축되어 '하느님의 전당'으로 봉헌된 고딕 양식의 건물이다. 1789년 조지 워싱턴 장군이 독립전쟁에 승리하고 뉴욕 연방청사에서 초대 대통령에 취임한 후, 의원들과 함께 "신이여, 미국을 가호하소서" 하고 기원했던 역사적 장소이기도 하다.

9·11 테러 공격으로 미국 경제의 상징인 세계무역센터 빌딩 두 동이 무너졌을 때 주변에 있던 10여 동의 현대식 건물들도 무너지거나 큰 상처를 입었다. 그러나 지척에 있던 세인트 폴 성당은 조금도 상처를 받지

않았다. 유리 한 장도 깨지지 않았다고 한다.

9·11 테러 후 미국은 두 가지 도전에 직면했다. 그 첫째는 테러에 앞서 2001년 3월부터 시작된 경기 침체를 극복하는 것이요, 둘째는 국제 테러 집단의 보복을 극복하고 이를 소탕하는 것이었다.

세계무역센터와 금융 중심지 월 가 사이에 또 다른 성당인 트리니티 성당이 있다. 트리니티 성당과 세인트 폴 성당은 당시 뉴욕에서 가장 높은 건축물이었지만, 현대식 고층빌딩이 들어서면서 구시대의 낡은 유물로 전락했다. 그러나 9·11 테러 이후 세인트 폴 성당은 21세기 첫 전쟁의 기념비적 장소로 새롭게 각인되고, 트리니티 성당은 미국 금융 심장부가 다시 박동치는 상징으로 자리매김되었다.

테러 직후 당시 루돌프 줄리아니 뉴욕 시장은 "성당이 전쟁의 폐허에서 당당하게 서있는 것은 뉴욕 시민과 미국인들의 강함과 재기를 웅변하는 메시지"라고 강조한 바 있다. 사상 초유의 재난을 당하면서도 건국 정신이 살아 숨쉬는 두 신의 제전이 건재하고 있다는 사실은, 미국이 앞으로 어떤 어려움과 도전이 닥치더라도 강인하게 일어설 것임을 상징적으로 보여주고 있다.

테러 1주년을 맞을 때 나는 세인트 폴 성당과 그라운드 제로를 방문한 적이 있다. 참사의 현장은 원자폭탄이 터진 것처럼 커다란 웅덩이가 패였고, 철조망 여기저기에 희생자를 기리는 꽃이 꽂혀 있었다. 그라운드 제로에는 "우리는 결코 잊지 않으리라"라는 대형 현수막이 걸려 있었다. 테러의 잔해는 완전히 제거됐지만, 미국인들 마음의 응어리는 굳어지고 있음을 읽을 수 있었다. 베를린 장벽 붕괴와 구소련 와해 이후 해이해졌던 잠자는 사자 미국은 수천 명의 죄 없는 사람이 미국인이라는 이유로 죽어간 사건을 계기로 무섭게 포효하고 있는 것이다.

강화되는 부시의 리더십

테러가 발생하면서 부시 대통령의 국내 정치력과 국제 사회 리더십이 취임 8개월 만에 도마 위에 올랐다. 부시 대통령은 테러 다음날 미국을 겨냥한 테러 공격을 '전쟁 행위'로 규정하고, 전세계 테러 집단에 대해 선전포고를 하였다. 부시 대통령은 백악관에서 비상대책회의를 열어 보복 조치를 논의하고, 항공모함을 미국 동부 연안과 걸프 해안에 대기시켜 테러국에 대해 즉각적인 공격을 감행할 것임을 분명하게 강조했다. 미국 의회는 만장일치로 반테러 선언을 결의하고, 미국 언론들은 테러를 '전쟁'이라고 표현함으로써 미국민들의 분노를 대변했다. 민주당의 앨 고어 후보와의 선거전에서 법원의 결정에 의해 당선된 부시 대통령은 이 사건을 계기로 국내에서 전폭적인 지지를 받게 됐다.

부시는 러시아와 중국, 영국, 프랑스, 독일의 국가 원수들로부터 반테러에 대한 호응을 얻어냈고, NATO 회원 18개국으로부터 군사 행동에 대한 지지를 받았다. 이로써 검증되지 않았던 부시 대통령의 리더십이 확인됐다.

부시 대통령의 국제 지도력은 취임 초기에 혹독한 시련에 봉착했다. 그가 외교 · 군사적인 경험이 없고, 취임 초기에 교토 기후협약 불참 결정, 미국 정찰기의 중국 하이난도 불시착 사건 등 국제 현안에 매끄럽게 대처하지 못했던 점에서 테러 참사 초기의 국제적 지지는 동정심에 의한 면이 강했다고 볼 수 있다. 시간이 지날수록 미국의 밀어붙이기식 외교는 부시 대통령으로 하여금 위기 국면을 맞게 했다.

1941년 일본의 진주만 공격 때 당시 프랭클린 루스벨트 대통령은 일본과 전면전을 벌여 승리하고 제2차 세계대전을 종식시킴으로써 미국의

테러 이후 미국의 정신으로 남아있는 뉴욕의 세인트 폴 성당. 성당 주변에 추모 상징물들이 걸려 있다.

영웅으로 부상했다. 당시에는 미국에게 분명한 적이 있었으나 지금의 적은 그림자 뒤에 숨어있고, 소수의 집단에 의해 대량 살상이 가능하다는 점에서 막강한 화력과 군인 수만으로 단기간에 승리를 보장하기 힘든 상황이다.

　11년 전 걸프전 때 당시 아버지 부시 대통령은 전쟁을 승리로 이끌었으나, 전쟁의 결과로 미국 경제가 불황에 돌입하는 바람에 재선에 실패한 경험이 있다. 대통령이 된 그의 아들은 아버지의 실패가 경제 침체 때문이었다고 믿고 있다.

　미국 경제가 악화되면서 부시 대통령이 경제를 모르고, 그의 행정부가 경제를 제대로 운용하지 못하고 있다는 비판을 받아왔다. 뉴욕 월 가 사람들은 테러 이전부터 미국 성장률이 마이너스로 떨어졌고, 테러로 인해 경제가 더 어려워질 것을 경고했다. 하지만 부시 대통령은 테러를 계기로 자신에게 돌아오는 경기 침체의 책임론을 다른 곳으로 돌릴 수 있는 좋은 기회를 갖게 된 것이다.

9 · 11 테러 이후 부시 행정부는 전쟁 수행, 치안 강화, 경기 진작을 위해 '강한 정부'로 이행했다. 미국인들도 보복 전쟁을 강력하게 지지하는 데다 추가 테러를 방지하기 위한 치안 강화를 요구했다. 게다가 그동안 경기 둔화로 적자를 내온 기업들이 테러 참사 이후 연방 정부의 경기 부양과 동시에 구제 금융을 요구하며, 정부의 직접 개입을 요구했다. 이 같은 분위기에 편승하여 부시 행정부는 정부 조직을 확대하고 재정 지출을 확대하는 등 정부 기능을 강화하는 쪽으로 방향을 선회했다.

아프가니스탄에 대한 공습을 단행한 직후 부시 대통령은 조국안보국을 신설하고 펜실베이니아 주지사로 있던 톰 리지를 워싱턴으로 불러 국장 취임 선서를 받았다(이 조직은 1년 후 조국안보부로 확대 개편됐고, 톰 리지는 장관으로 승진했다). 신설 조직은 연방수사국(FBI)과 중앙정보국(CIA), 항공안전국 등을 총괄하는 공룡 조직으로 테러와 싸우기 위한 통합 전략을 수립하는데, 부시 대통령은 백악관과 여러 기관에서 요원을 차출했다.

예산정책에서 부시 행정부는 집권 초기에 연방 예산을 줄여 납세자에게 돌려준다는 원칙을 세웠으나, 테러 참사와 경기 침체를 맞아 400억 달러의 피해 복구 및 전쟁 비용, 150억 달러의 항공산업 구제 금융 자금을 지원했다. 게다가 750억 달러의 추가 경기부양 계획과 600억 달러의 감세 계획을 추진했다.

2000년에 연방 정부 재정은 사회보장비를 제외할 경우 겨우 10억 달러밖에 흑자를 내지 못한 상황에서 부시 행정부가 이처럼 막대한 정부 자금을 지출하려면 재정 적자를 내거나 사회보장 기금을 털 수밖에 없는 형편이었다. 부시 대통령은 전쟁·경기 침체·비상시국의 경우에는 재정 적자를 감수할 수밖에 없다고 주장했다.

과거 공화당의 레이건, 부시(아버지) 행정부는 정부 규제를 과감히 완화했고, 민주당의 클린턴 행정부는 불필요한 재정 지출을 축소함으로써 균형 예산을 이룩했다. 미국 정부는 지난 20년 동안 집권 정당에 상관없이 '작은 정부'를 지향하여 장기 호황의 틀을 구축해왔다는 평가를 받아왔다. 그러나 테러 참사와 전쟁, 불황이라는 세 가지 악재가 동시에 터져 나오는 비상시국을 맞아 부시 행정부는 강한 정부를 선택한 것이다.

'악의 축'과의 전쟁

부시 대통령은 2002년 1월 29일 상하 양원 합동회의에서 9·11 이후 미국의 정책 방향을 명백히 밝히고, 북한과 이라크, 이란 등 세 나라를 '악의 축' 국가로 규정했다. 테러 후 처음으로 부시 대통령의 상하 양원

미 보병 504 낙하산 부대 병사들이 아프가니스탄 칸다하르 지역에서 정찰 활동을 하고 있다.

합동회의에서의 국정 연설은 테러와의 전쟁을 북한 등 대량살상무기 보유국으로 확전하고, 재정 적자를 감수하면서 경기부양정책을 추진하겠다는 의지를 담았다. 그는 전국에 생중계된 연설에서 "미국은 세계에서 가장 위험한 국가들이 세계에서 가장 파괴적인 무기들로 미국을 위협하도록 허용하지 않을 것"이라며 "이들 정권이 대량살상 무기 개발을 시도하여 세계 평화를 위협하는 '악의 축'을 이루고 있다"라고 규정했다.

나아가 "테러와의 전쟁은 이제 시작일 뿐"이라고 전제하고 "위험이 가중되고 가까워질 때 미국은 사건이 발생하기를 기다리지만은 않을 것"이라고 밝혀 '악의 축'에 대한 선제 공격론을 처음으로 언급했다. 이로써 미국은 아프가니스탄에 이어 다음 공격 목표가 북한, 이라크, 이란 중 한 나라가 될 것임을 예고했고, 그중 첫 순서가 이라크였다. 한 전쟁을 끝내면 다음 전쟁을 준비하고, 그 전쟁이 종식되면 또 다른 전쟁 목표를 찾는 것이 테러 이후 부시 행정부의 모습이다. 부시 대통령의 미국은 항시 전시체제를 유지하면서 아프가니스탄, 이라크를 노리고, 그 다음으로 한반도를 겨냥하고 있는 것이다.

부시 대통령이 북한에 강한 어조로 경고한 것은 그동안 남북 대화에 유연하게 대처하려던 행정부 내 기류를 원점으로 되돌린 것으로, 앞으로 북·미 관계나 남북한 관계에 중대한 변화가 일어날 것임을 예고했다. 게다가 '햇볕정책'의 이름으로 대북한 포용정책을 추진하던 한국의 김대중 정부에게는 큰 타격이었다. 취임 직후 워싱턴에서 열린 한·미 정상회담에서 부시 대통령은 북한에 대해 '회의적'인 견해를 밝힘으로써 햇볕정책에 대한 한·미 공조에 틈이 생기게 되었고, 북한을 '악의 축'으로 규정한 국정 연설은 그 후 한반도 안정에 먹구름을 몰고 왔다.

뉴욕에 있는 코리아 소사이어티(Korea Society)의 도널드 그레그 회장(전 주한 미국대사)은 "한국은 정권이 변해도 대미정책에 큰 변화가 없는데, 미국의 대한반도징책이 클린딘에서 부시로 넘어가면시 크게 변힌 것이 문제"라고 지적한 적이 있다. 바로 이를 두고 한 말이다.

군수산업을 위한 전쟁

미국은 왜 전쟁을 좋아하는 것일까? 미국은 9·11 테러 참사의 보복으로 알카에다 테러 세력과 그들을 숨겨준 탈레반 정권을 축출했으면 됐지, 이라크도 공격하겠다고 하고 북한도 전쟁 대상으로 지목했다.

전쟁이 발발하면 많은 미국 군인이 희생되고, 막대한 전비가 소요되며, 가뜩이나 슬럼프에 빠져 있는 미국 경제에 나쁜 영향을 주게 된다. 그러면 전쟁으로 이득을 보는 계층이 누구인가를 살펴볼 필요가 있다.

전쟁이 터지면 힘을 얻는 곳은 미 국방부(펜타곤)이며, 돈을 버는 곳은 미국의 군수산업이다. 이 군산(軍産) 복합체는 끊임없이 전쟁을 확대하고 전쟁 예산(국방비)을 늘리려는 속성이 있다. 워싱턴 정가에서 사용되는 용어로 '철의 트라이앵글'이라는 말이 있다. 펜타곤과 군수산업, 의회가 삼각형의 한 끝을 차지하며, 동일한 이해 관계로 묶여 있다는 뜻이다. 정확히 말하자면 군산정(軍産政) 복합체이다.

미국의 국방비는 1989년 베를린 장벽 붕괴 이후 동서 냉전체제가 와해되면서 감소했고, 군수산업체들도 합병 및 인수 등을 통해 생존을 위한 몸부림을 쳐야 했다. 그러나 부시 행정부가 들어서면서 미사일 방어 시스템 구축 등 군 현대화를 통한 국방비증액정책을 추진했고, 테러 이후 본격적으로 군사대국으로서의 길을 걷고 있다. 매년 국방 예산이 10% 이상 증액되어, 현재 미국의 국방비는 미국 이외의 전세계 국방비 총액을 넘어선다.

2001년 5월 1일 부시 대통령은 새로운 미사일 방위체제 구상을 발표했다. 이 구상은 공산권 붕괴 후 사양길을 걷고 있던 미국의 군수산업에 대형 호재를 만들어주었다. 부시 대통령은 이 국방 계획의 비용을 구체적으로 적시하지 않았지만, 미국의 국방전문가들은 2010년까지 300억~2000억 달러의 예산이 소요될 것으로 추산했고, 월 가 애널리스트들은 810억 달러의 국방 예산이 군수산업에 투입될 것으로 추정했다.

부시 행정부의 미사일 방위체제 계획은 그동안 지상에 머물렀던 요격 미사일 배치 계획을 해상과 공중으로 확대하는 것이다. 이에 따라 클린턴 대통령 때 2002년부터 2005년까지 200억 달러를 투입하려던 계획보다 비용이 몇 배 늘어날 것은 필연적이다.

미국인들의 세금으로 걷어진 국방비의 최대 수혜자는 당연히 군수산업이다. 록히드 마틴, 보잉, 노스롭 그루만, 제너럴 다이내믹스, 레이시온 등 군수 회사들은 이 막대한 국방비를 따먹기 위해 선거가 있었던 2000년 한 해에만 9000만 달러의 로비 자금을 워싱턴 정가에 뿌렸다.

군수업체들은 국가 재정이 적자가 되건 말건 상관하지 않는다. 다만 국방비만 늘어나면 된다. 그러므로 펜타곤의 무기 입찰에 기업의 사활을 걸고 덤벼든다. 가장 대표적인 예가 테러 직후인 2001년 10월 말에 있었던 차세대전투기 사업자 선정이다.

2001년 11월 27일 뉴욕 증시가 폐장한 후 텍사스의 록히드 마틴 본사와 시애틀의 보잉 본사에는 임직원들이 초조하게 펜타곤의 발표를 기다렸다. 미국 군수물자 계약상 사상 최대 규모인 차세대전투기 사업 낙찰자 발표를 기다리는 것이었다. 최종 낙점은 부시 대통령의 고향 텍사스 주에 공장을 두고 있는 록히드 마틴에게로 돌아갔다.

미국의 차세대전투기 사업은 모두 2000억 달러 규모로, 한국 GDP의 절반에 해당하는 어마어마한 프로젝트다. 미국 제1의 군수업체인 록히드 마틴과 2위인 보잉은 회사의 운명을 걸고 5년 동안 기술 경쟁, 홍보전, 정치권 로비 등 모든 방면에서 경쟁했다. 이 사업이 두 회사의 운명을 판이하게 갈랐는데, 뉴욕 증시 폐장 후 거래에서 록히드 마틴의 주가는 4.3% 폭등한 반면, 보잉의 주가는 7.13% 폭락한 것으로 알 수 있다.

예정된 물량은 2000억 달러로 추정되지만 덴마크·노르웨이·네덜란드·캐나다·이탈리아·싱가포르·터키·이스라엘 등이 나중에 구매할 물량을 감안하고 부품 공급분까지 합치면 4000억 달러에 이른다는 게 전문가들의 추정이다.

전쟁으로 유지되는 경제시스템

미 의회 의원들이 군수 회사와 좋은 관계를 맺는 이유는 크게 두 가지다. 정치란 돈이 들어가게 마련이고, 군수업체들이 정치 자금을 펑펑 써대기 때문에 두 집단이 서로 가까워지는 것은 당연하다. 또 무기 생산 공장을 지역구에 유치하면 일자리가 늘어나고 해당 의원으로선 표가 생기는 일이다.

펜타곤의 수뇌부도 재야에 있을 때 군수업체에서 중역을 지낸 사람들로 채워져 있다. 도널드 럼스펠드 국방장관은 제너럴 다이내믹스의 계열사에서 이사를 지냈고, 폴 월포비츠 부장관은 노스롭 그루만에서 고문을, 마이클 윈 차관은 제너럴 다이내믹스의 부사장을 역임했다. 제임스 로치 공군 장관, 토머스 화이트 육군 장관, 고든 잉글랜드 해군 장관도 군수 회사에서 중역을 지냈던 사람들이다. 군수 회사 출신들이 펜타곤을 장악하고 있으니, 서로의 이해가 잘 맞아떨어질 것은 불을 보듯 명확한 사실이다.

문제는 '철의 트라이앵글'에서 군수업체들의 입김이 막강하다는 점이다. 그러다보니 펜타곤의 무기 수급정책이 군수업체의 이해관계에 의해 크게 흔들릴 수밖에 없다. 예를 들어 1990년대 초에 개발된 F-22 전투기의 경우 럼스펠드 장관이 현대화를 위해 폐기할 것을 종용했지만, 제작사인 록히드 마틴이 의회를 설득해 앞으로 10년은 더 생산하기로 했다. 대당 2억 달러에 해당하는 이 전투기가 300대는 더 제작될 예정이니, 록히드 마틴으로서는 600억 달러어치를 수주받은 셈이다.

군수업체들은 전쟁을 수요자로 하는 산업이며, 그들에겐 전쟁이 곧 돈이다. 이라크 전쟁 가능성이 높아지면서 뉴욕 증시의 주가가 일제히 곤두박질치는데도 록히드 마틴과 노스롭 그루만, 레이시온의 주가는 올랐다. 2000년대 초만 해도 뉴욕 증권시장에 인터넷과 통신주가 판을 쳤지만, 테러 이후에는 방위산업주가 인기를 끌었다.

걱정되는 것은 미국 군수업체들이 끊임없이 국제적인 분쟁이 일어나길 바란다는 사실이다. 10년 동안 사양의 길을 걸어온 경험이 있었던 만큼 그들은 테러 이후의 국제 정세를 활용해서 사업 재기에 적극적으로 나서고 있다. 전쟁이 없는 세계를 싫어하는 세력이 있다는 것 자체가 또 다른 불안 요인이 아닐까. 아프가니스탄에 포탄이 쏟아질 때 그 포탄 제작사의 주가가 오르는 패러독스의 세계에 우리는 살고 있는 것이다.

5

월 가의 애국 열기

9·11 테러 참사로 4일간의 긴 휴장을 단행했던 뉴욕 증시가 17일 다시 문을 열었다. 개장 첫날 월 가의 주제는 애국심이었다. 대형 성조기가 월 가에 걸리고, 트레이더와 딜러들은 동료들의 주검을 옆에 두고 컴퓨터 앞에 앉았다. 오전 9시 30분, 리처드 그라소 뉴욕 증권거래소 회장은 "우리의 영웅이 증권시장을 개장한다"며 사고 현장에서 숨진 경찰관과 소방관의 동료들에게 오프닝 벨을 울리는 기회를 부여했다. 짧은 묵념 시간에 스피커에서는 '신이여, 미국을 가호하소서'라는 가곡이 트레이더들의 심금을 울렸다. 포커판의 경쟁자처럼 서로를 속이던 그들은 친구가 되어 귓속말로 투매 자제를 약속했다. 이날 뉴욕 증시는 투자자들의 불안 심리로 폭락했지만, 테러 공격에 대한 애국심 덕분에 패닉을 면했다. 그들에게 중요한 것은 하루의 거래가 아니라 시장이었다.

뉴욕 월 가의 큰손 버크셔 해서웨이의 워렌 버핏 회장, GE의 잭 웰치

전 회장 등 미국 경제계의 거물들도 방송에 나와 "주식을 팔지 않겠다"
고 공개적으로 밝히며 미국인들의 애국심을 자극했다.

애국심은 200여 년 동안 뉴욕 월 가의 출발이고 역사였다. 월 가는 13
개 식민주가 독립전쟁 비용을 조달하기 위해 전쟁 채권을 발행하면서
시작됐다. 뉴욕의 상인들이 8000만 달러의 연방 채권을 거래하기 위해
맨해튼 남단 나무그늘에 모인 것이 월 가의 시초다. 그 후 대영전쟁, 남
북전쟁 등에 필요한 전비를 소화해낸 것도 월 가다.

남북전쟁 때 제이 쿡이라는 전설적인 월 가의 펀드매니저는 북군의 군
비를 조달하기 위해 중소 상인, 농민을 찾아다니며 애국심으로 채권을
사라고 설득했다. 그의 호소에 응한 소액투자자들은 채권을 매입함으로
써 북군을 승리로 이끌어 미국을 통일시켰다.

1980년대 연방 정부가 막대한 재정 적자에 시달릴 때 미국인들은 뉴
욕 월 가를 통해 국채를 매입함으로써 정부의 파산을 막았다. 같은 시기
에 자본시장이 발달하지 않은 남미 국가들이 국가 파산을 겪었던 것과
대조적이다.

현대에는 월 가의 중심이 채권에서 증권 거래로 바뀌면서, 월 가의 매
니저들은 수많은 개인으로부터 자금을 모아 기업에 조달하고 있다. 뉴
욕 증시는 미국인과 미국 기업을 연결하는 고리이며, 증시가 살아야 투
자자 개인과 기업이 동시에 산다는 등식을 형성했다. 그것이 월 가의 애
국심이다. 월 가는 테러리스트의 잔인한 공격에도 불구하고 애국심을
발휘하여, 금융시장을 살리고 개인투자자와 산업을 보호하는 의무를 행
한 것이다.

테러 직후 뉴욕 증시가 다시 열렸지만, 개장 5일 동안에 다우존스 지
수가 14. 5% 폭락, 주간 단위로 1929년 대공황 이래 70년 만에 최대 폭

으로 폭락했다. 개인투자자들이 애국심을 발휘하는데, 이 과정에서 기관투자자들은 이득을 얻기 위해 주식을 내다 팔았던 것이다. 겉으로는 어깨를 걸고 애국심을 부르짖었지만, 애국심이 돈이 되는 것은 아니었다. 이대로 가다가는 국제 금융시장이 테러 집단의 의도대로 붕괴되기 직전에 놓여 있었다. 이때 유대인이 나섰다.

증시 살리기 운동

테러 발생 1주일 후인 9월 18일은 유대인들의 설날인 '로쉬 하샤나(Rosh HaShana)'였다. 미국의 공식 공휴일은 아니었지만, 유대인들은 민족 명절인 이날을 휴일로 삼아 업무를 중단한다. 나는 이날 사무실로 나가면서 뉴욕 맨해튼 FDR 강변도로가 텅 빈 것을 보고, 무슨 일이 또 터졌는가 하며 의아해했다. 세계무역센터가 테러 공격으로 붕괴된 후 맨해튼에 근무하는 화이트칼라층이 제2의 테러를 두려워하고, 뉴욕 경찰들이 도로를 삼엄하게 통제하고 있었다. 그러나 평소 출퇴근 시간에 엄청난 교통체증에 시달리던 맨해튼 도로가 이날 시원하게 뚫렸던 것은 유대인들이 출근하지 않았기 때문이었다. 그것은 유대인들이 뉴욕 월 가에 얼마나 큰 핵심 세력으로 자리잡고 있는지를 보여주는 단적인 예다.

9·11 테러 직후 뉴요커들 사이에는 유대인과 아랍인을 둘러싸고 온갖 루머가 난무했다. 테러 참사가 유대인 명절인 로쉬 하샤나 데이를 앞두고 계획됐다는 설, 유대인들이 명절을 보낸 후 뉴욕 주가를 띄울 것이라는 설 등이 민심이 흉흉한 가운데 근거 없이 떠돌았다.

테러리스트들이 워싱턴의 펜타곤을 공격한 것은 세계 초강대국의 심장부를 겨누었다는 나름대로의 이유가 분명했지만, 민간인들이 많이 사는 뉴욕의 고층빌딩을 목표로 한 이유는 무엇이었을까? 바로 미국의 자본주의였고, 그 핵심에서 움직이는 유대인이었다.

부시 대통령은 2001년 11월 20일 아시아·태평양 경제협력기구(APEC) 정상회담차 베이징을 방문했을 때 이렇게 말했다.

"테러는 세계 금융시장을 붕괴시키려는 게 목적이었다. 그러나 시장은 회복됐다. 우리는 시장에 기초한 경제시스템을 건설하여 인류역사에 번영을 가져와야 한다."

비슷한 시기에 아랍계 TV 방송에 방영된 녹화 테이프에서 빈 라덴은 유대인과 이를 보호하고 있는 미국을 공격할 것임을 분명히 했다.

테러는 부시 대통령이 언급했듯이 세계 금융시장의 심장부인 뉴욕 월가를 강타했다. 100층짜리 고층 빌딩 두 동이 무너지면서 뉴욕 증시는 4일간 휴장하고, 다음 주 월요일인 17일에 다시 문을 열었다.

그러나 뉴욕에선 아랍계 테러의 공격을 받은 후 유대인 큰손들이 금융시장을 통해 데리 세력에게 반격을 가할 것이라는 미확인 루머가 돌고 있었다.

로쉬 하샤나 명절을 보낸 다음 주 월요일인 24일 오전 9시. 뉴욕 증시 개장 30분 전이었다. 골드만 삭스의 여성 애널리스트 애비 코언이 총대를 잡았다. 그녀는 투자자를 향해 외쳤다. "궐기하라, 그리고 지금 주식을 사라(Stand up, and it's time to buy stock)."

골드만 삭스는 19세기 미국 금융시장을 초기 정착민인 앵글로 색슨계가 잡고 있을 때 유대인들이 설립한 대표적 투자 은행이며, 월 가 최고의 여성 애널리스트로 꼽히고 있는 애비 코언도 유대인이다.

골드만 삭스가 나서자 뱅크 오브 아메리카 등 월 가의 기관투자자들이 뒤를 이어 주식 매입에 동참했고, 월 가 투자자들이 집단적으로 움직이

월 가 빌딩에 걸려 있는 대형 성조기. 월 가 사람들은 테러 직후에 애국적 열기로 금융 시장을 살렸다.

는 ‘밴드왜건(band wagon)’ 현상이 나타났다. 기관에 이어 개인들도 매수 물결에 합류했다. 여기에 미국의 애국주의가 가세했음을 물론이다.

뉴욕 증시는 코언의 신호를 계기로 방향을 바꾸기 시작해 유대인들의 또 다른 명절인 욤키퍼 데이(9월 29일)를 보낸 뒤 본격적인 상승세로 돌아섰다. 2개월 후인 11월 말에 뉴욕 증시는 테러 후 저점에서 20% 이상 상승하는 이른바 ‘황소 장세’에 돌입했다.

테러 직후에 뉴욕 금융시장이 붕괴될 것이라는 우려를 불식시키는 데 유대인이 집단적으로 움직였다는 미국 내 보도나 증언은 없다. 다만 정황적으로 보면 미국인들이 애국심으로 단결해 테러를 극복해나가는 가운데 유대계 금융인들이 증시 살리기에 동참한 것은 분명하다.

6

유대인이 뜨다

미국이 테러 공격을 당한 후 뉴욕의 유대인 커뮤니티는 깊은 슬픔에 빠졌다. 세계무역센터 붕괴로 많은 유대인들이 숨졌기 때문이다. 사망 확인자 가운데 10% 정도가 유대교 장례를 희망했다는 통계를 감안하면, 3000명에 이르는 사망추정자 가운데 300명 이상이 유대인이라고 보아도 크게 틀리지 않을 것이다.

뉴욕은 이스라엘 다음으로 세계에서 가장 많은 유대인들이 살고 있는 곳이다. 미국 인구 2억 8000만 명 중 유대인은 2.2%에 해당하는 600만 명으로 소수 민족에 불과하다. 그러나 이스라엘 인구가 600만 명인 점을 감안하면 미국은 유대인들의 제2의 조국이라고 해도 과언이 아니다. 유럽에 살던 많은 유대인이 제2차 세계대전 때 독일 나치의 대량 학살을 피해 미국으로 건너왔고, 그들은 뉴욕과 뉴저지 주에 200만 명이 집단적으로 거주하고 있다. 그들은 뉴욕 금융가에 많이 진출해 있고, 그중 상당수가 세계무역센터에 근무하고 있었다.

유대교 윤리를 규정한 『탈무드』에 따르면, 남편이 실종됐을 경우에 랍비 법정에서 사망을 선고해야 미망인이 재혼할 수 있다. 따라서 뉴욕 인근에 산재해 있는 유대교 종파 지도자들은 테러가 발생하자 범종파적 모임을 갖고 실종과 사망에 관한 정보를 상호 교환하되, 사망 판단은 각 종파의 기준과 의식에 따르기로 했다. 정통파는 탈무드 원리를 엄격하게 적용하고, 진보적 종파는 자유로운 재혼을 존중하고 있다. 유대교 단체들은 세계무역센터 주인인 뉴욕-뉴저지 항만청에 사망자의 단서를 요청하는 한편, 그 단서가 수집되면 DNA 조사를 통해서라도 신원을 확인했다.

9·11 테러와 보복전쟁의 중심에는 유대인과 아랍 국가의 오랜 적대적 관계가 자리잡고 있다. 알카에다 테러 조직의 총수인 오사마 빈 라덴은 미국 공습 후 비디오 테이프에서 이스라엘이 무고한 팔레스타인 사람들을 학살하고 있고, 미국이 이스라엘을 지지하고 있다면서 이슬람 세력의 성전(지하드)을 촉구했다.

유대인은 미국에서 소수 민족에 불과하지만 미국 사회의 주요 요직에 상당한 비중을 차지하며 진출해 있다. 국방부엔 월 포비츠 차관, 더글러스 페이스 차관, 리처드 펄 차관보가 유대인이고, 정계에는 조지프 리버만, 척 슈머, 존 코자인 상원의원 등이 그렇다.

경제계엔 그 비율이 더 높다. 앨런 그린스펀 연방준비제도이사회 의장, 시티 그룹의 샌포드 웨일과 로버트 루빈 회장, 메릴린치의 데이비드 코만스키 회장, 퀀텀 펀드의 조지 소로스 회장이 유대계이고, 골드만 삭스, 리먼 브러더스, 살로먼 스미스 바니 등 월 가를 움직이는 굴지의 투자 은행들은 유대인들이 창업한 회사다. 미국 400대 부자의 23%, 50대부자의 36%가 유대인이라는 분석도 있다.

또 〈뉴욕타임스〉, 〈워싱턴 포스트〉 등 유력 언론은 유대 가문의 소유이고, 하버드대 로렌스 서머스 총장, 경제학자 폴 사뮤엘슨도 유대 민족의 일원이다.

영화감독 스티븐 스필버그는 자신의 동족이 독일에서 학살됐던 역사를 영화로 만들었고, 할리우드는 유대인에 의해 지배되고 있다는 것이 정설이다. 2002년 아카데미상 시상식에 앞서 '뷰티풀 마인드'의 주인공인 존 내쉬 교수가 반유대주의자라는 소문을 경쟁사가 흘렸다는 내용은 할리우드가 유대인에 의해 지배되고 있다는 사실을 말해주고 있다.

유대인이 뜨고 아랍인이 지다

9 · 11 테러 이후 미국 정계와 경제계에 유대인이 뜨고 아랍과 인도 및 파키스탄계가 지는 현상이 빚어졌다. 미국은 다민족 국가이지만, 앵글로 색슨족 계열의 백인(WASP : White Anglo-Saxon Protestant)이 주도권을 잡고 있는 나라다. 그러나 이슬람 원리주의자들에 대한 전쟁이 진행되면서 유대계들은 미국의 재건을 위해 앞장서 뛰는 반면, 중동계 또는 인도계 출신들은 여러 가지 이유로 슬그머니 물러났다.

그 대표적인 인물이 테러 후 뉴욕 재건의 영웅으로 칭송받는 루돌프 줄리아니에 이어 뉴욕 시장에 당선된 경제통신사 오너 경영인 출신의 마이클 블룸버그다. 클린턴 행정부 시절에 재무장관을 지냈던 로버트 루빈 시티 그룹 회장은 뉴욕과 워싱턴을 오가며 테러 후 부시 행정부의 긴급 경제대책 골격을 만드는 데 일조했다. 부시 행정부가 루빈 전 장관을 워싱턴에 불러 협조를 구한 것은 민주당을 의식한 조치이기도 했지만, 뉴욕 월 가 유대 그룹의 지지를 받기 위한 조처라는 해석도 있다.

아랍계와 인도·파키스탄계 경제인들은 겉으로는 시장 원리에 따라 자유롭게 활동했지만, 미국인들의 보이지 않는 경계심의 대상이 됐다. 미국의 두 번째 자동차 회사인 포드자동차의 자크 내서 사장은 테러 이후 오너인 포드 가문에 의해 최고경영자 자리에서 물러났다. 대주주인 포드 가문은 경영 악화를 명분으로 들었고, 미국 언론들도 내서 사장의 퇴진에 대해 인종적 문제를 한마디도 언급하지 않았다. 다만 내서(아랍식 발음으로 나세르)가 오스트레일리아에서 태어났지만, 그의 부모가 레바논 출신이었다는 사실에서 그의 경질에 무언가 의문이 생긴다. 〈포춘〉지에 따르면 내서 사장 축출 이후 포드 가문의 선두주자인 윌리엄 포드가 회장 겸 최고경영자 자리를 차지하는 과정에서 포드자동차의 이사로 등재되어 있는 시티 그룹의 루빈 회장으로부터 도움을 받았다고 한다.

미국 정부는 유대인에 끌려다니는가

2002년 4월 팔레스타인의 자살특공대가 폭탄을 안고 이스라엘로 뛰어들고, 이스라엘군도 팔레스타인에 공격을 단행하는 등 중동 사태가 악화되고 있을 때 콜린 파월 미 국무장관이 중동 문제 해결을 위해 카사블랑카에 도착했다. 그때 모로코 국왕은 "예루살렘에 먼저 갈 것이지, 여기는 왜 왔습니까" 하며 핀잔을 주었다. 모로코 국왕의 말에는 깊은 의미가 숨어 있다. 미국이 이스라엘에 압력을 넣어 팔레스타인에서 철수하게 하는 것이 우선이라는 얘기다. 더 깊은 이면에는 미국이 국내 유대인들의 로비에 의해 이스라엘을 강력하게 지원하고, 이슬람 세력 전체를 적대시하고 있다는 중동 지역의 불신이 깔려 있다.

미국의 중동정책이 유대인과 밀착돼 있다는 의혹은 아랍권에서는 기정 사실로 받아들여지고 있고, 미국의 독주를 견제하는 유럽인들 마음속에도 은연중에 숨어 있는 논리다. 그러면 여기서 미국의 대외정책이 과연 유대인에 의해 좌우되는가 하는 점을 짚고 넘어갈 필요가 있다.

유대인 단체인 전미 이스라엘 공공 문제 협회(AIPAC)가 대단히 강력한 로비 단체임은 워싱턴 정가에 잘 알려진 사실이다. 미국은 유럽보다 이스라엘에 가까운 대외정책을 채택해왔던 것도 부정할 수 없다. 미국은 대외 군사원조액의 3분의 2에 해당하는 30억 달러를 매년 이스라엘에 지원하고 있다.

그러나 미국의 대중동정책이 언제나 이스라엘의 이익을 위해 이뤄졌다는 주장은 잘못이다. 예를 들면 로널드 레이건 대통령은 미국 내 유대인의 반대를 물리치고 사우디아라비아에 조기경보기를 판매했고, 현 대통령의 아버지인 조지 부시 대통령은 이스라엘이 팔레스타인 점령지에 유대인 정착촌을 만드는 것을 강력하게 반대했다. 당시 제임스 베이커 국무장관은 유대 단체의 로비를 불쾌해하면서 "에이, 유대인놈들, 우리(공화당)에게 표도 주지 않으면서……"라고 욕을 했다는 유명한 일화가 있다.

현재의 부시 대통령은 주지사 시절에 이스라엘을 방문해서 가장 좁은 국토 길이(9마일)가 텍사스 부자의 저택 내 도로(드라이브웨이)보다 짧다는 사실에 놀라며, 이스라엘에 동정적이 됐다는 얘기가 있다. 그러나 그는 중동 평화의 선결 조건이 이스라엘군 철수라는 점을 인식하고, 과거의 동정에서 벗어나고 있는 듯하다. 어쨌든 미국의 대외정책이 특정 민족의 로비에 의해 좌우되고 있음은 부인할 수 없는 사실이다.

중동의 돈이 빠져나간다

9 · 11 테러 발생 직후 시티 그룹의 최대주주인 알 왈리드 사우디 왕자는 세계무역센터 붕괴로 인한 희생자에게 1000만 달러의 헌금을 하겠다고 뉴욕 시에 제의했으나, 줄리아니 시장은 시민의 정서를 의식하여 완곡하게 거절했다. 서포트 닷컴이라는 인터넷 회사의 최고경영자인 라다바수는 인도 출신으로, 〈USA 투데이〉 지와의 인터뷰에서 "다른 미국인들처럼 뜨거운 애국심을 느낀다"라고 밝혔지만, 보이지 않는 인종차별이 걱정돼 회사 웹사이트에서 얼굴 사진을 지워버렸다.

뉴욕 월 가에 투자되어 있는 아랍계 자금은 테러 이후 아랍인에 대한 인종 편견이 심해지면서 미국을 떠나기 시작했다. 영국 〈파이낸셜 타임스〉 지는 테러 이후 2002년 여름까지 사우디아라비아의 개인투자자들이 최고 2000억 달러에 이르는 자금을 미국 시장에서 빼냈다고 보도했다. 〈파이낸셜 타임스〉의 보도가 다소 과장이라고 히더라도 상당 규모의 아랍계 자본이 미국을 떠나 안전한 스위스 은행 또는 금시장으로 옮겨 간 것으로 추정됐다.

아랍계 산유국들이 기름을 팔아서 번 오일 달러를 해외에 투자한 규모가 1조 3000억 달러에 이르며, 이 가운데 사우디가 7500억 달러로 절반을 차지하고 있다. 뉴욕 증시의 시가총액이 10조 달러에 이르는 점을 감안하면 아랍계 자본이 엄청난 규모로 크다는 사실을 알 수 있다.

이 돈의 상당수가 2002년 봄부터 여름까지 대량으로 미국을 탈출한 것으로 추정된다. 뉴욕 증시는 2002년 7월 연이은 기업 회계 부정 사건으로 9 · 11 테러 직후 저점 이하로 떨어지는 등 5개월째 하락세를 지속했다. 같은 기간에 달러가 하락세로 돌아섰다. 워싱턴 소재 싱크탱크인 국제경제연구소의 프레드 버그스텐 소장은 "사우디 자금의 이탈로 달러가 하락하고 미국 경제 회복이 지연될 것"이라고 우려했다.

물론 사우디 자금의 미국 이탈이 2003년 뉴욕 증시와 미국 달러 하락의 주원인은 아니다. 미국 경제가 두 번의 침체를 겪는 더블딥 과정에 빠져들 우려가 높아지고, 계속 터지는 기업 범죄 뉴스가 투자자 마인드를 위축시킨 것이 금융시장 불안에 직접적인 원인을 제공했다. 그러나 아랍계 자본이 올들어 월 가 추락의 파도를 타고 이탈함으로써 미국 금융시장의 불안을 가중시킨 점은 부정할 수 없다.

테러 후 세계 시가총액 절반의 유동성이 움직이는 뉴욕 금융시장에서 유대계와 아랍계 사이에 치열한 전쟁이 벌어졌다. 이 대결은 미국의 이라크 공격 가능성이 높아지면서 한층 가열되고, 세계 석유시장에도 그 불똥이 튀었다.

7

자본에 의한 세계 지배

브라질 리우데자네이루의 코파카바나 해변은 세계적으로 유명한 관광지다. 이 해수욕장의 낮과 밤은 판이하게 다르다. 낮엔 긴 백사장을 따라 라틴계 미녀들이 비키니 차림으로 조깅을 하거나 일광욕을 즐기는 천국이다. 하지만 어둑어둑해지면 해변도로에 초라한 모습의 노점상들이 전등불 하나에 의지해 조악하게 가공한 보석류, 가난한 화가의 그림, 싼 옷가지들을 진열하고 인근 부유층과 외국인 관광객을 기다린다.

나는 1999년 여름 취재차 브라질을 방문하면서, 코파카바나 해변의 야시장에 보석 진열대를 차려놓은 70대 노인과 대화를 나눈 적이 있다. 뉴욕에서 경제학을 공부했다는 그가 "여기에 있는 노점상들은 사실상 실업자"라며, "뉴욕 월 가는 브라질에 빌려준 빚을 받아내기 위해 실업을 강요하고" 있다고 했던 말이 기억난다.

상파울루의 부자촌은 미국의 부자 타운보다 호화찬란하지만, 산등성이 달동네는 한국의 1960년대 판자촌을 연상케 한다. 페르디난도 카르도수 대통령이 10년 동안 글로벌 경제를 받아들인 결과는 빈부 격차의 심화였다.

3년이 지난 2002년 10월, 코파카바나 해변 야시장의 실업자들은 금속 노동자 출신인 노동당의 루이스 이냐시오 룰라 다 실바 후보를 압도적인 표차로 대통령에 당선시켰다. 그의 당선으로 미국의 안방인 라틴 아메리카에 최대의 사회주의 정부가 들어섰고, 미국은 남미의 경제 위기를 우려했다.

룰라가 당선되자, 폴 오닐 미 재무장관은 "룰라가 미친 사람은 아닐 것"이라며, 좌파 정권이 미국에 반대하다간 큰코다칠 것임을 강하게 시사했다. 인접 아르헨티나는 미국에 대항하다가 연초에 모라토리엄을 선언하지 않았던가. 아르헨티나에선 노동자, 빈민의 시위가 격해지자 부자들의 해외 송금 규모가 커지고, 그 결과는 페소화 절하와 국가 파산 선언이었다. 미국은 아르헨티나의 파산을 막아주지 않았다.

브라질은 코파카바나 해변의 두 모습처럼 진퇴의 기로에 서 있었다. 룰라의 당선이 확정되자 가난한 사람들은 마치 갑자기 부자가 되기라도 한 것처럼 길거리로 뛰쳐나오며 환호했다. 하지만 룰라는 당선과 동시에 그를 지지해준 서민 대중보다는 대형 뱅커 등 부유층의 눈치를 살펴야 할 입장이었다. 해외 자금 이탈은 어쩔 수 없다 하더라도, 브라질 부유층들이 돈을 다 빼내 갈 경우 룰라는 빈털터리 국가를 인수하게 되는 것이다. 브라질 국민의 민심을 이반시킨 카르도수 전 대통령도 1970년대 남미 종속이론의 대부였지만, 대통령이 된 후 시장 개혁을 주도했다. 부자와 관광객들이 야시장을 찾지 않는다면 노점상의 실업 인구는 누가 먹여 살릴 것인지가 사회주의자 룰라의 최대 과제였다.

룰라와 화해한 부시

브라질에 사회주의 정부가 들어서자 부시 행정부는 룰라 당선자가 어떻게 움직이는지 예의 주시했다. 브라질 주재 미국 대사는 대통령 당선이 유력한 룰라를 '아메리칸 드림의 화신'이라며 외교적 발언을 했지만, 미국의 속마음은 아니었다.

동서 냉전이 치열했던 시절에 미국은 중남미에 사회주의 정부가 들어서면 물리적 힘(총)을 동원해 붕괴시키려고 했다. 1960년대 말 쿠바에 사회주의 정부가 들어서자 미국은 피델 카스트로에 대한 반혁명 쿠데타와 암살을 지원하고 쿠바 해역을 봉쇄했다. 또 1973년 칠레에서 아우구스토 피토체트 장군의 우익 쿠데타를 배후에서 조정하여 민주선거로 당선된 살바도르 아옌데의 사회당 정부가 무너지게 한 것도 미국이다.

베를린 장벽이 무너진 지 10여 년이 지난 지금, 미국은 안방인 남미에 최대의 사회주의 정부가 들어섰는데도 가만 있는 것일까? 그렇지 않다. 바로 자본(돈)의 힘을 동원한 것이다.

브라질에 좌파 정권이 들어설 우려가 높아지자 헤지펀드의 대부 조지 소로스로부터 자본의 공격이 시작됐다. 소로스는 선거가 있기 5개월 전인 2002년 6월 초 "시장경제를 중시하는 호세 세라 후보가 당선돼야 한다"며, "룰라가 당선되면 브라질은 국가 파산 사태를 맞을 것"이라고 노골적으로 특정 후보를 지지했다. 그의 발언이 뉴스를 탄 후 헤알화는 급락하고 국채 가산금리가 10% 이상 폭등했다.

퀀텀펀드의 소로스 회장은 외환투기자와 자선사업가로서 국제 사회에 상당한 영향력을 행사하고 있다. 그의 발언은 월 가 사람들이 이머징 마켓의 정치 변동기에 지지하고 배척할 상대를 구체적으로 지목했다는 점에서 주목을 받았다. 페르디난도 카르도수 대통령이 3선 금지 조항으로 선거에 나갈 수 없게 되자 여권은 세라 후보를 밀었지만, 여론 조사에서 야당 후보에 밀렸다.

룰라는 당선되면 2500억 달러의 외채를 상환하겠다고 공언했지만, 그의 주변에 있는 좌파 인사들은 외국빚을 갚지 않겠다고 유권자들에게 호소했다. 이에 해외투자자들은 소로스의 손짓에 따라 브라질을 떠나기 시작했다. 한때 퀀텀펀드에서 소로스의 부하로 일한 경력이 있던 브라질 중앙 은행의 아르미니오 프라가 총재가 백방으로 뛰었지만 역부족이었다.

해외 자본이 썰물처럼 빠져나가고, 브라질은 파산 위기에 처했다. 그때 부시 행정부가 나타났다. 미국은 2002년 8월, 브라질을 국가 파산 위기에서 구한다는 명분으로 IMF를 앞세워 브라질에 300억 달러의 구제 금융을 약속했다. 소로스를 대표로 하는 뉴욕 월 가 자본이 브라질 경제에 병을 주고, 부시 정부가 약을 준 것이다. 하지만 우선 60억 달러를 주고, 나머지 80%는 대통령 당선자가 IMF 조건을 수용할 경우에 준다는 단서를 달았다.

룰라가 외채 동결을 주장하는 강경 좌파의 말을 따르다가는 당장에 국가가 파산하고 노동자·농민을 굶게 할 것이 명백했다. 전투적 인물로 여겨졌던 룰라는 선거가 임박하면서 현 정부의 개방정책을 이어가겠다며 온건 좌파로 변신했다.

1999년 칠레에서는 아옌데 정권이 붕괴된 후 20년 만에 리카르도 라고스의 사회당 정부가 출범했다. 국내에서 빈곤 퇴치와 복지 향상 등 사회주의 공약을 내걸던 라고스도 선거 직전에 뉴욕 월 가를 찾아와서 시장 경제를 유지하겠다고 약속하며 좌파 노선을 수정해야 했던 것과 비슷한 현상이 브라질에도 나타날 것임을 예고했다.

제프리 가튼 예일대 교수는 최근의 저서 『재산의 정치학』에서 "IMF가 NATO보다 중요하고, 일본의 시장 개방이 미군 주둔보다 큰 이슈"라고 주장한 바 있다. 글로벌 시장 시대의 미국의 세계 전략이 '총'에서 '돈'으로 옮겨가고 있다는 뜻이다.

룰라는 대통령에 취임하기 전에 당선자의 신분으로 2002년 12월 초 워싱턴을 방문하여 부시 대통령을 만났다. 룰라 당선자는 집권 후 시장 경제와 자유무역정책을 추진할 것임을 설명했다. 그 이야기를 들은 부시 대통령은 미소를 지으며 "당신이야말로 공화당원"이라고 농을 던졌다. 회담은 예정시간을 초과하며 화기애애한 분위기에서 진행됐고, 백악관측은 "매우 건설적이고 긍정적인 회담"이었다고 논평했다.

금속노동자 출신의 룰라 당선자는 영리한 정치인이었다. 그는 선거에 임박해 시장 경제를 유지하고 해외 부채를 갚겠다고 한발 물러선 데 이이, 당선자의 신분으로 미국을 방문하여 부시 행정부의 우려를 씻어낸 것이다. 그는 오히려 미국이 농업에 보조금을 주고 무역 장벽을 쌓는 것이 자유 무역에 위배된다는 훈수까지 하고 돌아갔다. 룰라는 중앙 은행 총재, 재무·산업·농업부 장관 등 차기 경제팀의 핵심을 모두 기업인 또는 금융인 출신으로 임명, 중도 내각의 이미지를 부각시켰다.

룰라와 함께 미국에 온 안토니오 팔로치 재무장관 내정자는 월 가를 방문해 "룰라는 포퓰리즘에 빠지지 않을 것"이라며 국제투자자들을 안심시켰다. 이로써 미국은 브라질을 제2의 쿠바로 보지 않게 됐고, 브라질도 미국의 지지를 얻어냈다.

미국과 브라질의 화해는 몇 가지 시사하는 바가 있다. 미국은 선거에 앞서 자국의 이해에 유리한 후보가 당선되기를 희망하지만, 국민투표에

브라질 대선에서 노동자당 후보 룰라의 선거 벽보가 붙어 있다.

서 당선자가 결정됐을 때는 우호 관계를 원한다는 점이다. 해외 자본의 입장에서도 조지 소로스를 비롯한 투자가들이 노골적으로 룰라의 당선을 원하지 않았지만 부채 상환과 시장 개방을 약속하는 한 좌파 정부의 중도화를 받아들인 것이다. 브라질로서는 미국이 주도하는 패권주의에 반대하는 대통령이 당선됐지만, 글로벌 경제를 피할 수 없다는 사실을 인식하고 미국에 협력을 약속했다.

아르헨티나의 비극

이에 비해 아르헨티나는 불행한 나라였다. 미국의 미움을 받아 끝내 국가 파산을 해야만 했다.

나는 1999년 여름, 취재차 라틴 아메리카를 방문하던 길에 아르헨티나의 수도 부에노스아이레스에도 들렀다. 그때 플라사 데 마요 광장에 서서 붉은 벽돌로 지어진 대통령궁을 마주보며, 영화 속에 나오는 에비타를 그려보았다.

영화 '에비타'에서 주연 마돈나는 저 대통령궁 2층 베란다에서 카랑카랑한 목소리로 광장 앞에 모인 노동자들에게 단결을 호소했다. 그녀의 옆에서 남편 후안 페론은 "인민의 폭력은 정의"라고 호소하여 노동자의 힘을 업고 대통령에 당선돼 '무산 대중의 국가'를 건설했다.

'라틴 아메리카의 파리'라고 불리는 부에노스아이레스는 유럽풍의 정갈한 도시다. 도시에서 한 시간쯤 나가 리오 사미엔토 강을 유람선으로 관광하면, 호화 별장과 방갈로가 해안 삼각주에 즐비하고, 집집마다 개인 요트가 정박해 있는 것을 볼 수 있다. 그러나 도심으로 돌아오면 사정은 달라진다. 길거리엔 몇 푼 안 되는 물건을 깔아놓고 하루종일 물건을 파는 노점상과 어린아이를 업고 구걸하는 모습이 눈에 들어온다.

부에노스아이레스를 방문하던 1999년에 아르헨티나는 달러와 페소를 1 대 1로 교환하는 태환정책을 곧 폐기할 것이라는 분석이 월 가에서 나왔다. 이미 아르헨티나 경제는 붕괴 직전에 있었다. 그렇지만 용케 3년을 버틴 것은 IMF가 구제 금융을 줬고, 미국이 뒤에서 이를 지지했기 때문이다.

60년 전 에바가 연설하던 그 플라사 데 마요 광장에 시위대들이 몰려 정권 퇴진을 요구하는 바람에 페르디난도 델라루아 대통령 정권은 임기를 2년 남긴 채 물러나고 말았다. 그의 공백을 메운 아돌포 로드리게스 사 임시대통령은 취임 일성으로 1320억 달러에 대한 대외 채무에 대해 디폴트(채무 불이행)를 선언하고, 최저임금을 2배 올려주겠다고 약속했다. 그야말로 배짱이다. 외국 빚을 갚지 않고, 그 돈을 근로자들에게 돌려주겠다는 것이다.

아르헨티나는 제2차 세계대전 이전까지만 해도 미국에 버금가는 경제력을 보유한 강대국이었다. 자연자원이 풍부하고 비옥한 땅덩어리에 스페인과 독일계 식민자는 별 어려움 없이 잘사는 나라를 건설할 수 있었다. 그러나 이 유럽풍의 아름다운 나라를 망친 것은 바로 페론주의, 즉 무산 대중을 위한 포퓰리즘이었다.

아르헨티나는 페론과 에바(에비타의 애칭)의 나라라고 해도 과언이 아니다. 페론 장군과 그의 둘째 부인 에바의 이야기는 혁명과 야망으로 점철된 1940년대의 상황을 그리고 있다. 페론 부부는 1940년대에 남미식 사회주의를 주창하여, 민간 기업을 국영화하고 노동 단체에 막강한 권력을 심어줬다. 페론주의는 오랫동안 아르헨티나를 지배했다. 페론주의를 신봉하는 노조는 곳곳에서 영향력을 행사했다. 근로자들에게 직장을 철밥그릇처럼 보장해주었기 때문에, 열심히 일할 필요가 없었고 공장이 제대로 돌아가지 않았다. 부에노스아이레스에서 뉴욕으로 5분간 전화하는 데 40달러가 나올 정도로 산업은 경쟁력을 잃고 있었다.

당시 미국의 폴 오닐 재무장관은 IMF의 요구 조건을 이행하지 않고 있는 아르헨티나에 자금 지원을 거부했고, 아르헨티나는 국가 부도를 낼 수밖에 없었다. IMF는 비과세 혜택을 받는 40%의 국민에게 세금을 부과하고, 놀고 먹는 연금생활자를 줄이라고 요구했다. 그러나 아르헨티나의 포퓰리스트 정부는 이를 거부했고 결국 미국의 미움을 산 것이다.

마돈나는 영화에서 '아르헨티나여, 나를 위해 울지 말라(Don't cry for me, Argentina)'며 에바를 노래했다. 그러나 미국은 '아르헨티나를 위해 울지 말라(Don't cry for Argentina)'고 입장을 정리한 것이다.

그러면 미국은 왜 브라질은 도와주고, 아르헨티나는 도와주지 않았던 것일까? 월 가의 사람들은 브라질에 떼먹힐 돈이 아르헨티나보다 많았던 점을 들지만 궁색한 변명이다. 브라질의 대외 채무는 2500억 달러로 아르헨티나보다 2배나 많다. 월 가에서는 브라질에 많은 돈을 빌려준 시티은행이 미국 재무부를 움직였고, 시티은행에는 로버트 루빈 전 재무장관이 회장으로 있다는 주장이 있다. 그렇다면 브라질과 아르헨티나 구제에 차이를 둔 것은 '대마불사(too big to fail)'의 논리가 적용되었기 때문이란 말인가? 그렇지는 않다. 터키는 아르헨티나보다 훨씬 적은 규모의 해외 부채를 안고 있는데도 미국이 직접 나서서 구제해주었다. 미국이 이라크 공격의 기지로 터키를 이용해야 했기 때문이다. 파키스탄도 대외 부채가 얼마 되지 않는데도 파산 직전에 미국이 구해주었다. 그 이유는 9 · 11 테러 직후 아프가니스탄을 공격하기 위한 전초기지로 활용해야 했기 때문이다. 그래서 어느 경제전문가는 아르헨티나에 미군기지가 있었더라면 미국이 구제 금융을 주었을 것이라고 지적했다.

브라질은 라틴 아메리카의 주도적 국가이고, 브라질에 사회주의 정권이 들어선다면 미국으로선 세계 전략 추진에 치명적이다. 그래서 울며 겨자 먹기 식으로 경제 지원을 했다는 해석이 설득력이 있다. 또 브라질의 지도자는 미국의 눈치를 보면서 움직인 데 비해, 아르헨티나는 대중의 요구에 부응하려 했지 미국의 요구를 따르지 않았던 괘씸죄가 적용되지 않았을까.

검은 황금을 지배하라

　제1차 세계대전이 끝난 1920년 이탈리아 북부 휴양도시 산 레모에서 영국과 프랑스 외교관이 만나 몰락한 오스만 투르크의 영토를 어떻게 나눌지를 논의했다. 당시 영국과 프랑스는 제국주의의 선봉에 서서 해외 식민지 개척에 나섰고, 미국은 전통적인 고립주의를 채택하고 있었다. 미국은 콘스탄티노플을 함락, 동로마제국을 붕괴시킨 700년 역사의 투르크제국 영토를 분할 통치하는 일에 관심이 없었다.

　그때 미국에 메소포타미아의 유전에 관심을 둔 사람이 있었다. 그는 스탠더드 오일 오브 뉴저지의 A. C. 베드포드 회장이었다. 당시 미국 석유산업을 독점했던 존 록펠러의 스탠더드 오일은 독과점 방지법에 의해 수십 개로 쪼개졌고, 뉴저지 주에 본부를 둔 스탠더드 오일의 한 갈래가 오늘날 엑슨모빌의 원조다. 베드포드 회장은 산 레모에서 열린 영·불 협상의 결과를 친구로부터 전해 듣고 국무부를 찾아가 메소포타미아의 중요성을 강조했다. 그는 "앞으로 석유를 장악한 자가 세계를 차지할 것이며, 세계 최대의 석유매장량을 확보하는 메소포타미아 문제 해결에 미국이 적극 참여할 것"을 주장했다. 그의 주장이 받아들여져 미 국무부는 중동 문제를 '경제적으로 중요한 사안'으로 취급하기 시작했다.

베드포드가 주목한 그 일대에 지금 이라크와 쿠웨이트의 독립 국가가 건설됐고, 그가 예언했듯이 메소포타미아는 세계 석유 분쟁의 진원지가 되고 있다. 베드포드 회장은 석유를 확보하기 위해서 메소포타미아의 '전투적인 부족'을 상대해야 하는 어려움이 있다고 지적한 바 있다. 오늘날 사담 후세인을 그는 오래 전에 정확히 예측한 것이다.

석유는 산업 활동뿐 아니라 개인의 일상 생활에도 꼭 필요한 존재다. 석유를 차지하기 위한 싸움은 20세기는 물론 21세기에도 진행되고 있다. 제1차 세계대전은 말의 힘을 이용한 기마병과 기름을 원료로 하는 전차의 싸움에서 기름의 우위가 인정된 전쟁이었고, 제2차 세계대전에 앞서 미국은 일본에 석유 금수 조치를 단행하면서 대평양전쟁이 발발했다. 1990~1991년의 걸프전은 서방 세계가 쿠웨이트 석유를 보호하기 위해 침략자 이라크를 축출하는 전쟁이었다. 지금 부시 대통령이 이라크를 공격하려는 것은 세계에서 두 번째 가는 매장량을 보유한 이라크 석유를 확보하기 위함이라는 것이 전문가들의 진단이다. 러시아가 산악 지대의 소국 체첸의 독립을 허용하지 않는 것은 그곳을 지나는 송유관을 보호하기 위한 것이며, 중국이 신장성 분리주의자를 탄압하는 것은 그 지역에서 석유가 나기 때문이라는 해석이다. 지난해 미국이 아프가니스탄에 송유관이 관통하는 데 반대한 탈레반 정권을 축출한 것은 석유의 이해가 개입됐다는 분석이 흥미롭다.

국제 석유시장은 1970년대 이전까지만 해도 엑슨, 모빌, 셸, BP, 걸프, 텍사코, 소칼 등 미국과 유럽의 7대 메이저에 의해 장악됐다. 그러던 것이 중동 산유국들이 자국 유전을 국유화하면서 오일 쇼크가 일어났고, 석유수출국기구(OPEC)라는 국제 카르텔에 의해 공급자시장이 형성되고 있다.

미국이 이라크의 사담 후세인 정권을 제거하려는 것은 대량살상 무기를 보유하고 테러의 배후에 있는 '악'을 처단하고, 세계 두 번째 매장량의 유전을 차지하는 일석이조의 효과를 얻게 된다.

다시 중동으로

1970년대에 두 차례에 걸쳐 오일 쇼크를 겪은 후 미국은 중동 산유국에 대한 원유 의존도를 줄이기 위해 두 가지 방법을 취했다. 첫 번째가 중동에 대한 원유 의존도를 줄이고, 국내 석유 개발을 늘리는 길이다.

1980년대에 영국 북해에 대규모 유전이 개발됐고, 남미 베네수엘라, 구소련 지역에 유전이 속속 확인되면서 중동의 세계 석유시장 점유율이 낮아졌다. 이 틈을 이용해 미국은 중동에 대한 원유 의존을 줄이고, 새로이 개발된 비OPEC 지역에서 석유 수입을 늘렸다. 그 결과 페르시아 걸프 지역에서의 원유 수입 비중이 1977년에 전체 27.8%에서 2001년엔 23.5%로 줄어들었다. 미국이 중동산 석유 수입 비중을 줄이려고 30년 동안 노력했지만, 수입 비중을 4% 포인트 줄이는 데 그치고 여전히 중동 석유는 미국 수입 원유의 가장 큰 부분을 차지하고 있다. 게다가 새로운 수입원으로 확보한 베네수엘라도 2002년 말에서 해를 넘겨 벌어진 장기 총파업의 여파로 공급이 중단됨으로써 해외 석유 수입이 얼마나 위험한지를 절감했다.

그러나 국내 석유 개발도 여의치 않았다. 부시 대통령은 선거 공약으로 에너지개발정책을 제시하고, 취임과 동시에 알래스카와 멕시코 만 연안의 유전 개발을 서둘렀다. 알래스카의 북극 자연공원 일대엔 유전 개발을 끝내고 땅에 파이프를 박아 뚜껑만 막아놓은 상태로 파이프라인을 연결하여 알래스카와 캐나다 지역을 거쳐 본토로 수송하기만 하면 되는 상태였다. 그러나 여기에 환경보호론자들이 개입했다. 그들은 툰드라 동토 지역에 파이프라인을 건설하면 한대 수림이 파괴되고, 그곳을 뛰노는 순록의 생태계를 망친다고 주장했다. 멕시코 만 지역의 유전도 마찬가지 논리다. 해양 오염은 물론 수산자원의 생태계가 깨진다는 것이다. 환경론자들은 민주당을 등에 업고 의회를 통해 제지하니, 부시 행정부와 공화당도 밀어붙일 수 없는 처지였다. 선거도 의식해야 하고, 취임 초기에 팽팽한 공화·민주당의 의석 구조에서 공화당 내에서도 반대표가 있었다.

결국 미국은 다시 중동으로 집중했다. 게다가 중동에는 부시 대통령의 아버지가 끝내지 못한 적이 있지 않은가. 바로 이라크다.

미국과 사우디아라비아의 공생 관계

국제 석유시장의 헤게모니는 오랫동안 사우디아라비아가 쥐고 있었다. 사우디는 세계 최대의 수출국인 데다 최대 매장량을 보유하고 있다는 점을 활용했고, 중동의 산유국에겐 이슬람의 중심지 메카가 있다는 점을 강조했다.

간단한 통계를 보자. 2000년 현재 전세계에서 확인된 석유매장량의 63%가 중동 지역에 집중돼 있고, 이 가운데 25%(2610억 배럴)가 사우디아라비아에 매장돼 있다. 사우디아라비아는 단일 국가로 세계 석유시장을 좌지우지할 만큼 충분한 매장량을 확보하고 있는 것이다. 생산 시설도 사우디아라비아가 최고다. 사우디는 하루에 1000만 배럴을 생산할 수 있는 시설을 확보하고 있고, 2000년에는 700만 배럴을 생산했다. 300만 배럴은 언제라도 석유시장에 공급 부족 현상이 발생할 때 충분히 대응할 수 있는 여유 물량이다. 국제 석유시장에서 100만 배럴이 공급 과잉된다 해도 선물시장의 유가는 배럴당 5~10달러 떨어지는 속성이 있다. 사우디가 하루 300만 배럴의 여유 물량으로 세계 석유시장을 장악하고 있는 것이다. 9·11 이후 유가가 급락한 것도 사우디가 놀고 있는 시설을 가동, 국제 석유시장의 불안을 잠재웠기 때문이다.

사우디의 세계 석유시장 주도권은 물량 부족시 공급 능력을 갖추고 있다는 데서만 효력을 발휘하지 않는다. 아랍국 내 경쟁국 또는 비아랍 산유국이 배당된 생산물량(쿼터)을 넘겨 생산하거나 수출할 때 이를 처벌하는 기능을 한다. 물론 외교적, 정치적으로 제재하는 것이 아니라 석유를 통해 제재한다. 예를 들어 1990년대에 베네수엘라가 석유 생산을 하루 230만 배럴에서 300만 배럴로 늘리려고 했을 때 사우디는 베네수엘라를 곤경에 처하게 했다. 산유국들은 OPEC이 정한 쿼터량보다 많이 생산해 팔고 싶어한다. 하지만 사우디는 국제 유가를 배럴당 22~30달러의 폭(밴드) 내에서 유지하기 위해 수급을 조절하고 있다. 너무 비싸면 수요국들의 경제가 큰 타격을 입고, 너무 싸면 산유국들의 수익이 줄어든다. 1998년에는 베네수엘라가 생산량을 늘린 데다 아시아 경제 위기로 수요가 급감하는 바람에 국제 석유시장의 수요 공급에 불균형이 커졌다. 이때 사우디가 생산량을 줄여 가격을 지지해야 하는데도 불구하고 생산량을 늘려버렸다. 국제 유가는 배럴당 10달러대로 떨어졌다. 사우디가 조금도 당황하지 않고 생산을 늘린 것은 베네수엘라로 하여금 항복 선언을 하도록 하기 위한 것이다. 유가가 하락하면 사우디도 경제적으로 손해를 보지만, 경제력이 취약한 베네수엘라가 더 큰 타격을 입는다. 마침내 베네수엘라는 사우디의 OPEC 주도권을 인정하고, 본래 합의한 쿼터로 되돌아갔다.

사우디와 미국은 공생 관계에 있다. 미국은 석유 재벌인 사우디 왕가를 보호하기 위해 사막에 미군을 주둔시키고, 사우디는 미국에 싸고 안정적인 원유를 공급한다. 미국과 사우디의 결합은 미국의 중동 지배권을 확실하게 하는 것이지만, 때로는 중동 분쟁의 원인이 되기도 한다. 9·11 테러의 주범과 알카에다 테러리스트의 대다수가 사우디아라비아 국적이었다는 사실은 사우디 왕가에 반대하는 반정부 세력이 반미 구호를 내걸고 미국을 공격 목표로 삼고 있음을 말해준다. 사우디 왕가는 민주주의적 선거를 무시하는 반시대적 왕정주의에 불과하고, 미국은 국가 이익을 위해 반민주적 국가를 지원하는 모순을 안고 있다. 아울러 미국은 사우디에 민주주의를 요구할 경우 반정부 세력에 반미 세력이 침투할 경우를 두려워하고 있다. 아랍권 테러 세력의 끊임없는 공격 목표가 되면서도 미국이 사우디에 군대를 주둔시키는 것은 이런 모순의 연장선상에서 이해할 수 있다.

사우디의 반대급부는 석유다. 사우디는 미국에 하루 170만 배럴의 원유를 수출하기로 장기 공급 계약을 맺고 있다. 이는 미국의 하루 평균 수입 물량인 1000만 배럴의 17%에 해당한다. 그런데 사우디가 미국에 수출하는 원유 가격은 유럽이나 아시아에 수출하는 가격보다 배럴당 1달러가 싸다. 국제 관계에서 공짜 점심은 없다. 세계에서 가장 경제력이 큰 나라에 원유를 싸게 주는 대가로 사우디는 외부로부터의 공격과 왕가의 안전을 보장받고 있는 것이다. 사우디가 연간 미국에 할인해주는 석유 가격은 6억 2000만 달러 규모에 이른다. 이 정도면 미국 주둔 비용을 충분히 지불하고도 남는다. 사우디는 이를 이용해 코소보 사태, 이스라엘과 팔레스타인 분쟁 등에 대한 미국의 정책에 간여해왔다.

9·11 이후 미국은 중동 문제에 집중했다. 알카에다 테러리스트들은 사우디 등 중동 아랍국에서 배출됐고, 그들의 뿌리를 뽑으려면 아프가니스탄을 공격하는 것만으로는 부족했다. 테러의 근원인 이슬람 원리주의자와 이슬람 과격파들의 연대를 끊어야 했다. 게다가 수십 년간 미국과 적대적 관계에 있는 이라크와 이란을 제압할 필요가 있었다. 그런데 중동은 테러 세력의 근원지인 동시에 세계 최대 석유 생산지라는 특수성이 존재하고 있다. 테러를 쫓는다고 사우디 왕가에 지나친 압력을 넣을 경우 석유시장이 위태롭고, 석유만 신경 쓰다 보면 테러리스트를 양산시키는 모순을 안고 있었다. 미국은 테러와의 전쟁과 석유시장 확보라는 두 이슈를 저울질하며 중동 문제에 접근했다.

테러 직후 중동 사태 악화에 대한 우려로 국제 원유 가격은 순식간에 배럴당 30달러를 넘어섰다. 그것을 막아준 것은 사우디였다. 미국은 알카에다의 은신처인 아프가니스탄을 공격하기 위해 중동에 두 가지 조치를 취했다. 우선 이스라엘로 하여금 팔레스타인 공격을 중단할 것과 사우디아라비아에 국제 석유시장 안정을 위해 원유 생산을 늘려달라는 것이었다. 이에 이스라엘의 아리엘 샤론 총리는 부시 행정부에게 노골적인 불만을 터뜨렸으나, 미국의 요구를 받아들이지 않을 수 없었다. 짧은 기간이나마 이스라엘과 팔레스타인 간의 평화가 이뤄졌다. 사우디아라비아도 갈기가 치솟은 사자를 건드리지 않으려고 석유 생산을 늘렸다. 테러 후 며칠 만에 국제 유가가 배럴당 20달러 수준으로 급락한 것은 사우디가 미국의 요구에 순종했기 때문이다.

9·11 이후 미국의 반테러 공격이 언론의 헤드라인을 장식할 때 수면 아래에서는 언제나 석유의 이해관계를 놓고 협상이 진행됐다. 9·11 이후 세계 석유시장에 나타난 현상은 미국과 세계 최대 산유국인 사우디의 관계가 다소 소원해진 반면에 새롭게 석유대국으로 부상하고 있는 러시아와 구소련에 속했던 중앙아시아 국가들이 미국과 우호 관계를 맺었다는 점이다. 그 결과는 러시아와 중앙아시아 국가의 석유 증산으로 나타났고, 석유시장의 헤게모니를 놓치지 않으려는 사우디와 OPEC의 반격이다.

구소련이 붕괴되기 이전에 러시아와 중앙아시아의 소비에트 공화국에서 생산된 원유는 하루에 1250만 배럴에 이르렀다. 사우디 생산량의 2배에 해당하는 물량이었다. 그러나 구소련이 해체되면서 러시아는 가난해졌고, 석유 생산 시설이 마비됐다. 카자흐스탄, 아제르바이잔, 그루지아 등 중앙아시아와 고카시스 지역의 신유국들의 생산 시설도 녹슬었다. 이에 따라 구소련 지역에서 원유 생산량은 1996년 현재 700만 배럴로 급감했다. 500만 배럴의 물량이 줄어든 것이다. 중앙아시아에서 감소한 공급분을 사우니와 중동 산유국이 메우면서 다시 중동이 세계 석유시장의 주도권을 장악했다. 사우디와 쿠웨이트는 예비 생산 시설을 모두 가동하면서 검은 황금을 땅 위로 끌어올렸고, 미국과 유럽, 일본 등 선진국들은 중동 산유국에 대한 의존도가 높아갔다.

러시아도 1998년 아시아 위기의 여파로 국가 파산을 겪었다. 러시아는 석유에서 나오는 세금이 국가 재정의 40%를 차지하는데 기름값이 하락하면서 세금이 걷히지 않게 되었다. 이에 국채를 발행해 세수 부족분을 메우려다 국가가 부도나고 루블화를 절하해야 했다. 그러나 1999년

이라크의 유조 차량

이후 아시아 위기가 해결되고 세계 경기가 살아나면서 국제 유가가 배럴당 30달러로 치솟자, 러시아는 세금이 잘 걷히고 빠르게 회복됐다. 그때 러시아는 국제 석유시장을 장악해야 한다는 것을 절감했다.

9·11 테러를 전후로 러시아와 중앙아시아 산유국들은 생산 물량을 하루 100배럴 증산했다. 그동안 경제가 회복돼 석유 시설이 재가동됐고, 국영 석유 회사를 민영화함으로써 국제 경쟁력을 높였기 때문이다. 러시아는 과거 공산 시절에 국가가 원유 생산을 통제하던 시스템을 바꿔 국제시장의 수요와 공급에 맡김으로써 석유 생산과 판매에 자본주의의 시장 원리를 도입했다. 러시아의 루크오일(Lukoil)은 미국의 엑손-모빌(Exxon-Mobil), 영국의 BP-아모코(BP-Amoco)와 셸(Shell)과 함께 세계 석유시장을 움직이는 네 자매(four sisters)라고 자부할 정도로 성장했다.

러시아가 공급 물량을 늘리면서 9·11 이후 국제 원유 가격은 최저 배럴당 22달러까지 하락했다. 사우디가 OPEC을 동원해 공급 감소를 주장해도 국제시장은 움직여지지 않았다. 러시아는 과거 구소련의 연방국이었던 중앙아시아 국가를 결합해 사우디가 중심이 된 중동 산유국들에 대항할 자세를 보인 것이다. 러시아가 이처럼 사우디에 도전하게 된 것은 석유산업의 경쟁력이 높아진 때문도 있지만, 카스피 해 연안과 카자흐스탄 등지에서 풍부한 원유 매장지를 새로 발견했기 때문이다. 러시아는 사우디가 방대한 원유 매장량을 전제로 세계 석유시장을 좌지우지하는 데 대항할 능력을 서서히 갖추고 있다고 믿었던 것이다.

국제에너지기구(IEA)의 조사에 따르면 세계 석유 수요는 해마다 하루 150~200만 배럴이 증가하고 있고, 앞으로 20년 후에는 현재보다 하루에 770만~1200만 배럴의 원유가 더 생산되어야 한다. 러시아와 중앙아시아에 현재까지 신규로 확인된 원유 매장량은 750억 배럴에 해당한다. 중동 지역에시 1980년대 이후 유진이 새롭게 발견되지 않고 있기 때문에 러시아는 앞으로 석유 개발을 통해 세계 경제를 장악할 가능성이 있는 것이다.

그런데 세계 원유 매장량 제2위의 이라크와 3위인 쿠웨이트를 합치면 사우디의 매장량과 엇비슷해진다. 이라크가 1990년대 초에 쿠웨이트를 침공한 이유가 충분히 이해될 것이다. 사우디가 매장량과 생산량으로 세계 석유시장을 장악하고 아랍의 종주국으로서 행세를 할 때 이를 미국이 지원했다. 그렇다면 이라크는 쿠웨이트를 점령함으로써 석유시장에서 사우디의 주도권을 빼앗고, 나아가 미국에 붙어사는 사우디 왕가를 아랍권에서 소외시켜 이슬람 아랍의 종주권을 빼앗을 수 있게 된다. 이슬람이 사우디에서 창시되었을 뿐이지 중동 아랍 세계의 중심은 메소포타미아가 아니던가. 고대 중동의 대제국 바빌로니아의 후손으로 자처하는 이라크의 사담 후세인은 석유시장을 장악함과 동시에 반미 구호를 통해 사우디를 배척하고 아랍 종주권을 되찾고자 했던 것이다. 이에 미국은 세계 석유 수요국인 유럽과 일본의 지원을 받아 쿠웨이트를 되찾아 서방 세계에 충분한 원유가 공급되도록 함과 동시에 이라크의 원유 생산을 줄였다.

미국이 이라크 사태를 국제적 외교 채널로 협공하면서 이라크 땅에 묻혀 있는 석유에 대한 주도권을 국제적으로 인정받은 것은 2002년 11월 8일 유엔 안전보장이사회였다. 이날 미국의 요구로 열린 당시 유엔 안보리는 이라크 무장 해제 결의안을 15 대 0의 만장일치로 승인했다. 이 결의안은 이라크의 무장 해제를 요구하는 것임과 동시에 이라크 유전에 대한 미국 주도권을 사실상 인정하는 것이었다.

안보리 논의의 배경에는 석유 지배권이 결정적으로 작용했다는 것이 석유전문가들의 해석이다. 미국이 이라크를 점령하면, 세계 2위의 매장량을 보유하고 있는 유전을 확보하여 국제 석유시장의 헤게모니를 장악하게 된다. 유전 개발에 대규모 자본을 투자하고 있는 러시아, 중국, 프랑스는 이라크산 원유의 대량 방출에 따른 유가 하락을 우려하여 미국의 전쟁에 반대했다고 한다.

이라크 반정부 단체들은 미국과 영국이 이라크를 점령하고 사담 후세인 대통령을 제거할 경우, 원유 공급권을 미국과 영국에게 제공할 것이라고 밝히고 있다. 이에 러시아는 이미 투자한 이라크의 유전 개발권을 인정해달라고 요구하고 있다. 하지만 미국은 이에 대해 모른 척했다. 러시아를 안달하게 하려는 속셈이었다.

미국이 기름 때문에 이라크를 공격한다고 주장하는 반전 시위자들

이라크를 가운데 둔 함수 관계

이라크는 걸프전 이전에 하루에 500만 배럴을 생산하는, 사우디아라비아에 버금가는 산유국이었다. 그러나 패전 이후 이라크 국민들의 생계를 유지하는 선에서 하루 150만 배럴로 생산이 제한되었다. 전문가들은 미국에 의해 후세인이 축출되고, 그 후 이라크에 대한 석유 금수 조치가 풀리면 국제 유가가 배럴당 20달러 이하로 떨어질 것으로 전망했다. 그렇게 되면 미국은 유가를 떨어뜨려 미국인들에겐 세금 감면의 혜택을 주고, 장기적으로 안전한 석유 공급원을 확보하게 되는 것이다.

미국은 이라크를 공격하기 앞서 석유시장 장악을 위한 계획을 추진했다. 미국 석유업체들은 부시 대통령과 긴밀한 협의를 갖고 각종 시나리오에 대비, 이라크에서 사담 후세인 정부가 제거된 후 석유 시설 재가동을 위한 준비에 나섰다. 미국에 뒤질세라 영국, 러시아, 프랑스, 중국 등 UN 안전보장위원회 상임위 국가가 모두 이라크 석유에 군침을 흘리며 흥정을 벌였다.

확인된 이라크의 원유 매장량은 1120억 배럴로 사우디아라비아 다음이며, 미국의 매장량보다 5배나 많다. 또 지난 20년 동안 이라크가 전쟁에 휘말리면서 원유 탐사를 하지 않았기 때문에 매장량은 이보다 훨씬 많을 것으로 추정되고 있다.

딕 체니 미 부통령의 참모들은 2003년 1월 초에 전쟁이 끝날 경우에 대비, 이라크 석유 생산 시설을 재가동하고 새 유전 개발을 위해 엑손모빌, 세브론텍사코, 코노코필립스, 핼리버튼 등 석유 회사들과 모임을 가졌다고 〈월스트리트 저널〉은 보도했다. 독일 도이체방크는 핼리버튼과 쉴럼버거 등 석유 개발 회사가 15억 달러 규모의 이라크 원유 개발 사업을 따낼 것으로 분석했다. 핼리버튼은 체니 부통령이 부시 행정부에 들어오기 전에 최고경영자로 있었던 회사다. 부수적으로 베이커 휴즈, BJ 서비스, 웨더포드 인터내셔널 등도 이라크 유전 개발에 참여할 것으로 관측되고 있다.

전쟁이 악화돼 후세인 정권이 유전 시설을 불태울 경우, 시설 복구 및 재개발에 벡텔 그룹이 나설 가능성이 큰 것으로 예상되고 있다.

미국 석유업계는 이라크 유전이 재가동될 경우 원유 생산량이 현재 하루 280만 배럴에서 1년 후엔 380만 배럴로 늘어나고 5년 후에는 600만 배럴로 급증할 것으로 전망했다. 사우디의 현재 생산량은 하루 800만 배럴로 이라크는 유전이 재가동될 경우 세계 2위의 원유 생산국으로 부상할 전망이다.

영국의 경우 미·영 양국만의 전쟁이 진행될 경우 미국 업체와 동등한 대우를 받을 것으로 전망된다.

하지만 후세인이 망명하거나, 유엔 사찰단이 대량살상 무기를 발견하지 못해 이라크가 유엔의 석유 수출 제재 조치에서 풀려날 경우 미국만의 이라크 원유 독점이 어려워질 가능성이 높다.

이 같은 계산으로 러시아, 프랑스, 중국 등은 이라크에 손을 내밀어 어떤 형태의 시나리오에 대비하고 있다. 오랫동안 이라크에 무기를 공급하며 관계를 개선해온 러시아의 블라디미르 푸틴 대통령이 이라크 유전에 높은 관심을 가지고 있는 것으로 알려졌다. 러시아 석유 회사 루크오일은 최근 이라크 석유 생산 재개를 위한 협상을 벌였으나, 다른 한편으로 후세인 제거 후에도 그 계약이 유효하도록 유엔과 협상을 벌였다는 보도가 나오면서 협상이 무산되었다. 이라크는 루크오일과의 계약을 파기했지만, 러시아가 유엔 제재를 철회하는 데 협조할 경우 하루 2500만 배럴의 원유 생산권을 주겠다고 제의해놓고 있다. 러시아는 포괄적 경제 협력을 제의하면서 이라크 원유에 집착하고 있다.

중국의 국영 석유 회사, 프랑스의 엘프, 이탈리아의 ENI 등 석유 회사들도 시나리오 전개 여하에 따라 메소포타미아 석유 개발에 참여하기 위해 이라크와 유전 개발에 관한 조건 없는 양해각서(MOU)를 체결했다.

문제는 세계 질서의 주도권이 미국으로 단일화하면서 이라크 유전의 지배권도 미국에 의해 결정될 것이 분명하다는 점이다. 러시아와 사우디 등 주요 산유국들은 미국과의 관계를 깰 수 없는 여건이므로, 미국의 주도권을 인정하되 자국 산업 보호에 치중하는 입장이다.

9 · 11 이후 미국 지성인들 사이에서는 제국주의 논쟁이 벌어졌다. 이 논쟁은 자유주의 좌파에서 보수주의 우파에 이르기까지 다양하게 전개됐다. 좌파적 행동주의 입장에서는 미국이 절대적인 군사적 힘으로 세계 자본시장 지배를 뒷받침하고 있다는 문제 제기가 터져나왔다. 이에 비해 우파들은 언제, 어디서든지 미국이 테러 공격을 받을 수 있는 상황에서 미국은 '마지못해' 제국주의가 될 수밖에 없고, 그 모습은 제2차 세계대전 이전의 유럽 제국주의와 달리 '인간의 모습을 한 제국주의'라고 주장했다.

좌파적 시각의 제국주의론은 미국 듀크 대학의 마이클 하트 교수와 이탈리아 극좌파 '붉은 여단'의 이론가이자 파도바 대학 교수인 안토니오 네그리가 함께 쓴 『제국(Empire)』이라는 책이 대변하고 있다. 9 · 11 테러 한 달 전에 출간된 이 책은 미국이 주도하는 세계 단일시장, 즉 글로벌라이제이션을 제국주의 관점에서 보았으며, 테러 이후 반세계화 운동 세력에게는 칼 마르크스의 『자본론(Das Kapital)』에 버금가는 지침서로 부상했다. 이 책은 제국주의를 자본주의의 최후 수단으로 규정한 블라디미르 레닌의 제국주의론을 현재의 세계 경제에 부활시켜 이론화했다. 이들은 "과거 제국주의 시대에는 여러 국가가 경쟁하고 갈등했지만, 제국주의 시대가 종식된 현재의 세계는 여러 나라를 하나로 지배하는 거대한 힘에 의해 움직이고 있다"고 주장했다. 좌파적 시각의 두 교수는 식민주의를 동반한 제2차 세계대전 이전 상태를 '제국주의(imperialism)'라고 규정하고, 세계 단일시장을 지배하고 통제하는 거대한 주권을 '제국(Empire)'이라는 추상적 개념으로 제시했다.

두 교수가 제시한 '제국'의 개념을 살펴보자.

'제국'이 구체화되고 있다. 지난 수십 년 동안 식민지체제가 붕괴되고, 자본주의 세계시장에 대한 소비에트 장벽이 와해되면서, 우리는 저항할 수 없고 역전시킬 수 없는 자본과 문화 교류의 국제화를 맞고 있다. 세계시장과 세계적 생산 회로와 함께 세계 질서, 새로운 논리와 지배 구조, 즉 새로운 형태의 주권이 나타나고 있다. '제국'은 세계적 교환을 효율적으로 규제하는 정치 주제이며, 세계를 지배하는 주권이다.

세계화 과정에서 국가의 주권이 약화되고 있는 것은 사실이다. 단계적으로 생산과 교환의 기본 요소들이 국경 밖으로 이동하고, 국가의 주권은 점차 국경을 넘나드는 자본 이동을 규제할 힘과 경제에 대한 권위를 잃는다. 변화의 과도기에는 정치적 통제, 국가 기구, 제재 장치 등이 경제·사회적 생산 및 교환에 대한 규제를 지속할 것이다. 하지만 여기서 우리가 제시하는 가정은, 주권이 단일 지배 논리에 의해 통일된 일

련의 국가적 또는 초국가적 조직으로 구성된 새로운 형태로 변형된다
는 점이다. 주권의 새로운 글로벌 형태를 우리는 '제국'이라고 부른다.

좌파 지식인들은 대영제국을 마지막으로 하는 유럽 제국주의가 영토
를 기본으로 한다고 규정했다. 제국주의는 중심부 국가가 영토를 확장
하는 것이며, 영토를 경계로 생산 및 교환의 이동을 제한한다. 이들은 제
국주의가 무너지고, 국경을 넘어선 경제 활동이 확산되고, 국가 주권이
쇠약해지고 있는 현단계를 '제국' 출현의 과정으로 보았다. 따라서 제국
은 근대적 개념의 주권이 사라진 후에 형성된다. 제국은 영토의 중심을
두지 않으며, 국경의 장벽을 세우지 않는다. 제국주의는 구심적 경향을
갖지만, 제국은 원심력을 가지며 기업들이 전세계로 영역을 확장하고,
글로벌 생산체계를 수립한다. 제국주의는 세계를 영국령, 프랑스령, 스
페인령으로 분할하지만, 제국은 이들을 하나로 묶는다.

하트와 네그리 교수는 제국의 네 가지 특성을 제시했다. 첫째, 국경이
없다. 둘째, 제국주의의 과도기 이행 과정을 거친 완성 형태다. 셋째, 인
류 전체를 지배하는 주권을 형성한다. 넷째, 엄청난 억압과 파괴력을 행
사하지만, 새로운 해방의 가능성을 제시하는 단계다.

좌파 지식인들이 주장한 글로벌 제국은 과연 미국을 의미하는가. 하트
와 네그리는 이 대목에서 애매모호한 견해를 제시했다. 그들은 주권 국
가의 형태를 초월한 추상적 의미의 '제국'이라는 개념을 사용하여 미국
이 주도하는 세계화를 겨냥하면서, 미국의 세계 경제 지배력을 제국의
과도적 단계로 설정했다. 반국제화 세력은 미국이 중심이 된 선진 국가
의 다국적 기구 및 회의, 즉 국제통화기금(IMF) 총회, 선진 7개국(G7) 회
의, 아시아 · 태평양 경제협력체(APEC) 정상회담, 세계무역기구(WTO)

총회를 타깃으로 하고 있다. 이들 다국적 기구를 제국의 맹아로 보고 있는 것이다.

　좌파 지식인들의 제국주의적 타깃은 글로벌라이제이션인 데 비해 미국 보수파들의 아메리카 제국주의론자들은 초강대국의 힘을 어떻게 사용할 것인지에 초점이 맞춰졌다.

　미국 보수 세력의 대변지로 알려진 〈월스트리트 저널〉의 논설위원 막스 부트는 9·11 테러 직후 칼럼에서 "우리(미국)는 모든 나라들이 함께하고 싶어하는 매력적인 제국(attractive empire)"이라고 설파했다.

　또 〈워싱턴 포스트〉의 칼럼니스트 세바스찬 맬러비는 〈포린 어페어스〉(2002년 3~4월호)에 쓴 글에서 미국을 "인도주의적 제국(humanitarian empire)"이라고 규정했다. 그 내용을 간략히 소개한다.

　제국주의는 반드시 계획된 것은 아니다. 아메리카 식민지도 원래 영국의 종교 싸움이라는 의도하지 않은 부산물로 시작됐다. 영국 정치 계급은 인도를 지배하는 데 확신이 서있지 않았으나, 상업적 이해관계가 인도를 식민화하도록 이끌었다. 오늘날 미국은 마지못해 제국주의(reluctant imperialism)가 될 것이다. 그러나 새로운 제국주의의 순간이 다가왔고, 미국은 자신의 힘에 의해 지도적 역할을 하지 않을 수 없다. 문제는 미국이 유럽 제국주의가 종식된 후 생겨난 공백을 메우는 것이 아니라, 현재의 역할을 다하는 것이라는 점이다. 워싱턴이 이 임무를 인식한다면, 그 다음 대응은 명백해진다.

　보수주의자들은 과거 유럽 제국주의가 비인도적이라고 매도하며, 미국의 제국주의적 무력 사용은 악의 국가를 처벌하고, 독재자의 폭압에 신음하는 백성을 구해주고 세계 평화에 기여하는 인도적이고 필연적인 결과라고 자화자찬한다. 미국은 탈레반 정권을 무너뜨리고서 아프가니스탄 여성을 해방했다고 자랑했으며, 사담 후세인을 몰아내는 명분으로 이라크 국민의 자유를 내세웠다.

그러나 미국의 보수주의자들은 미국을 제국주의로 이끌고 싶어한다. 테러의 온상으로 지목하는 나라에 군사 개입을 하고 싶어하지만 미국은 로마제국이나, 유럽 제국주의와 본질적으로 다른 측면을 가지고 있다.

첫째로 영국은 해외 식민지를 개척해서 그곳에 해군을 주둔시켰다. 케이프타운, 홍콩, 싱가포르, 포클랜드 등의 조그마한 섬이나 곳을 점령한 것은 등대를 만들어 항해에 도움을 주기 위한 것이기도 하지만, 해군의 주둔지 확보가 주요한 목적이었다. 미국은 그렇지 못하다. 본토 이외에 주둔하는 미군은 태평양 군도를 제외하고는 모두 외국에 영지를 빌려 사용한다. 한국의 용산 미군기지는 임차료를 한푼도 내지 않지만, 땅주인은 분명 한국이다.

둘째, 제2차 세계대전 이후 식민주의가 저항을 받아 전세계 식민지가 거의 독립한 상태이기 때문에 미국이 주권 국가에 영향력을 미쳐야 한다는 제한이 있다. 프랑스의 좌파 지식인 레이몽 아롱은 일찍이 1973년에 쓴 저서 『제국주의 공화국(Imperial Republic)』에서 미국의 한계를 제시했다. 아롱은 "미국은 국제 질서를 유지하고 지배하는 제국주의적 힘을 가지고 있다"면서, "동시에 미국의 영향력 안에 있는 나라들은 주권을 갖고 있는 공화국이며, 미국도 역시 국제법을 준수해야 한다"라고 말했다.

확산되는 반미주의

9·11 이후 미국은 제국주의적 성향을 강화했지만, 반대급부로 얻은 것은 전세계적인 반미주의의 확산이다. 미국이 군대를 동원하여 반테러 전쟁을 확대할수록 미국을 싫어하고 미워하는 기류가 강하게 나타나고 있다. 미국인의 입장에서 보면 수천 명의 시민이 죽은 비극을 당했기 때문에 테러 세력을 소탕하는 것이 당연하다고 할 것이다. 하지만 다른 나라 국민의 입장에서 보면, 미국이 지나치게 무력을 사용하고 다른 나라의 이해를 무시한다는 생각을 하고 있다.

9·11 이후 미국 지식인들 사이에서 '왜 그들은 미국을 싫어하는가'라는 것이 중요한 주제가 되고 있다.

부시 행정부의 일방주의는 세계적인 반미 운동을 촉발했다. 사진은 2003년 2월 초 서울에서 일어났던 이라크 전쟁 반대 시위.

퓨 리서치센터의 조사에 따르면, 2002년 7~10월에 외국인 3만 8000
명을 상대로 실시한 설문 조사에서 조사 가능한 27개국 중 22개 국가에
서 최근 2년 사이에 반미 정서가 증가한 것으로 나타났다. 특히 전통적
인 우방인 한국에서도 미국에 호의적인 응답이 53%로 2년 전보다 5%
포인트 낮아졌다.

그러면 미국이 외국에서 미움을 받는 이유는 무엇일까? 미국의 연간
국방비는 미국 이외의 전세계 연간 국방비를 합친 것보다 많고, 미국 금
융시장에서 거래되는 유가증권의 시가총액이 미국 이외의 세계 유가증
권 총량과 비슷하다. 과거에 파리가 문화와 유행의 중심지였으나, 지금
은 뉴욕이 그 자리를 빼앗았다. 미국은 확실하게 군사·경제·문화적으
로 세계 최강대국으로서 세계를 압도하고 있다. 문제는 최근 세계적인
반미주의 확산이 초강대국에 대한 시기와 질투에서 나온 것이 아니라는
점이다. 미국이 자국의 이해를 달성하기 위해 압도적인 힘을 일방적으
로 사용하고 있고, 그 과정에서 상대방 국가의 이해를 누르고, 그 나라
사람들을 무시한 결과로 반미 기류가 높아지고 있는 것이다.

반미 운동의 전세계적 확산은 미국의 힘이 과거 로마제국이나 대영제
국보다 강하지만, 다른 나라의 주권을 침해하지 못한다는 한계에서 비
롯된다. 따라서 군사력 사용을 우선할 경우 상대방 국가와 주변 국가의
엄청난 저항에 부딪히게 된다.

2002년 말 대통령 선거를 앞두고 한국에서 미군 장갑차에 의한 여중
생 사망 사건 이후 반미 시위가 확산되었다. 미국은 법체계와 사고 방식
이 한국과 다르다고 주장했지만, 사건 초기부터 한국을 무시하면서 한
국인들을 자극했다. 또 미국이 북한에 대한 경제 지원의 제한을 요구하
며 북한을 압박하는 것도 민족 화해를 원하는 한국 사람들의 소망에 찬

물을 끼얹었다. 많은 한국 사람들이 미국의 것을 좋아하고 미국과 우호 관계를 원하지만, 오랜 역사 과정에서 강한 민족적 자존심을 지켜왔다는 사실을 미국은 이해하지 못한 것이다. 부시 대통령도 어쩔 수 없이 한 국민들에게 세 차례나 사과했다. 반미 무풍 지대로 알려졌던 한국에서마저 미국에 대한 비판이 국민적 차원에서 제기된 것은 초강대국 미국의 한계를 보여주는 대목이다.

중동 시간으로 2003년 3월 20일 새벽, 미국과 영국의 연합군은 바그다드에 대한 공습을 시작으로 이라크 전쟁을 시작했다.

조지 W. 부시 행정부의 이라크 공격 계획은 이미 5년 전에 준비된 것이었다. 빌 클린턴 행정부 시절인 1998년 1월, 미국 보수적 정치인·학자 등 18명은 이미 이라크 포위전략이 실패했으며 사담 후세인 대통령을 제거해야 한다는 내용의 공개 서한을 백악관에 보낸 바 있다. 당시 서한에 서명한 인사 가운데는 부시 행정부에서 이라크 공격을 주도한 도널드 럼스펠드 국방장관, 폴 월포비츠 국방부 부장관, 리처드 아미티지 국무부 부장관, 리처드 펄 군사정책위원회 의장이 포함되어 있었다.

2001년 부시 정부가 출범할 때만 해도 행정부 내에서 이라크 공격이 주요 의제로 부상하지 않았다. 그러나 9·11 테러가 발생한 후 부시 행정부는 미국을 테러 공격할 다음 세력으로 대량살상 무기를 보유한 이라크의 후세인 정권을 지목했고, 이때부터 이라크 공격을 구상했다. 딕 체니 부통령과 그의 비서인 루이스 리비, 더글러스 페이스 국방부 차관 등도 이라크 공격론에 가세했다.

이라크 재공격 계획은 미국이 1991년 걸프전을 마무리하지 못한 채 끝내면서 보수층 사이에서 오랫동안 논의돼 온 사안이다. 1997년 럼스펠드, 체니, 월포비츠 등 수십 명의 보수인사들은 '새로운 미국의 세기를 위한 프로젝트' 라는 단체를 만들어 강경한 대외정책 수립을 주장했다. 보수층의 주장은 9·11 테러 이후 선제 공격론에 의해 빛을 발하게 됐다. 부시 대통령은 이미 2002년 국정연설에서 대량살상 무기를 보유하고 있는 북한과 이라크, 이란을 '악의 축' 국가로 지목한 바 있다. 그중 이라크를 선제 공격한 것이다.

내가 이 글을 쓰는 시간에도 미 공군이 바그다드를 대대적으로 공습했다. 전날 이라크가 아파치 헬기를 나포하고 수십여 명의 미군을 살상한 데 대한 보복이었다.

전쟁 초기만 해도 미국은 이라크전을 몇 주일 내에 끝낼 것으로 자신만만해했다. 그러나 이라크의 저항도 만만치 않았고, 미국은 생각만큼 빨리 이라크를 점령하지 못했다.

호황은 길지 않다

이라크 전쟁이 종결되면 미국 경제는 단기적으로 높은 성장률을 회복할 것이다. 하지만 장기적으로는 1990년대의 장기 호황으로 형성된 자산 거품, 설비 과잉으로 미국은 또다시 슬럼프에 빠질 가능성이 높다. 전쟁으로 위축된 소비와 투자 심리가 전후에 되살아난다 해도 미국 경제의 구조적인 문제를 해결할 수 없기 때문이다.

앨런 그린스펀 미 연방준비제도이사회 의장은 2003년 초 의회에서 "지정학적 문제로 미국 경제가 정체되고 있다"며 이라크 사태가 해결되면 소비와 투자가 살아나 경제가 회복될 것이라고 진단했다. 하지만 연방준비제도이사회의 2인자이며 뉴욕 금융시장을 장악하고 있는 윌리엄 맥도너 뉴욕 연방준비제도이사회 총재는 그린스펀의 발언을 뒤집었다. 그는 "미국 경제가 지정학적 불확실성으로 인해 정체된 것이 아니"라면서 "증시 거품 붕괴의 결과가 기대 이상으로 장기화되고" 있다고 우려했다. 맥도너 총재의 주장은 이라크 전쟁이 끝나더라도 미국 경제를 살리려면 수십 년 만에 최저치인 1.25%의 단기금리를 더 내려야 한다는 것으로 요약된다.

월 가의 경제전문가들은 직업적 속성상 전쟁이 끝난 후 미국 경제가 빠르게 회복될 것이라고 낙관했다. 10년 만에 최저로 떨어진 소비자 신뢰 지수가 승전이 확인된 순간에 급격히 회복되고, 기업의 투자 마인드가 살아날 것이라는 기대다. 뱅크원은행의 경제전문가인 다이앤 스윙크는 전후에 '이라크 호황'이 올 것으로 예상했다. 개전 직전부터 뉴욕 증시가 8일째 상승세를 이어가고, 월 가 애널리스트들이 종전 후 뉴욕 증시에 단기적인 랠리가 있을 것으로 전망한 것도 이 같은 낙관론에 근거했다.

하지만 이라크 전쟁이 미국 경제에 주는 가장 큰 영향은 소비와 투자 심리의 위축이다. 21세기 초기 3년간 미국 경제를 그나마 지탱했던 미국인의 강력한 소비가 전쟁 이후까지 무한정 지속될 수 없다. 이는 전쟁이 미국 경제의 본질적인 문제를 해결할 수는 없다는 뜻이다. 전쟁이 끝나서 소비와 투자 심리가 일시적으로 회복되더라도 이는 전쟁 전인 2002년 4/4분기와 2003년 1/4분기에 미뤄둔 소비와 투자가 전후에 집중되는 것에 불과하다.

아프가니스탄 전쟁에 이어 이라크 전쟁을 치르고 끊임없이 테러 위협을 받으면서 미국인들은 소비성 대출을 줄이고 저축을 늘렸다. 2001년 초 0%에 근접했던 미국인의 저축률은 2003년 초 6%로 증가했다. GDP의 3분의 2를 차지하는 소비가 위축될 경우 미국 경제는 2003년에도 3년째 잠재 성장률(3%) 이하의 성장을 이어나갈 수밖에 없다.

소비 위축은 곧바로 기업 매출 위축과 투자 회복 지연으로 나타났다. 미국인들이 테러를 우려하여 항공기 탑승을 꺼리자 미국 항공업계는 9·11 테러 이후 두 번째로 연방 정부에 수십억 달러의 구제 금융을 신청했다. 미국 2위 항공사인 유나이티드 항공은 파산법 11조에 의한 청산 절차를 밟았고, 1위 항공사인 아메리카 항공도 심각한 경영 위기로 법정 관리에 직면했다. 자동차 회사인 제너럴 모터스와 포드 사는 생산을 줄였다. 미국 경기 둔화의 직접 원인이었던 기업 투자는 2002년 8월께 살아날 조짐을 보였으나, 그나마 이라크 전쟁에 대한 우려로 싹이 꺾여버렸다.

종전 후에도 미국 경제 회복의 원동력으로 지목되는 기업 투자가 쉽게 살아날 것 같지는 않다. 투자 회사인 샌포드 번스타인 사가 미국의 140개 글로벌 회사를 대상으로 조기 종전시 투자와 고용을 늘릴 것인지를 물었는데, 90%가 현재 수준을 유지하겠다고 대답했다. 많은 산업 부문에서 1990년대의 설비 과잉이 해소되지 않았고, 특히 컴퓨터와 정보통신산업은 아직 거품 붕괴의 충격에서 벗어나지 못하고 있다.

종전시에도 미국 경제의 장기 전망이 불투명한 데는 몇 가지 요인이 있다. 첫째, 1990년대에 형성된 뉴욕 증시의 거품이 아직도 꺼지지 않았다는 점이다. 나스닥 지수가 3년 만에 4분의 1로 폭락했지만, 이 사이에 블루칩 지수인 S&P 500 지수의 주가수익률은 29로 변함이 없다. 3년 동안 주가가 하락했는데도 주가수익률이 하락하지 않는 것은 기업의 수익이 개선되지 않았기 때문이고, 이는 뉴욕 증시가 단기 랠리 후에 하락할 가능성을 제시했다.

뉴욕 증시가 전쟁 초기에 급상승했지만, S&P 500 종목의 주가수익률이 1991년 걸프전 직후에 비해 2배나 높은 상태여서 전쟁이 조기 종결돼도 증시 상승에 한계가 있다.

게다가 유럽과 일본 등 다른 선진국 경제가 성장을 정지한 상태이고, 북한 핵 문제라는 또 다른 지정학적 불확실성이 남아있어 긴 안목에서 미국 경제를 낙관할 수 없다.

낙관론자들은 1991년 걸프전 직후에 미국 경제가 장기 호황에 돌입한 공식에 대입해 이번 전쟁이 끝나면 호황을 맞을 것으로 속단했다. 그러나 아프가니스탄 전쟁이 끝난 후 2002년 1/4분기에 미국 경제가 5%의 높은 성장률을 달성했지만, 2/4분기 이후 1%대의 저성장으로 되돌아간 형태가 이라크 전쟁에도 적용될 수밖에 없다.

이라크군의 저항이 거세던 3월 24일, 부시 미국 대통령은 앨런 그린스펀 의장을 백악관으로 불러 존 스노 재무장관, 스티븐 프리드먼 백악관 경제담당 비서 등과 함께 경제 현안을 논의했다. 정치인에게는 경제 악화가 반전 여론보다 무섭다. 부시 대통령은 그린스펀 의장을 두 주 사이에 세 번 만났다. 이라크 전쟁으로 미국 경제가 심상치 않음을 시사하는 대목이다.

세계 경제의 견인차인 미국 경제는 전쟁으로 흔들리고, 유럽 경제의 축인 독일과 프랑스는 2003년에 제로 성장이 전망되며, 일본은 장기 침체의 늪에 빠져 있다. 모건스탠리의 경제전문가 스티븐 로치는 "현재의 상황이 1991년 걸프전 때보다 훨씬 불안정"하다고 진단했다. 게다가 이번 전쟁으로 세계 각국이 정치적으로 분열되었기 때문에 무역 자유화가 위축될 가능성이 높아 선진국 경제 회복에 장애가 될 것이다.

　미국의 대기업 로비 단체인 비즈니스 라운드테이블의 조사에 따르면, 기업인들은 미국 경제가 2003년에도 2% 미만의 낮은 성장률을 기록할 것으로 전망했다. 이에 비해 블루칩 연구소에 따르면, 월 가 경제전문가들은 2003년 성장률을 2.6%, 2004년 3.6%로 전망했다. 하지만 월 가 경제전문가들의 전망은 기업인들에 비해 늘 낙관적이었고, 미국 경제가 불황에 돌입하면서 몇 년째 오류로 판명됐다는 점을 감안해야 한다.

　오히려 이라크 전쟁으로 미국의 재정 적자가 눈덩이처럼 불어나 금리가 올라가고, 부동산시장이 냉각될 우려가 있다. 이미 2003년 2월 미국 신규 주택 건설 건수가 전월대비 11% 감소했다. 경제전문가들은 미국의 재정 적자 규모가 2004년에 3000억 달러에 이를 것으로 전망했다. 예일대의 윌리엄 노드하우스 교수는 상황에 따라 이라크 전비를 750억~5000억 달러로 추산했는데, 전쟁이 길어질 경우 미국의 재정 적자는 크게 불어날 수밖에 없다.

　미국이 이라크 전쟁을 성공적으로 끝낸 이후에도 미국의 경제 불황은 앞으로 수년간 지속될 가능성이 있다. 하버드대의 데일 조겐슨 교수는 미국 경제가 1990년대 후반에 비해서는 훨씬 활기가 없는 경기 상황을 경험하게 될 것이라고 전망했다.

조지프 나이 −하버드대 케네디스쿨 학장

조지프 나이(Joseph Nye) 하버드대 케네디스쿨(행정대학원) 학장은 빌 클린턴 행정부의 아시아정책을 입안했던 브레인답게 9 · 11 테러 이후 미국의 역할을 명쾌하게 풀어갔다. 그는 부시 대통령이 미국 중심의 일방주의로 국제 문제를 해결하려는 태도는 팍스 아메리카나에 도움이 되지 않는다고 주장했다. 또 팍스 아메리카나가 200년 동안 지속할 것으로 보고, 21세기는 20세기보다 더 완벽한 '미국의 세기'가 될 것이라고 진단했다.

그의 주장은 부시 행정부의 강경 노선을 완화하는 데 설득력을 갖고 있으며, 부시 대통령의 '악의 축' 발언 이후 유럽과 아시아에서 주목을 받고 있다.

미국은 어쩔 수 없이 제국주의적 힘을 사용할 수밖에 없다는 주장이 미국 내에서 제기되고 있습니다. 현재의 미국은 제국주의로 가고 있다고 봅니까?

▶저는 그런 주장이 잘못됐다고 생각합니다. 제국주의는 현재 미국이 가지고 있는 힘보다 더 많은 영향력을 행사하는 것을 의미합니다. 미국은 다만 가장 크고 강력한 나라일 뿐이며, 그런 점들이 미국의 우위를 제국주의로 오인하게 하는 요소입니다.

제국주의는 대영제국처럼 하나의 중심국에서 아주 강력한 통제력을 갖는 것을 말합니다. 대영제국은 제국의 영역에서 현지의 법률과 학교제도 등 여러 가지를 통제했습니다. 미국은 그런 힘이 없습니다. 미국의 우위를 제국주의라고 표현하는 것은 잘못됐다고 생각합니다.

대영제국이 세계를 지배하던 팍스 브리태니카는 200년을 지속했습니다. 미국이 세계 우위를 유지하는 팍스 아메리카나는 얼마나 지속할 것으로 봅니까?

▶참으로 예측이 어려운 문제입니다. 영국은 18세기 말부터 세계 주도권을 잡았고, 19세기에 더욱 강력해졌습니다. 20세기 중반에 영국이 미국에게 주도권을 넘겨주기까지 두 세기 동안 세계를 지배했다고 사람들은 말합니다. 그들은 영국이 200년 동안 주도했으니, 미국도 두 세기 동안 세계를 주도하지 않겠느냐고 생각합니다. 저도 어느 정도 수긍합니다. 20세기는 중반 이후부터 미국이 주도했으므로 미국의 세기라고들 합니다. 그리고 19세기가 영국의 세기였듯이 21세기는 더욱 강력한 미국의 세기가 될 것으로 봅니다. 제가 『제국의 패러독스』라는 책에서 강조했듯이, 미국은 다른 나라들과 협조하면서 새로운 세기를 이끌어야 한다고 생각합니다.

로마제국은 야만인에 의해 공격받아 붕괴됐습니다. 미국은 야만적 테러리스트의 공격을 받았습니다. 미국을 새로운 로마제국이라고 표현했는데, 미국이 로마 멸망에서 무엇을 배울 수 있습니까?

▶ 로마제국이 붕괴한 요인은 두 가지로 볼 수 있습니다. 첫째는 내부의 부패였고, 두 번째는 야만족의 공격이었습니다. 로마는 다른 제국의 공격을 받아 무너진 것은 아닙니다.

미국이 로마제국 멸망에서 배워야 할 교훈은 (미국) 내부 사회와 경제를 조화시키고, 야만적인 테러리스트를 제어하기 위해 다른 나라와의 협력을 유지하는 것입니다. 저는 미국 내부에 부패가 있다고 생각하지 않기 때문에 로마보다는 강하다고 생각합니다. 중요한 것은 야만인들의 공격으로부터 보호받기 위해서는 다른 나라와 협력하는 것입니다. 제가 여러 번 지적했듯이 로마제국은 쇠퇴하기 시작한 지 몇 세기가 지나서 멸망했습니다.

1989년에 쓴 책에서 일본 경제가 궁극적으로 미국을 따라갈 수 없다고 지적했습니다. 당시엔 일본이 미국을 능가할 것이라고 자부하던 시절이었습니다. 어떤 관점이었습니까?

▶ (1980년대 말에) 일본이 세계 제일의 경제력을 보유할 것이라고 본 전문가들은 일본 경제의 허약함을 보지 못했습니다. 일본은 제조업의 특정 분야에서는 대단히 강했지만, 경제 환경이나 농업 부문에서는 아주 취약한 구조를 노출했습니다. 게다가 제조업에서도 가전과 자동차 부문과 같이 특정 분야에서는 아주 경쟁력 있고 강했지만 다른 분야는 그렇지 못했습니다. 특정 산업에서의 성공이 모든 분야의 성공으로 이해됐고, 많은 전문가들이 그렇게 생각했던 것입니다.

일본은 전반적으로 서비스 분야에서 취약합니다. 특히 빠른 속도로 성장하는 소프트웨어 산업을 보면 일본은 일부분에서 경쟁력을 갖고 있을 뿐, 다른 분야에서는 한국에 비해 경쟁력이 뒤지고 있습니다. 특히 인터넷 분야는 일본이 아주 취약합니다.

저는 일본 경제는 정보 혁명의 시대에 적응하려면 더 많은 구조 변화를 할 필요가 있다고 생각합니다. 그런데 그런 구조 변화는 정치시스템 때문에 어려움에 직면해 있습니다.

금융시스템, 특히 은행시스템의 개혁 역시 정치시스템 때문에 지연되고 있습니다.

9 · 11 테러 직후에 경제전문가들은 미국 경제가 깊은 침체의 수렁에 빠질 것이라고 예측했습니다. 그런데 미국 경제는 테러 직후인 2001년 4/4분기에 강한 힘으로 회복됐습니다. 미국 경제가 회복될 수 있었던 원동력이 무엇이라고 생각합니까?

▶ 저는 미국 경제 저류에 깔려 있는 노동 생산성이 아주 강한 힘을 가지고 있기 때문이라고 생각합니다. 미국의 생산성은 1995년 이후 연평균 2.0~2.5%의 비율로 증가했는데, 이는 1990년대 초반의 연평균 증가율에 비해 2배나 빠른 기록적인 수치입니다. 이 생산성 증가가 미국 경제를 쉽게 회복시켰다고 생각합니다.

테러 직후에 미국 경제에서 우려됐던 위험은 소비자 신뢰가 무너질 것인가 하는 점이었습니다. 다행히도 그런 걱정은 현실로 나타나지 않았습니다. (기업) 투자가 무너졌지만 소비가 유지되었던 것이 미국 경제를 살렸습니다.

만일 제2의 테러가 발생한다면 미국의 소비자 신뢰가 낮아질 것입니다. 그렇지만 다행스럽게도 테러 이후에 미국의 소비는 건실하게 유지됐습니다.

중국이 경제적으로나 군사적으로 빠르게 성장하고 있습니다. 중국이 아시아 지역에서
미국의 역할을 대신할 것으로 봅니까?

▶중국이 아시아 지역에서 미국의 힘을 대체하리라고 생각하지 않습니다.
중국은 경제적으로 괄목할 만한 성장을 하고 있습니다. 그렇지만 중국 경제가
빠른 속도의 성장을 지속하고, 미국이 단지 연간 2% 성장을 한다고 가정해도
중국은 2060~2065년까지 미국을 따라잡을 수 없습니다. 중국은 아직 개발도
상국이고, 미국을 따라잡으려면 머나먼 길을 가야 합니다.

군사적인 분야도 경제적 기초에 달려 있습니다. 첨단 군사 기술 분야도
미국이 혁신적인 정보 기술을 군사 부문에 적용함으로써 중국을 앞서 나갈
것입니다.

중국은 미국보다 인구가 몇 배나 많지 않습니까?

▶인구는 많습니다. 그렇지만 인구가 반드시 국력을 재는 기준이 될 수는
없습니다. 교육을 받고 기술을 가진 인구를 가지고 있을 때 인적 자원으로 계
산되는 것입니다. 교육을 받지 못한 인구가 많은 것은 사회적 혜택을 거꾸로
되돌리는 역할을 할 뿐입니다.

이스라엘과 팔레스타인의 전쟁이 격화하고 있습니다. 미국의 개입을 요구하는 목소리
도 있습니다만…….

▶미국은 중동 사태를 해결할 힘이 없습니다. 아까도 말했지만 미국은 그

지역을 통제할 제국주의적 힘을 가지고 있질 않기 때문에 개입을 통해 해결할 수 없다고 봅니다. 클린턴 행정부가 여러 가지로 접근했지만 결국은 성공하지 못했습니다. 다만 미국은 양측을 한자리에 모아 파국을 막도록 중재하는 역할을 할 수 있다고 생각합니다.

베를린 장벽 붕괴 후 세계 단일시장이 형성되고, 국가라는 존재는 종속적 개념으로 변했습니다. 국가는 더 이상 필요 없는 존재가 되리라고 봅니까?

▶세계화 시대에도 국가는 지배적인 기구로 남아있을 것입니다. 국민을 묶고, 사회보장제도를 실시하는 등의 역할은 국가가 할 것입니다. 그렇지만 세계화 시대에 정부 이외에도 비정부 기구(NGO)와 다국적 기업, 테러리스트 네트워크와 같은 새로운 세력이 등장하고 있습니다. 국가는 이들 조직을 다루는 새로운 역할을 부여받고 있습니다.

(2002년 4월 1일)

조지프 스티글리츠 –미 컬럼비아대 교수

　"한국을 비롯해 아시아 국가들은 달러의 세계 지배에 대항하고 제2의 통화 위기를 방지하기 위해서 통화 공조를 위한 노력을 해야 합니다."

　1990년대 미국 주도의 세계화가 확산될 때 백악관과 세계은행의 핵심 위치에 있던 조지프 스티글리츠(Joseph Stiglitz) 컬럼비아대 교수는 경제학자로서 IMF와 미국 재무부에 대해 매우 비판적 견해를 가지고 있다. 그는 "IMF와 세계은행은 미국만이 투표권을 갖고, 미국의 이해를 대변하고 있다"면서 "IMF 내에는 토론이 없고 일방적인 잘못된 정책을 위기 국가에게 요구"하고 있다고 지적했다.

　뉴욕 컬럼비아대에서 그를 만나보았다.

IMF와 미국 재무부에 대단히 비판적인 견해를 갖고 있다고 알고 있습니다.

▶ 백악관 근무에 앞서 아프리카에 가서 연구를 한 적이 있습니다. 그때 세계화에 의문이 생겼고, 제 나름의 시각이 정리되기 시작했습니다. 그리고 클린턴 행정부 시절 백악관에 들어가 현실의 문제를 접하게 됐습니다. 저는 미국 정부의 대외정책이 국가적 이해와 맞물려 세계화 확산에 중요한 역할을 하고 있다는 사실을 알게 됐습니다. 세계화는 시장 근본주의에 대한 강한 신념이 밑바탕입니다. 또 세계화의 많은 이슈가 개발도상국에게 불공정하게 전개되고 있습니다. 특히 무역 이슈가 그렇습니다. 저는 이런 문제를 추적하면서 세계주의의 지배 구조가 민주적이지 않다는 사실을 발견했습니다. IMF 이사회는 각국 중앙 은행과 재무부 대표로 구성되어 있지만, 토론이 거의 없습니다. 미국 정부가 경제정책을 결정하는 과정에서 토론을 거쳐 다른 의견을 많이 수용하는 것과 큰 대조를 이루고 있죠. 국제 금융 기구에는 유일하게 미국만이 투표권을 가지고 있습니다. IMF나 세계 은행의 정책이 미국 한 나라의 이해와 목소리로 결정되고 있습니다. 유엔 안보리도 5개국의 거부권이 있는데 말이지요. 그렇다면 IMF의 의사 결정 구조를 바꿔야 할 것입니다. 쉬운 일은 아닙니다. 미국이 IMF에서의 거부권을 포기하지 않을 것이기 때문입니다. 그러나 변화의 요구가 생겨나고 있는 것은 장기적으로 긍정적인 일입니다. 중국도 과거보다는 목소리를 내고 있습니다.

두 번째 변화의 요구는 IMF와 세계은행의 결정 과정을 투명하게 공개하는 것입니다. 많은 사람들은 이들 기구가 어떤 과정을 거쳐 의사 결정을 하고 있는지 알고 싶어합니다. 더 이상 비밀주의를 유지할 수 없습니다. IMF와 세계은행은 더 이상 이런 요구를 거부하기 어렵고, 변화를 할 수밖에 없다고 생각합니다.

지난 외환 위기 때 한국의 고금리에 대한 문제를 제기했습니다. 최근 한국은 경기 과열을 진정시키기 위해 금리를 올리고 있는데, 이 문제는 어떻게 봅니까?

▶ 외환 위기 때 IMF는 한국에 고금리정책을 요구했습니다. 그러나 경기 침체 국면에서 고금리정책은 잘못된 것입니다. 한국 기업들은 많은 부채를 안고 있는데, 고금리정책을 사용하면 부도율이 높아지게 됩니다. IMF는 지나치게 높은 금리를 요구함으로써 우량 기업도 파산할 지경이었습니다. 미국에서도 40%의 금리에 파산하지 않을 우량 기업이 없을 것입니다. 당시 고금리정책은 잘못이라고 지적했던 것입니다. 지금 한국 경제의 금리정책은 과거와 다릅니다. 금리를 통해 경기 과열을 진정시키는 것은 중요한 금융정책이 될 것입니다.

미국 경제의 회복력을 어떻게 봅니까?

▶ 지난해 미국 경제 침체는 투자와 재고의 두 사이클이 겹치면서 나타났습니다.

1990년대 말 하이테크 분야, 특히 통신 분야에 설비 과잉이 누적되면서 경기가 하강했습니다. 현시점에서 재고 감축은 거의 끝에 다가와 있는 듯 보입니다. 그러나 자본 투자의 과잉, 특히 통신 설비 과잉은 여전히 비관적입니다. 미국의 소비는 2001년 한 해 동안 크게 증가하지도 않았지만 줄어들지도 않았습니다. 일반적으로 미국에서는 경기 침체기에 소비가 급감하고, 회복기에 급증하는 경향이 있습니다.

그러나 2001년에는 소비의 급감도 급증도 없었습니다. 저는 설비 과잉에서 나타나는 문제보다 소비 둔화에 더 비관적 견해를 가지고 있습니다. 미

국인들은 1990년대에 저축을 줄이고 주식과 연금에 많은 투자를 하여 부를
축적했습니다. 그런데 지난 2년 동안 주식에서 이득을 보지 못하고 오히려
손해를 보았습니다. 미국인들이 2년 전보다 가난해졌다는 것입니다. 2001
년 말 소비가 급증했는데, 그것은 자동차 회사들이 무이자 할부 판매를 실
시하고, 주택금리가 낮아졌기 때문입니다. 미국인들이 한 사람당 자동차를
3대씩 가질 수 없지 않습니까. 연방 정부가 군비를 중심으로 정부 지출을 늘
리고 있다는 점은 긍정적입니다만, 재정 적자는 늘고 있습니다.

**IMF는 경제 위기를 겪고 있는 국가에 자금 지원을 하면서 예산을 줄이라고 하는데, 올
바른 정책으로 보는지요?**

▶ 몇 가지 예를 들어보지요. IMF가 에티오피아에 지원금을 주면서 예산을
깎으라고 했습니다. 그런데 에티오피아는 당시에 균형 예산을 유지하고 있었
습니다. 에티오피아는 IMF 자금 이외에도 영국과 스웨덴으로부터 원조를 받
아 학교와 병원을 지원했습니다. 에티오피아는 해외 지원이 없으면 예산 적자
가 나는 상황이었는데, IMF는 자금을 지원해줄 테니 예산을 깎으라고 했던 것
입니다. 학교나 병원에 대한 지원 비용은 10년 이상 장기 계획에 의해 추진되
고 있었는데, 그 예산을 깎게 되면 사업을 할 수 없게 되는 것입니다. IMF는 우
리가 돈을 줄 테니 예산을 깎으라는 식으로 요구를 했고, 당시 경제학자 출신
이었던 에티오피아 총리는 IMF와 팽팽하게 맞섰습니다. IMF가 자금 지원을
하는 나라에 긴축 재정을 요구하는 것은 거의 공식에 가깝습니다. 경기 침체
에 빠질 때 예산을 늘리는 것은 당연합니다. 최근에는 미국도 정부 지출을 늘
려 경기를 부양시키는 정책을 사용하지 않았습니까. 지난 1992년 미국은 경

기 침체를 극복하면서 재정 적자가 GDP의 5%에서 9%로 늘어났습니다.

그런데 최근 아르헨티나를 봅시다. 아르헨티나의 재정 적자는 GDP의 3%에 불과합니다. 그런데도 IMF는 아르헨티나의 재정 적자를 줄이기 위해 예산을 감축하라고 했습니다. 잘못된 처방이었습니다. 아르헨티나는 IMF 요구에 따라 지난 2년 동안 예산을 10% 줄였는데, 그러다보니 사회 보장 비용이 줄어들고 사회적 저항에 빠진 것입니다.

IMF나 세계은행은 외부의 비판을 어떻게 수용하고 있습니까?

▶ 두 기구에 대해 조금은 낙관적으로 봅니다. 두 국제 금융 기구들이 조금씩 변하는 모습을 최근에 보여주었습니다. 몇 가지 예를 들어보지요.

첫째, IMF와 세계은행이 스스로의 시각과 발전 방향을 새롭게 정리해나가고 있습니다. 세계은행은 제가 원하는 방향에는 완전히 일치하지 않고 있지만, 개발도상국에서는 강력한 리더십을 갖기 위해 개선점을 찾고 있습니다. IMF도 어느 나라에 은행 위기가 발생할 경우 문제를 해결하고 정상으로 복귀시키는 방안으로 세계적 차원의 은행 파산제도 도입을 추진하고 있습니다.

둘째, 아시아 위기 이후에 두 기구가 세계시장 시스템에 문제가 있음을 발견하고, 개혁을 약속했다는 점입니다. IMF의 수석 경제전문가도 저의 의견에 동조했습니다.

셋째, 두 기구가 세계의 빈곤 문제에 보다 초점을 맞추고 있다는 사실입니다. 지금은 세계화 문제에 빈곤층 해결이 가장 중요한 이슈로 등장했습니다. 그러나 IMF와 세계은행은 정치적인 기구입니다. 외부의 압력에 약합니다. 앞서도 말했지만, 두 기구는 미국, 특히 미 재무부의 관점에 상당히 경도되어 있습니다. 세계 파산제도에 대해서도 미 재무부는 파산제도가 법률에 의해 운영되어야 하는데, 세계적 단위의 파산제도가 국가간 계약으로 이행되어야 한다는 입장입니다.

(2002년 5월 20일)

4부 한국 경제가 살 길

1 경제 주권을 회복하자

1997년 12월로 돌아가보자. 1달러에 800원 하던 원화 환율이 석 달 만에 1,800원대까지 치솟았고, 당시 김영삼 정부는 환율 방어를 완전히 포기해버렸다. 10년 전 경제부총리와 재무부 장관을 지냈던 김만제 씨와 정인용 씨가 대통령 선거를 이틀 앞두고 부랴부랴 뉴욕과 워싱턴으로 달려왔다.

두 전직 장관들은 허리를 굽혀 월 가의 은행을 방문, 한국을 도와달라고 부탁했다. 한국 정부의 특사 자격으로 미국을 방문한 그들은 당시 로버트 루빈 미국 재무장관을 만나자고 요청했지만, 그는 휴가를 떠나고 없었다. 휴가를 떠나지 않았다고 하더라도 루빈 장관이 한국의 전직 장관들을 만나주었을 리 없었다. 10년 전에 경제부총리와 재무장관을 역임했던 두 특사는 워싱턴 정가와 뉴욕 월 가를 돌아다니며 "어려울 때 도와준 친구가 진짜 친구"라며 눈물 작전을 펴고 돌아다녔다.

　그 무렵 미국 지식층들은 아예 한국 경제가 파산하도록 내버려두라고 주장했다. 프린스턴 대학의 피터 케넌 교수는 "IMF는 한국에 대한 구제 금융의 플러그를 뽑아, 스스로 잘못해서 파산한 나라는 구제하지 않는다는 본보기를 보여주어야 한다"며 맹공격을 가했다. 미국 언론들은 한국 관리들을 '사기꾼(crooks)'이라는 표현을 써가며 비아냥거렸다.

　1997년을 돌이켜보면 한국이 IMF 위기에 빠졌을 때 지도층들이 얼마나 어리석고 무기력하게 행동했던지가 머리에서 잊혀지지 않는다. 앞이 보이지 않던 시절이 바로 어제 같은데, 한국 정부는 2001년 여름에 3년 8개월 만에 IMF에서 빌린 돈 가운데 잔액 4억 4000만 달러를 갚고 IMF 체제에서 완전히 졸업하게 된다고 발표했다. 정부는 이를 계기로 국가 부도와 경제 신탁의 치욕에서 벗어나 독자적인 경제 주권을 찾게 됐다고 의미를 강조했다.

　한국 사람들에게 IMF만큼 기억에서 지우고 싶은 단어가 없을 것이다. 그렇지만 IMF를 잊기에 앞서 경제를 위기에 빠뜨렸던 지도층들이 지금 얼마나 정신을 차렸는지를 짚어볼 필요가 있다.

　당시 이경식 한국은행 총재가 뉴욕에 와서 "한국 경제는 최악의 위기에서 벗어나고 있다"라고 하면서 "200억 달러의 구제 금융이면 충분"하다고 주장했다. 강경식 부총리가 물러나고 그 자리에 앉은 임창렬 부총리는 취임 일성으로 "IMF로 가지 않겠다"라고 큰소리쳤다. 그러나 그들은 입술에 침이 마르기도 전에 600억 달러의 자금이 필요하며 IMF가 빨리 돈을 줘야 한다고 말을 번복하고 말았다. 당시 한국 경제 지도층들은 대안은커녕 상황조차 제대로 파악하지 못했던 것이다.

　IMF 위기를 극복한 지 5년이 넘었건만 한국의 경제 관리들이 아직도 국제 경제의 흐름을 제대로 파악하지 못하기는 여전하다. 경제 관료들은 미국 경제만 쳐다보며, 미국 경제전문가들이 내년에 회복한다면 한국 경제도 내년에 회복될 것이라고 장담했다.

IMF 위기는 경제정책 책임자들의 어리석음과 잘못된 판단에서 비롯됐고, 선거를 앞둔 정치인들의 국론 분열이 그 불을 붙였다. 국제 반도체 경기가 좋아질 것이라고 믿고 부실 회사에 수조 원의 정부 자금을 지원하는 어리석음은 IMF 때와 달라진 것이 없다. 미국의 정보화 기술(IT) 산업의 거품이 꺼질 것을 예상하지 못하고 정보통신 분야에 과잉 투자를 유도하는 정책 판단의 오류를 범했다.

정치인들은 IMF 때처럼 무책임한 말을 쏟아낸다. 2002년 대통령 선거 직전에 정치인들은 죽기 살기로 덤벼들었고, 그 후에도 그들의 발언은 위험 수위를 넘어섰다. 정책 비판은 사라지고 욕설과 비방이 난무했다. 정치인들은 선거를 이틀 앞두고 대통령 후보들이 IMF 조건을 받아들이는 각서를 썼던 5년 전의 굴욕을 완전히 잊어버리고 있었다.

IMF 자금을 갚기 위해 온 국민이 결혼반지며 돌반지를 내놓았는데, 정치인들과 정책 당국자들은 벌써 과거의 기억을 지우려고 하고 있는 것 같아 씁쓸하다.

우리는 해마다 8월 15일이면 광복절 기념식을 갖는다. IMF 부채 잔액을 완전히 갚았다고 경제 주권을 되찾는 것은 아니다. 주권을 잃었던 일제 치하의 식민지 역사를 잊을 수 없듯이, 경제 주권을 잃었던 IMF의 치욕을 잊어서는 안 된다.

단기 투자에 연연하는 한국 투자자

월 가 굴지의 헤지펀드인 타이거 매니지먼트에서 한국 투자를 담당하는 재미교포 빌 황은 한국에 대한 애정이 남다르다. 그는 언젠가 인상적인 말을 들려준 적이 있다. "이제 한국 증시에서 한국 사람들이 투자할 주식은 없습니다." 처음엔 그 말이 이해가 되지 않았다. IMF 위기 이후 외국인의 시장 점유율이 급증한 것은 사실이지만, 아직도 65% 정도는 한국인 소유가 아닌가. 이런 질문을 하기도 전에 그는 자신의 말을 부연 설명했다.

그의 얘기인즉슨 이렇다. "한국 사람들은 주가가 내려간다는 고정관념을 가지고 있기 때문에 주가가 조금만 오르면 팔아버립니다. 제 상사는 '왜 한국 사람들이 주식을 파는지 이해가 되지 않는다'고 말하곤 하지요. 정부 보유 주식과 재벌 기업의 상호 출자, 대주주 지분을 빼고 시장에서 거래되는 주식 가운데 60~70%는 외국 사람들이 쥐고 있습니다."

그제야 그의 말이 이해되었다. 서울의 친구가 주식에 미쳐 날밤을 새우는 것도 전체 시장의 10%도 안 되는 물 가장자리에서 노는 것에 불과하고, 한국 증권시장은 3~4년 사이에 국제 자본의 거대한 흐름에 휩쓸

도표4-1. 한국에 유입되는 분기별 직접투자 규모 (단위 : 10억 달러)

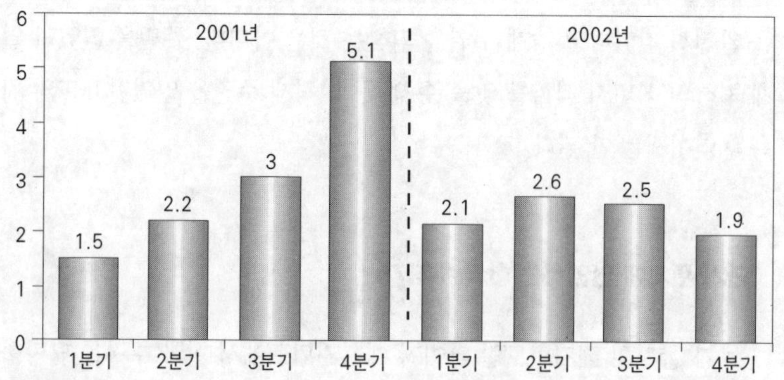

려 있다는 사실이 머릿속에 들어왔다.

전세계 증시 가운데 한국만큼 외국인 투자자의 동태를 관찰하는 시장도 없을 것이다. 주식 매도·매입 물량을 외국인과 내국인으로 분류해 매일 집계해서 발표하고, 외국 사람들이 어떻게 움직이는지를 엿보며 투자하는 게 어느덧 한국의 투자 관행이 되어버렸다. 한국 사람들은 외국인이 찾아와 주가를 올릴 때는 내심 좋아하다가 그들이 매도세로 돌아서 증시가 꺾일 때는 외국인들이 증시를 좌지우지한다고 못마땅해한다.

몇 가지 통계를 들어보자. 금융감독원의 자료에 따르면 한국증권거래소 상장 주식 가운데 외국인 보유 주식은 시가총액을 기준으로 IMF 직전인 1996년에 13.0%에서 1999년엔 21.9%, 2000년엔 30.1%, 2002년엔 35%로 빠르게 증가하는 추세에 있다. 그런데 증권거래소의 자료를 보면 2000년 말을 기준으로 할 때 정부 지분과 일반 기업의 주식 보유 등 시장에서 거래되지 않는 주식을 뺄 경우 외국인 비율은 50%에 이른다. 개인 보유 주식 가운데 경영권 보호를 위해 거래하지 않고 있는 대주수 지분을 뺄 경우 외국인들이 시장에서 거래되는 주식의 70% 가까이를 움직이고 있다는 말이 사실인 것이다.

한국에서는 외국인들, 특히 월 가 자본에 의해 시장이 잠식되고 있는데 대한 우려가 강하게 제기되고 있다. 포항제철, 삼성전자, SK 텔레콤, 한전은 이미 외국인들이 50% 이상의 주식을 보유, 엄밀한 의미에서 외국인 회사가 되어버렸지 않느냐는 것이다.

외국인 투자가들이 한국 주식을 꾸준히 사고 점유율을 높여가고 있는 것은 상대적으로 한국 사람들이 주식을 팔고 있기 때문이다. 금융감독원의 자료를 보면, 2001년 기준으로 한국 증시 전체의 매매 회전율이 599%에 이르고 외국인들만 볼 때는 120%에 불과하다. 이는 한국의 전

뉴욕 맨해튼 남단 금융 중심가의 항공 사진. 한국 경제는 뉴욕 금융시장으로부터 자율성을 회복해야 한다.

체 주식이 1년에 여섯 번 거래되는 데 비해 외국인들은 1.2번 거래한다는 얘기다. 한국인들은 평균 40일, 외국인은 300일간 주식을 보유하고 있다는 계산이 나온다. 외국인들은 장기적 관점에서 한국 증시를 바라보는 데 비해 한국 사람들은 한 달을 참지 못하고 샀다 팔았다 하며 시장을 잃고 있는 것이다.

그러면 왜 한국 투자자들이 홈그라운드에서 외국인들보다 불안하게 단기 투자에 매달리는 것일까? 성격이 급한 국민성 때문만은 아닐 것이다.

우선 한국 사람들이 자국 증시를 믿지 못하고 있다는 점을 들 수 있다. 지난 10년 동안 종합주가 지수가 400에서 1000포인트 사이를 여러 차례 출렁거렸으니 그럴 법한 일이다. 외국인들은 한국 경제가 최근 몇 년 동안 경제 개혁을 통해 구조적으로 변했다는 사실을 높게 평가하고 있는데도, 한국인 투자자들은 과거의 그늘에서 벗어나지 못하고 있는 것이다.

그러면 한국인 투자자들이 단타매매에 몰두하는 사이에 외국인들이 시장을 잠식해나가는 것일까. 외국인들은 한국 경제의 장기적 발전 가능성을 보고 주식을 사는 것과는 대조적으로 한국인들은 주가가 오르면 곧 빠지기 때문에 조금만 수익이 나면 팔아야 한다는 분위기에 젖어 있다.

한국 사람 개개인은 많은 돈을 가지고 있다. 그렇지만 이제 한국 사람들도 주식시장을 기업 자금의 건전한 공급지로 발전시키기 위해 투자 행태를 바꾸어야 한다.

뉴욕 증시가 불안하게 움직이면서 한국 주가는 더 흔들리는 경향이 있다. 뉴욕 월 가 자본이 자국에서 발생한 신뢰의 위기로 인해 한국에 투자한 돈을 빼내 갈 때, 한국 투자자들은 내 나라 경제를 얼마나 신용했던가. 증권시장이 외국인들에게 놀아나고 있다고 한탄만 할 게 아니라, 여의도 증시가 우리의 것이며, 그곳을 통해 한국 경제를 발전시켜야 한다는 자존심을 쌓아나갈 필요가 있다.

일본이 재기하고 중국이 따라오기 전에

살로먼 스미스 바니에서 일하는 한국 트레이더가 했던 얘기를 소개한다. "일본이 경제적으로 아주 어려운 상황에 놓여 있긴 하지만, 엄청난 잠재력을 가진 나라입니다. 문제는 뼈를 깎는 금융 구조 조정을 하지 않고 있기 때문에 잠재력이 발휘되지 않을 뿐입니다. 중국은 무서울 정도로 빨리 시장 경제를 받아들이고 있습니다. 그러나 변하고 있는 곳은 일부분이고, 그 많은 인구와 지역이 모두 일어서려면 상당한 시간이 걸립니다. 한국은 일본이 재기하기 전에, 그리고 중국이 따라오기 전에 앞서가야 합니다. 그러기 위해서는 선진 제도를 빨리 배우고 도입해야 합니다."

뉴욕 월 가 굴지의 투자 은행에서 일하는 그들이 전세계 시장을 놓고 트레이딩을 하면서 자신에게 피를 물려준 한국의 미래가 보였기에 이런 말을 했을 것이다. 물론 그 말에 전적으로 공감한다. 한국은 일본과 중국을 앞설 수 있는 절호의 기회를 이용해야 한다.

　세계 2위의 경제대국인 일본이 1997년의 한국 경제처럼 갑자기 붕괴될 것으로 보기는 어렵다. 정말로 벼랑에 몰렸다고 생각하면 집단적 응집력으로 해결해나가는 것이 일본 사람들의 특성이다. 일본은 전자산업과 기계 공업에서 미국이 두려워할 정도의 높은 기술을 보유하고 있고, 국내외에 엄청난 자산을 확보하고 있다.

　그렇지만 일본은 10년 이상 지속된 장기 불황에서 헤어나지 못하고 있다. 국제 금융시장의 심판관을 자처하는 무디스가 2002년 여름에 일본의 국가신용 등급을 두 단계 떨어뜨렸다. 따라서 일본의 신용 등급은 에이즈가 득실거리는 아프리카의 보츠와나와 같은 수준으로 떨어졌다. 일본 의회는 무디스의 톰 번 부사장을 소환하여 해명을 요구했지만, 무디스는 한 발도 물러서지 않았다. 개혁의 기치를 높이 들고 집권한 고이즈미 준이치로 총리도 인기가 떨어지면서 편안한 타협 쪽으로 방향을 선회했다. 1980년대에 불침항모(不浸航母)임을 자랑하던 일본 경제는 서서히 가라앉고 있는 것이다.

　광대한 영토와 십억 인구를 가진 중국을 보자. 전직 경제 관료의 말처럼 한국 경제는 앞으로 몇 년 후에 '중국 쇼크'를 겪을 가능성이 크다. 손에 기름 묻히는 일거리는 이미 중국으로 건너간 지 오래고, 조선·철강 분야도 한국의 최대 경쟁자는 중국이다. 중국은 반도체, 전자, 자동차산업에도 뛰어들어 몇 년 후면 한국을 바짝 따라올 것임을 의식해야 한다.

　그렇지만 중국 경제는 연간 8~10%의 성장률로만 포장할 수 없는 부분이 남아있다. 한국이 산업화 과정에서 겪었던 정치·사회적 진통이 뒤따를 수밖에 없다. 중국은 1980년대 말 천안문 사태를 무력으로 진압했지만, 인터넷으로 확산되는 파룬궁은 저지하지 못하고 있다. 민주화 과정에서 공산당 이외의 정당을 허용하는 문제, 다양한 민족의 독립 요구를 받아들이는 문제 등이 중국이 개발도상국에서 벗어나는 과정에 도사리고 있다.

한국은 지정학적으로 중국과 일본의 틈바구니에 끼여 지내왔다. 5000년 역사를 돌아볼 때 중국의 통일과 분열이 한반도에 직접적인 영향을 미쳤고, 일본 열도의 변화가 한국 역사에 그대로 투영됐다. 21세기를 시작하는 지금도 한국은 중국과 일본의 틈에서 벗어나지 못하고 있고, 오히려 더 치열한 경쟁과 생존의 싸움이 진행되고 있다면 정확한 표현일 것이다.

중요한 것은 일본이 자각해서 금융 개혁을 단행하고, 중국이 산업화 과정의 부작용을 극복하려면 시간이 필요하다는 사실이다. 빠르면 3~5년, 늦어도 10년이 걸리는 일이다. 한국은 이 시간을 활용해야 한다. 보

도표4-2. 주요국에 대한 수출 및 수입 누계(2002년 1~11월 누계)

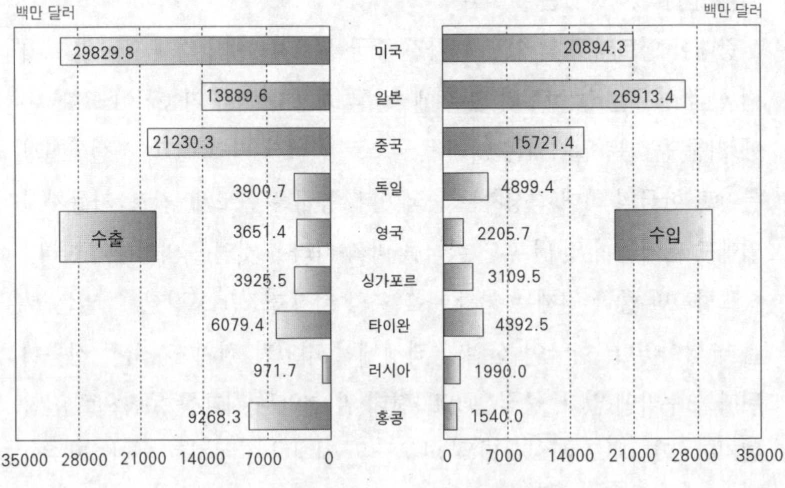

다 선진적인 시장시스템을 도입하고, 고도의 기술력을 선점할 경우 일본의 재기와 중국의 고도 성장은 두려움의 대상이 아니라 호재가 될 것이다. 김대중 정부가 내걸었던 '허브 코리아(HUB KOREA)'의 슬로건도 불가능한 일이 아니라고 생각한다. 그러나 이런 호기의 활용 여부는 노무현 정부에 달려 있다. 노무현 정부는 국내의 취약한 정치 기반에 움츠려 있을 것이 아니라, 눈을 돌려 동아시아와 세계, 그리고 5~10년 후의 한국을 내다보아야 한다.

아직은 일본이 앞선다

2002년 여름 뉴욕에서는 영화 '스파이더맨'이 개봉돼 블록버스터의 신기록을 세웠다. 영화는 뉴욕을 무차별로 파괴하는 악마를 처벌하는 정의의 화신을 그려냄으로써 9·11 테러 이후 마음 상한 미국인들을 속 시원하게 했다는 짐에서 흥행에 싱공했다.

영화에는 뉴욕 타임스퀘어 상공에서 스파이더맨과 그린고블린이 공중전을 벌이고, 그 사이에 간간이 삼성전자 전광판이 나타난다. 타임스퀘어는 영화 속에서 선과 악의 싸움터였지만, 현실에서는 전광판을 둘러싸고 삼성과 소니가 보이지 않는 신경전을 벌인 곳이다.

'스파이더맨'은 일본 소니 사가 1980년대에 인수한 컬럼비아 영화사의 한 계열사에서 제작됐다. 당초 예고편에는 삼성전자 전광판 대신에 USA 투데이 사의 광고판이 그래픽으로 처리돼 있었다. 이에 건물주들이 영화사가 대주주인 소니의 경쟁사인 삼성을 의식해서 의도적으로 간판을 교체했다고 주장하고 원상 복구를 요구하는 소송을 뉴욕 지방법원에 제출했고, 소니 측이 원래의 모습으로 복원했다는 후문이다.

삼성과 소니는 한국과 일본을 대표하는 기업이다. 삼성의 창업자 고이병철 회장은 선진 기술을 배우기 위해 매년 12월 일본을 순례했고, 지난 30년간 삼성전자는 소니의 착실한 제자와도 같은 위치에 있었다. 그러나 소니의 입장에서 보면 삼성은 너무 빨리 따라오는 무서운 제자였다.

한 세대가 지난 지금, 삼성과 소니는 전세계 시장에서 치열한 경쟁을 벌이고 있다. 삼성전자는 2001년 소니가 올린 순이익의 20배에 해당하는 3조 원 가까운 순이익을 낸 데 이어 2002년 1~3월에 1조 9000억 원의 순이익을 내, 소니가 같은 기간에 55억 엔(550억 원)의 손실을 기록한 것과 대조를 보였다. 단기적인 수익을 기준으로 할 때, 삼성이 소니를 추월한 것처럼 보인다. 이를 기준으로 미국의 시사주간지 〈타임〉 지는 "3년 내에 삼성이 소니를 앞지를 것"이라고 호평했고, 국내외 언론들은 삼성이 여러 부문에서 소니를 추월했다는 보도를 쏟아냈다.

비슷한 맥락에서 〈뉴욕타임스〉를 비롯, 세계 유수 언론들은 최근 월드컵 개최를 계기로 한국과 일본 경제를 비교하는 기사를 싣고 있다. 해외 언론들은 한결같이 "한국이 경제 개혁을 통해 높은 성장을 이룩하고 있는 데 비해 일본은 개혁을 지연시키고 있기 때문에 장기 불황에서 헤어나지 못하고 있다"며 한국에 우호적으로 기울고 있다.

그러면 과연 삼성이 소니를 제치고, 한국 경제가 일본보다 나아졌는가. 삼성전자의 매출은 소니에 크게 미치지 못하고, 한국 경제의 GDP는 일본의 10분의 1에 불과하다. 소니는 미국을 능가하는 슈퍼컴퓨터를 제작하는 데 비해 삼성의 능력은 퍼스널컴퓨터 수준에 머물고 있다.

일본 식민지 경험이 있는 한국 사람들에겐 일본을 이겨야 한다는 경쟁심이 마음 깊숙이 자리잡고 있다. 한국 기업이 일본 기업을 추월했고, 일본이 한국 경제에서 배워야 한다는 외국의 칭찬만큼 기분 좋은 일도 없을 것이다.

그렇지만 이런 비교에는 무서운 함정이 있다. 바로 '자만'이다. 일본은 지난 1980년대에 미국을 능가했다는 자만에 빠졌고, 소니가 컬럼비아 영화사를 매입함으로써 미국인들의 자존심을 상하게 한 적이 있다. 그 후 일본은 장기 침체에 빠졌고, 앞으로도 미국을 능가할 가능성이 보이지 않고 있다.

한국은 일본의 전철을 밟아서는 안 된다. 아직 소니는 세계 전자시장의 정상에 있고, 삼성은 한참 따라가야 한다. 한국 경제가 일본에 비해 후진국인 것은 분명한 사실이다. 남의 칭찬에 취해 자만에 빠진다면 한국은 영원히 일본을 능가할 수 없을 것이라는 사실을 일본을 반면교사로 삼아 배워야 한다.

뉴욕에서 광고 회사를 하는 한 친구가 이런 얘기를 한 적이 있다. 골드만 삭스에 다니는 동료가 아주 행복해하고 있다는 것이다. 그의 동료는 골드만 삭스에서 한국 투자를 담당하고 있는데, 국민은행에 투자한 돈이 몇 배로 불어나고 있어 마음이 뿌듯하다는 얘기를 여러 군데 하고 다녔던 모양이다.

뉴욕 굴지의 투자 은행인 골드만 삭스는 외환 위기 직후인 1999년에 국민은행에 5억 달러를 투자했다. 그 후 국민은행은 주택은행을 합병함으로써 2년 사이에 주가가 배 이상으로 뛰었다. 골드만 삭스는 국민은행에 투자한 후 2년여 만에 투자 자금을 회수할 때 모두 15억 달러의 자금을 걷어갔다. 이 점은 뉴욕을 방문했을 때 김정태 행장도 인정했다. 5억 달러를 투자해서 2년 만에 15억 달러를 벌었으니, 본전을 빼더라도 2년 만에 10억 달러의 순이익을 낸 셈이다. 이 금액은 2001년 국민은행의 영업이익 7000억 원에 버금가고, 합병한 국민은행 전체 직원의 1년치 봉급에 해당한다고 국민은행 간부들은 말한다. 국민은행이 수많은 은행원을 자르고, 기업 부도가 늘 것을 알면서도 신용을 까다롭게 하면서 번 한 해 수익을 골드만 삭스는 돈장사로 고스란히 번 것이다.

외환 위기 이후 외국인들이 한국 자본시장에 참여하면서 짭짤한 수익을 냈다. 그들은 세계 금융시장의 중심지 뉴욕 월 가에서 배운 지식과 기술을 동원해 한국에서 많은 수익을 내고 있는 것이다. 비단 골드만 삭스만이 한국에서 돈을 번 것은 아니다. 한국 증권시장에 투자한 많은 외국인들이 한국인 투자자들에 비해 수익을 챙기고 있는 것이다.

9 · 11 테러 직후 2002년 초까지 한국 증시가 뜰 때 외국인들이 어떻게 돈을 벌었는지를 관찰하는 것도 재미있을 것이다.

뉴욕 증시가 9 · 11 테러 이후에 'V자형'의 빠른 회복세를 보일 것이라는 전망이 월 가에서 나온 것은 테러 한 달 후인 2001년 10월 초였다. 그리고 미국 경제가 회복될 경우 한국 증시가 큰 폭으로 상승할 것이라는 기사가 그 해 10월 25일자 〈월스트리트 저널〉에 게재됐다. 신문에 기사가 나올 때는 그 이전에 월 가의 상당한 자금이 한국에 들어갔다는 것을 의미한다. 따라서 월 가 투자자들은 대략 2001년 10월에 한국 증시에 몰려들었던 것으로 추정된다. 2001년 11월 중순 한국의 종합주가 지수는 600포인트를 돌파했고, 그때까지만 해도 한국의 투자자들은 긴가민가하고 있었다. 그러다가 외국인 자금의 힘으로 주가가 추가로 상승하자, 기관투자자들은 그때서야 대세상승론을 내세우며 뛰어들었다. 그무렵 일부 월 가 펀드들은 주가가 800포인트를 넘으면 빠진다는 전략을 세우고 있었다. 주가가 650포인트를 넘자 외국인들은 두 달 사이에 40% 이상의 이익을 실현했으므로 슬슬 빠지는 상태에서 기관투자자들의 힘으로 700을 넘고, 이제 이른바 개미군단이라고 불리는 소액투자자들이 달려들었다.

문제는 주가가 700~800포인트에서 장기간 조정을 거치면서, 한국 증시는 그야말로 외국인들의 잔치로 끝나고 말았다는 점이다. 한국 기관투자자들은 뒷북치고, 막판에 뛰어든 개인투자자들은 외국인들의 이익 실현 자금을 마련해준 꼴이 됐다. 한국증권거래소 분석에 따르면, 2001년 9월 17일부터 11월 27일까지 외국인 보유 주식의 시가총액 증가분은 30조 원에 이르고 있다. 두 달 사이에 외국인들은 한국 증시 노름에서 삼성전자의 시가총액을 번 셈이다.

물론 외국인 자금이 유입되면서 증시가 상승하고 기업의 자금 조달이 용이해지고 경제 회복에 대한 기대감이 높아지는 등 한국 경제에 기여한 바를 평가절하하기는 어려운 일이다. 또 골드만 삭스의 투자가 있었기에 국민은행은 건실한 은행으로 살아났고, 한국 금융시장에 피가 돈 것을 부정할 수는 없다. 한국 경제는 재도약을 위해 더 많은 외국인 투자를 유치해야 한다는 사실을 인정하지 않을 수 없다.

중요한 것은 이제 한국도 국제 금융시장의 고도의 기법을 배워야 한다는 점이다. '제조업만이 살 길'이라며 경제 개발에 매진했던 박정희 대통령 시절에 많은 젊은이들이 외국에 기술을 배우러 간 적이 있었다. 그때 습득한 기술로 한국의 자동차, 반도체, 기계, 화학, 조선 산업이 세계 반열에 서게 되었다. 이젠 금융 기술을 배우러 외국, 특히 월 가에 많은 젊은이들이 가야 한다. 그들의 기법을 배우고, 정보를 교환하고, 그 기술로 해외 금융시장을 개척해서 돈을 벌어야 국부를 벌 수 있다.

한국은 국제시장의 먹잇감인가

외국인 투자자들이 한국에서 막대한 이익을 챙기는 데 비해 한국 기업과 정부는 해외 금융시장에 나가 번번이 당하고 돌아오고 있다. 외국시장에서 한국은 좋은 먹잇감인 셈이다.

그 예를 몇 가지 들어보자.

1999년 5월 26일 아침 9시 30분, 한국의 정보통신부 장관과 KT(옛 한국통신) 사장이 뉴욕 증권거래소 개장식에 참석, 오프닝 벨을 타종했다. 그로부터 2년쯤 후인 2001년 6월 28일 저녁 4시, 또 다른 한국의 정통부 장관과 KT 사장이 같은 장소에 서서 뉴욕 증시 폐장을 알리는 클로징 벨을 울렸다. 인물은 바뀌었지만, 2년 1개월 사이에 같은 자리의 한국 대표 두 명이 뉴욕 증시의 시작과 마감을 알리는 행사에 참석하는 배려를 받았다.

뉴욕 증권거래소는 주식을 새로 상장하는 회사의 대표에게 증시 개장과 폐장을 알리는 타종 기회를 준다. KT는 지난 1999년에 뉴욕 증시에 처녀 상장한 데 이어 2차로 정부 지분을 매각한 덕분에 정통부 장관과 KT 사장이 트레이더들이 지켜보는 가운데 종을 울리는 영광을 두 번씩이나 가졌던 것이다.

한국 정부가 똑같은 국가 재산을 매각하기 위해 뉴욕에 두 번이나 왔으니, 국제시장의 생리를 잘 이해하면서 보다 좋은 가격에 물건을 팔았을 것이라고 믿고 싶었다. 그러나 두 번의 매각 과정을 들여다보면서 그런 기대는 금세 사라졌다.

먼저 2년 사이의 가격 변동을 보자. 첫 번째 상장에서 KT의 해외 주식 예탁증서는 주당 27.56달러에 발행됐다. 그러나 두 번째에선 20.2달러로 뚝 떨어졌다. 2년 사이에 무려 27%나 싸게 팔았던 것이다. 또 1차 상장 때는 서울에서 거래되는 주식(원주) 가격보다 20%의 프리미엄이 붙었는데도 사겠다는 사람들이 많았다. 그러나 2차 때엔 뉴욕에 거래되는 주식예탁증서 종가에 비해 오히려 0.7% 깎아 팔았다. KT는 당초 6% 정도의 프리미엄을 기대하면서 25억 달러 정도를 받으리라 생각했으나, 막판에 22억 달러에 낙찰했다. 그러면 3억 달러는 어디로 날아갔다는 말인가. 시장을 탓할 수도 있다.

그러나 여기에는 몇 가지 문제점이 있다. 우선 정부가 지나치게 일정에 매여 국가 재산을 헐값에 매각했다는 점이다. 파산 직전에 있는 하이닉스(옛 현대전자)처럼 해외에서 물량 소화가 급한 것도 아닌데, 뉴욕 증시가 아주 나쁜 시점을 선택할 필요는 없었다. 몇 달을 기다려 시장이 좋아질 때를 기다릴 여유가 있었을 터인데, 일정에 쫓겨 밀어붙였다는 비난을 피하기 어렵다.

또 굳이 연방준비제도이사회가 금리 인하를 하는 날에 가격 결정을 해야 했느냐는 점이다. KT가 주식예탁증서를 매각하던 2001년 6월 27일에 뉴욕 증시는 금리 인하 폭에 촉각을 곤두세우고 있었는데, 금리 발표 직후에 가격 결정 일정을 잡은 것은 어쩌면 도박에 가까운 판단이었다. 연방준비제도이사회는 이날 뉴욕증권가의 기대에 못 미치는 수준의 금리를 내렸고, KT 주가는 5% 정도 폭락했다. 서울에서 장관과 사장이 왔지만, 예정시간인 오후 4시에도 가격을 결정하지 못하고 데드라인 직전인 밤 11시에 뉴욕 종가보다 낮은 가격에 내주고 말았다.

또 다른 예를 들어보자.

2002년 10월 9일 저녁 재경부 관리들과 증권 브로커 회사 직원들은 샌프란시스코에서 밤 늦도록 담배인삼공사 정부보유 주식의 해외 매각 가격을 결정하지 못했다. 그 시각, 서울에서 담배인삼공사 주가는 6.8% 급락했다.

예정 물량 2633만 주(14.5%)를 다 팔자니 가뜩이나 폭락한 가격에다 5%를 깎아줘야 할 형편이었다. 다음날에도 서울 증시에서 담배주가 밑바닥에서 오락가락하자 정부가 내린 결론은, 원주 가격에 70%만 팔고 나머지 30%는 담배인삼공사에 떠넘기겠다는 것이었다. 그렇게 해서 조달한 금액이 2억 3000만 달러로, 2002년 9월 발표 당시 예상금액 3억 7000만 달러의 60%에 불과하다. 공사의 자사주 취득분 물량(1억 달러)을 합쳐도 10% 이상 헐값이다.

문제는 정부가 하필이면 세계 증시가 폭락하는 시점에 국가 재산을 매각하는가 하는 점이다. 정부 담당자들의 시장 판단력과 협상 주도력 부족 때문이다. 재경부는 2002년 7월에 담배인삼공사 지분 매각을 추진하다가 연기한 바 있고, 또다시 시도한 끝에 최악의 시점을 선택한 것이다.

재경부는 매각에 앞서 서울에서 발표한 자료에서 "이리그 전쟁설 등으로 시장 불확실성이 증대되고 있으므로, 10월 초에 빨리 매각하는 것이 바람직"하다라고 주장했다. 그러나 당시 뉴욕 증시는 하락하고 있었고, 10월 위기설이 돌고 있었다. 경보를 듣고도 태풍 한가운데로 배를 저어간 셈이다.

정부의 담배인삼공사 지분 해외 매각은 첫 단추부터 잘못 꿰어졌다. 1999년 11월 재경부는 10억 달러의 해외예탁증서 발행을 추진하면서 해외투자자들이 가격 할인을 요구하자 로드쇼 도중에 하차했다. 주가가 상승하는 시기였기 때문에 프리미엄을 얹어서 발행하겠다는 심산이었다.

하지만 2년을 기다리며 선택한 시기가 2001년 10월 24일이었다. 경기 침체 와중에 9·11 테러까지 당해 뉴욕 증시가 극도의 혼돈에 빠져 있는 상황에 재경부는 굳이 담배인삼공사 지분 20%를 매각했다. 그때 물량의 절반밖에 주식예탁증서로 소화하지 못하고, 나머지는 일정 기간마다 이자를 물어야 하는 교환 사채 조건으로 겨우 매각했다.

정부 당국자들은 주가가 좋을 땐 공기업 매각에 배짱을 부리다가, 주가가 나쁠 땐 허겁지겁하는 이상한 모습을 보여주고 있다. 외환 보유고도 넉넉하고 IMF 자금도 다 갚은 상황에서 시장 변동을 여유 있게 지켜보며 거래를 할 필요가 있었다.

이처럼 뉴욕 월 가에서 한국물이 만만하게 취급되고 있는 것은 서울에서 온 정책 결정권자들이 소수의 뉴욕 월 가 매니저들과 교류하고 있다는 데서 문제가 발생하고 있다. 그렇기 때문에 소수 월 가 사람들의 말을 따르지 않을 수 없고, 상황 판단과 흥정에서 밀릴 수밖에 없다는 얘기다. IMF를 겪은 지 수년의 세월이 흘렀지만, 한국은 아직도 국제시장에서 먹잇감이 되고 있는 것이다.

| 4 | 자본시장은 또 다른 유권자 |

한국 대선에 또 다른 관전자는 국제 금융시장의 참여자들이었다. 그들은 해외의 유권자였다.

1990년대 말 베를린 장벽이 붕괴된 후 국제 금융시장은 국경을 허물고 세계를 하나의 시장으로 만들어놓았다. 정치인은 국경을 경계로 유권자의 지지를 호소하지만, 국제 금융시장은 하루에도 수조 달러씩 국경을 넘나들며 지역구에 담을 쌓고 있는 정치인을 옥죄고 있다.

2002년 초에 터진 아르헨티나 금융 위기를 보더라도 페르디난도 델라루아 전 대통령은 대통령 선거에서 압도적으로 승리했지만 국제 자본의 지지를 받지 못해 임기를 2년 남기고 물러나야 했다. 2위 경제대국인 일본도 국제시장의 불신을 받아 경제가 가라앉고, 거의 해마다 총리가 경질되는 악순환을 거듭해왔다. 세계화 시대에 정치인이 해외 유권자의 미움을 사면 경제 운영에 실패하고, 결국 국내 유권자들의 저항에 부딪히는 새로운 정치 질서가 형성되고 있는 것이다.

국내 유권자는 '1인=1표'의 민주주의 권리를 행사하지만, 해외 유권자는 '1달러=1표'라는 돈의 논리를 편다는 사실이 다르다. 해외 유권자는 그 나라 국민(유권자)이 원하는 복지정책과 교육에는 관심이 없고, 투자한 돈이 이익을 실현할 것인지, 그런 시장을 만들어놓을 것인지에 관심을 두고 있다.

정확히 말하자면 해외의 유권자가 한국 대통령 선거에 영향력을 미친 것은 두 번째다. 1997년 대선을 앞두고 IMF가 구제 금융을 지원하면서 세 대통령 후보 중에서 누가 당선되더라도 IMF 조건을 이행하겠다고 약속할 것을 요구했다. 표가 떨어질 것을 두려워히면서도 세 후보가 IMF의 요구를 받아들인 전례가 있다.

2002년 대선을 전후로 국제 금융시장은 한국 대선에서 차기 대통령에 누가 당선될 것인지에 촉각을 곤두세웠다. 뉴욕 월 가로 대변되는 국제 금융시장이 한국 경제를 조망할 때 한국 대선을 중요한 변수로 보고 있는 것은 분명한 사실이다.

선거 전에 만난 미국 금융인들은 한국 대선과 관련, 몇 가지 중요한 포인트를 지적했다. 첫째가 김대중 정부가 추진한 경제 개혁이 다음 정부에서 지속될 것인가 하는 점이고, 둘째는 다음 정권에도 한국 경제가 글로벌 경제에 개방적으로 운용될 것인가 하는 점이다.

물론 한국 정당은 좌와 우에 대한 약간의 경사가 있지만 모두가 보수 세력이기 때문에 시장 경제와 자본주의 질서에는 큰 변화가 없을 것으로 국제시장에서는 보고 있다. 그렇지만 세계시장이 요구하는 개혁과 개방 조치를 노무현 정부가 지속적으로 노력할 것인지에 해외 유권자의 관심은 국내 유권자만큼이나 깊다는 점을 인식해야 한다.

1980년대 영국의 마가렛 대처 총리는 영국병의 근원이었던 노동조합과 싸워 이기고, 시장 경제 원리를 도입하여 경제에 대대적인 수술을 가했다. 현재의 토니 블레어 총리의 노동당은 대처의 보수당을 누르고 집권했지만, 대처의 개혁주의를 그대로 이어받아 2001년 세계 경제가 동시 침체에 빠졌을 때도 영국은 플러스 성장을 구가했다.

정치인도 세계화 시대의 흐름을 타야 한다. 21세기 첫 대선에서 한국의 대권 주자들은 국내 유권자를 얻기 위해 구습을 재연할 것이 아니라, 눈을 해외로 돌려 해외 유권자들이 무엇을 요구하고 있는지를 염두에 두어야 할 것이다.

투자자가 곧 유권자

국내 투자가들도 선거에 중요한 변수가 되고 있다. 이를 가장 먼저 안 사람은 빌 클린턴 대통령이었고, 부시 대통령도 감세정책을 추진하면서 이른바 '투자가 계급'에게 많은 혜택을 주었다.

1997년 가을, 당시 빌 클린턴 대통령의 민주당은 무역 자유화를 내용으로 하는 신속처리권(패스트트랙) 법안을 의회에 제출했고, 다수당을 차지한 공화당은 이 법안의 골자인 대통령의 통상 대권에 반대했다. 그때 클린턴 대통령은 주식투자자들을 향해 "법안이 통과되면 주식시장에 매우 긍정적인 영향을 줄 것"이라고 주장했다. 대통령이 의회와 마찰을 빚으면 유권자들에게 자신의 주장을 호소하는 것이 민주주의 관행이다. 대통령이 유권자의 지지를 얻어내면, 야당도 표를 의식해 정치적 판단을 바꾸지 않을 수 없다. 그런데 민주주의가 발달한 미국에서 대통령이 유권자에게 호소하지 않고 주식투자자에게 호소한 것이다. 그 이유는 유권자의 절반 이상이 증권투자자들이고, 그들에게는 주가가 올라가는 것만큼 반가운 소식이 없기 때문이다.

정치인들이 주식투자자를 겨냥해 지지를 호소하는 일은 미국에서도 최근의 일이다. 최근의 조사에 따르면 미국 성인의 51%가 주식에 투자하고, 유권자의 53%가 주식투자자로 나타났다. 주식투자자가 곧 유권자이고, 경제적 이해 관계가 곧바로 유권자의 지지도로 연결되는 시대가 된 것이다.

2002년 한국 대선에서도 후보들이 증권 투자 유권자를 겨냥한 공약과 주장이 눈에 띄었다. 이회창 한나라당 후보는 노무현 민주당 후보의 행정수도 이전 공약을 반박하면서, "수도를 충청도로 옮기면 수도권의 집값과 증시가 폭락할 것"이라고 주장했다. 이에 대해 노무현 후보는 "종합주가 지수를 2000포인트까지 올리겠다"고 전제하며, 행정수도를 이전할 경우 수도권 집값이 안정되고, 주식시장에 영향이 없을 것이라고 반박했다.

경제 논리로 보면 대통령 후보들의 주장에 상당한 허점이 있다. 부동산 전문가들은 수도권에 비즈니스, 교육, 문화적 기능이 밀집해 있기 때문에 행정 기능이 빠져나간다고 해서 집값이 폭락할 것으로 보지 않았다. 1970년대 초에 서울대를 종로구에서 관악구로 옮기고, 청계천 전자상가를 도심 밖(용산)으로 이전시켰지만, 서울 도심의 밀집도는 전혀 해소되지 않고 있다. 한국 사람 대다수는 부동산을 담보로 증권 투자를 하기보다 여유 자금으로 투자를 하므로, 집값이 떨어지면 주가가 폭락한다는 주장은 설득력이 없다.

노무현 후보의 주가 2000포인트 목표도 믿기 어려운 공약이었다. 한국 주가는 15년 이상 300~1000포인트의 큰 박스권을 움직였다. 노태우 대통령 때도 주가 1000포인트를 넘었고, 김영삼, 김대중 대통령 때도 1000포인트를 넘었으나 곧 무너졌다. 경제의 기초여건이 든든하고 증시 기반이 개선되어야 주가가 오르는 것이지, 대통령이 주가를 부양하겠다는 것은 넌센스다.

어쨌든 2002년 대선에서처럼 증권투자자를 겨냥하는 정책 논쟁은 역대 선거에 없었던 새로운 경향이다. 한국에 증권투자자들이 늘어나고, 경제 이슈가 정치 이슈보다 중요한 쟁점으로 부상하고 있다는 얘기다.

한국 증권예탁원에 따르면 2001년 말 주식 직접투자 인구는 330만 명으로, 총인구의 7%에 달한다. 뮤추얼펀드나 투자신탁 회사에 돈을 맡긴 간접투자자까지 합치면 800만 명에 이르는 것으로 추정되는데, 이들이 모두 20세 이상 유권자라고 가정할 때 총유권자 3500만 명의 25%에 이른다. 미국에 비해 그 비율이 절반에 지나지 않기 때문에 정치인들이 주택 소유자도 포함시켜 지지를 호소한 것이다. 지난번 대선은 어느 후보가 증권투자자와 주택 소유자로 대변되는 중산층의 지지를 더 많이 얻느냐에 의해 결정되었다고 해도 무리한 분석이 아닐 것이다.

인구 불균형을 막자

한국의 젊은 여성들은 아이를 하나만 낳고 자신의 인생을 즐기려는 경향이 늘고 있다. 경제가 선진국 수준으로 올라갔기 때문에 나타나는 현상이기도 하거니와, 대학 이상의 교육을 받은 여성들이 자녀 부양보다는 자신의 일을 선호하기 때문이기도 하다.

영국의 〈이코노미스트〉 지는 2002년 여름에 미국인들은 아이를 많이 낳는 데 비해 유럽 젊은이들은 아이를 낳지 않으려고 하기 때문에 미국은 앞으로 50년간 유럽보다 건강한 경제를 꾸려나갈 것이라는 기사를 실었다.

2000년을 기준으로 임신 가능한 미국 여성이 평균 2.13명의 아이를 낳은 데 비해 서유럽 여성들은 1.4명을 낳았다. 인구통계학에서 부부 한 쌍이 평균 2.1명을 낳아야 그 나라의 인구는 줄지도 늘지도 않는다고 한다. 가임 여성의 출산율을 기준으로 미국의 인구는 늘어나는 데 비해 유럽은 줄어든다는 얘기다. 게다가 미국은 유럽보다 이민자를 더 많이 받고 있기 때문에 현재 2억 8000만 명의 인구가 25년 후에는 3억 5000~4억, 50년 후에는 4억~5억 5000명에 이를 것으로 전망된다. 이에 비해 서유럽은 인구가 줄게 된다. 미국의 인구가 10여 개 서유럽 국가를 합친 것보다 많아지게 되는 것이다.

19세기 영국의 경제학자 토머스 맬서스는 "인구는 기하급수적으로 늘어나는 데 비해 식량은 산술급수적으로 늘어난다"며 전세계가 인구 과잉으로 멸망할 것이라는 극도의 비관론을 내놓았다. 하지만 미국과 서유럽과 같은 선진국에서는 인구를 얼마나 늘릴 것인가 하는 문제가 주요 이슈로 대두되고 있다. 많은 인구를 먹여살릴 경제력을 보유하고 있기 때문에 사람 수를 오히려 국력의 개념으로 사용하고 있는 것이다.

서유럽 여성들은 미국 여성들보다 자신의 인생을 즐기려는 경향이 강하다. 유럽에서는 앞으로 20~30년 후에 젊은 인구가 줄고, 노년층이 많아져 일하는 사람보다 노는 사람이 많아지게 된다. 사회가 늙고 있다는 것은 그 나라 경제와 국력이 약해지고 있음을 의미한다. 한 인구통계에 따르면 50년 후에 출산율이 높은 미국의 평균 연령은 36세인 데 비해 출산율이 낮은 유럽은 53세에 이를 전망이다. 미국은 앞으로 50년간은 튼튼한 인구 구조를 가지고 있기 때문에 적어도 인구통계학 측면에서 세계 유일의 초강대국을 유지할 수 있을 것으로 전망된다.

한국 통계청의 발표에 따르면 한국 여성들은 유럽과 일본 여성들보다 출산율이 낮은 것으로 나타났다. 2001년을 기준으로 한국의 임신 가능한 여성의 출산율은 1.3명으로, 한 해 전의 1.47명보다 급격히 줄어들었다. 또 일본(1.33), 프랑스(1.89), 영국(1.64)보다 훨씬 낮은 수준이다.

출산율 하락은 한국 인구가 줄어들 것임을 예고하고 있다. 좁은 땅덩

어리에 너무 많은 인구가 살고 있는 현실을 감안하면 반가운 소식처럼 들린다. 그러나 30년 후의 한국을 생각해보면 걱정이다. 지금 아이를 낳은 부모들은 은퇴 연령에 접어들어 노인 인구가 급증하는 반면, 젊은이들이 부족해진다.

일본 경제가 1960~1970년대에 급속하게 팽창한 것은 쓰는 인구보다 일하는 인구가 많았기 때문이다. 그러나 노인 인구가 급증한 1990년대 이후부터 일본은 장기 침체의 늪에서 헤어나지 못하고 있다.

인구통계가 반드시 경제를 결정하지는 않는다. 하지만 인구 구조의 변화가 장기적으로 경제에 엄청난 영향을 미치는 것은 사실이다. 한국은 미국처럼 이민을 받는 나라가 아니다. 따라서 한국이 장래에 많은 노동 인구를 확보하는 길은 두 가지다. 하나는 북한의 노동력을 흡수하는 일이고, 또 다른 하나는 젊은 여성들이 아이를 둘 이상 낳아야 한다는 사실

도표4-3. 총부양비 및 노령화 지수 (단위 : %)

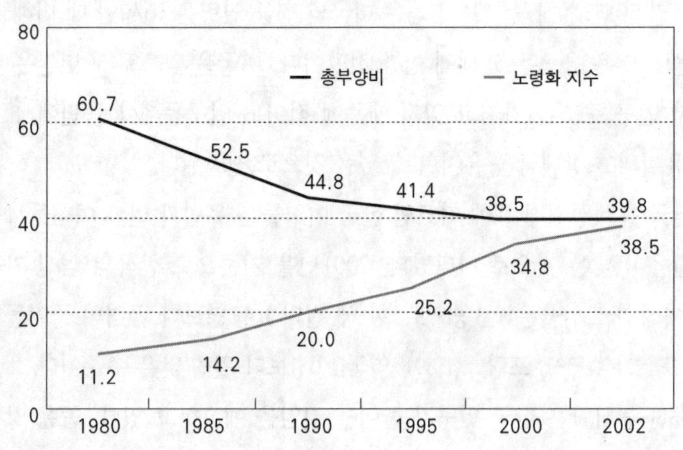

이다. 1960~1970년대 가난했던 시절에 박정희 정부가 딸·아들 구별말
고 둘만 낳아 잘 기르자는 운동을 벌인 적이 있다. 그러나 이제는 둘 이
상 낳아야 잘산다는 선전문구를 내걸어야 할 형편이다.

고령 사회를 준비하자

일본 경제가 한창 호황을 구가하던 1888년, 미쓰비시 연구소는 이런
보고서를 낸 적이 있다.

> (일본은) 고령화 사회가 되어 노인이 늘어나고 있다. 젊은 사람들은
> "노인들을 위해 세금 따위를 왜 내느냐" 하고 태도를 바꾸게 될 것이다.
> 여기서 '노소(老小) 전쟁'이 확실하게 일어날 것이다. 1990년대는 그럭
> 저럭 넘어갈 것이지만, 다음 세기는 그런 전쟁 발발의 시작으로서, 장
> 수화의 문제가 발생할 것이다.

일본의 고령화는 지난 10년간 경제 침체의 한 요인으로 꼽힌다. 고령
자가 증가한다는 것은 노동을 하지 않고, 사회 보장을 받고, 의료비가 많
이 드는 연령층이 늘어나는 것을 뜻한다. 일본은 현재 14세 이하의 어린
이 인구보다 65세 이상 고령자 인구가 많은 세계 제1의 장수 국가로 부
상했다. 1999년 말 65세 이상 인구가 전체의 17%에 육박했고, 20~15년
에는 25%를 넘어설 것이며, 앞으로 20년 후에는 고령화로 GDP가 7%
가까이 감소할 것이라는 계산도 나와 있다.

인간은 누구나 오래 살고 싶어한다. 중국 천하를 통일한 진시황제도
불로초를 구하려고 온갖 노력을 했던 것처럼, 장수는 동서고금을 막론

하고 인류의 꿈이다. 그러나 사회 경제적인 측면에서 노령화는 큰 문제를 낳는다.

일본은 제2차 세계대전 이전에 양산(?)된 인구가 1990년대 이후 사회적 고령화를 가져왔다. 이에 비해 미국은 제2차 세계대전이 끝난 후에 많은 아기가 태어났고, 1945년에서 1960년 사이에 출생한 세대를 이른바 '베이비 부머(Baby Boomer)'로 부르고 있다. 빌 클린턴 전임 대통령, 지금의 조지 부시 대통령도 베이비 부머 세대다. 베이비 부머 세대는 20대이던 1960년대에 세계적인 팝송 열풍과 청바지 바람, 히피 경향을 일으켰고, 베트남전 반대 운동의 주역이었다. 이들이 직장을 갖고 경제 주역이 됐을 때 장기 호황이 시작됐다. 베이비 부머들은 장래에 은퇴할 때를 대비, 봉급의 5~15%를 떼어내 증권 투자를 했고, 이 돈이 뮤추얼펀드를 통해 뉴욕 월 가에 유입됨으로써 지난 20년간의 황소 장세를 주도했다.

1990년대 미국과 일본의 경제가 역전된 것을 경제전문가들은 시장시스템으로 설명하지만, 인구통계학으로도 설명이 가능하다. 일본의 고령화가 미국보다 빨랐던 것은 전쟁의 탓이다. 일본 정부는 중국과 전쟁을 벌이고, 미국과 태평양전쟁을 치르던 1935~1945년 사이에 아이를 많이 낳을 것을 권장했다. 이때 출생한 사람들이 본격적으로 경제 활동을 하던 1960~1980년대에 일본 경제는 고도 성장을 구가했고, 미국 경제를 꺾겠다는 야심을 불태웠다. 그러나 1990년대 들어 미국의 베이비 부머 세대들이 경제 전선에 뛰어들 때 일본의 주요 인구층이 늙어갔다. 그 결과는 일본 경제의 침체였고, 미국의 부흥이었다.

한국에서는 한국전쟁 이후 출산율이 높았다. 한국의 베이비 부머는 일본보다 10~15년 지연됐고, 미국보다는 5~10년 늦었다. 한국의 베이비 부머 세대는 한국 경제 발전의 주역이었고, 민주화 운동의 핵심이었음을 부정할 수 없다.

그러나 현시점에서 중요한 것은 미국과 한국에서 전후 베이비 부머 세대가 늙어간다는 사실이다. 미국에선 10년 후면 베이비 부머 세대들이 65세에 진입한다. 이들이 직장을 은퇴할 때 인력난이 발생하고, 노후 비용으로 쓰기 위해 증시에서 돈을 빼내게 되면 주가 하락을 초래할 것이라는 전망도 나오고 있다.

미국이나 일본에서는 고령층에 대한 사회보장제도가 발달해 있고, 개개인이 노령화에 준비를 해왔다. 이에 비해 한국 사람들은 대부분이 노후를 준비하지 못하고 살고 있다. 평생 가정과 직장을 위해 희생적인 삶을 살다가, 남은 인생을 자식에게 의지하는 게 보통이다.

전문가들은 사회적 고령화에 대한 여러 가지 대책을 쏟아내고 있지만, 중요한 것은 일자리다. 관념상 또는 제도상 정년을 연장해서 노동 인구를 확대하고, 과다한 육체 노동이 요구되지 않는 정보통신산업에서 일자리를 마련해줄 필요가 있다.

노무현 대통령과 부시 미국 대통령은 같은 나이다. 노 대통령이 1946년 9월생이고, 부시 대통령은 같은 해 7월에 태어났으니, 한국과 미국의 두 지도자는 두 달 차이의 동갑내기다. 한국에선 김영삼 · 김대중 전 대통령들의 나이에 비해 젊은 대통령이 나와 신선감을 주고 있다. 이에 비해 미국에서는 동년배인 빌 클린턴 전임 대통령이 40대에 취임한 것과 달리 부시 대통령이 50대에 백악관을 차지함으로써 상대적으로 젊어 보이지 않을 뿐이다.

한국의 대선은 지역 갈등의 잔재가 남아 있지만, 세대간 대결 구도를 보여준 사상 유례없는 정치 행사였다. 20대와 30대의 젊은 파워에 의해 선택된 지도자는 50대 대통령이었다. 장년층들은 젊은 대통령이 나오면 나이든 사람들이 떠나야 한다는 동양적 가치관 때문에 상당히 겁을 먹고 있었던 것이 사실이다. 대통령이 50대이면 장관은 40대에서 나오고,

그러면 공직 사회는 물론 군, 기업 등 다양한 사회에서 많은 장년층들이 직장을 떠나야 하는 게 아니냐고 생각한 것이다.

그러면 여기서 노 대통령과 동갑내기 대통령이 통치하는 미국을 보자. 딕 체니 부통령은 62세로 부시 대통령보다 나이가 많고, 도널드 럼스펠드 국방장관은 70대다. 럼스펠드 장관이 앞서 제럴드 포드 대통령 시절에 국방장관을 할 때 체니는 국방차관을 맡고 있었다. 그가 30년 만에 다시 국방장관이 되는 사이에 차관이 부통령이 되었어도 나이나 계급으로 인해 미국 행정부의 국방정책에 갈등이 있다는 얘기는 들어보지 못했다. 체니 부통령이 가끔 국방장관이 아직 자신을 부하로 알고 있다고 농담을 던지는 정도에 불과하다.

존 스노 재무장관은 63세, 스티븐 프리드먼 백악관 경제수석 비서관은 64세, 윌리엄 도널드슨 증권거래위원회 위원장은 71세로 모두 대통령보다 나이가 많다.

대통령보다 나이가 많은 부통령이 나오고 장관이 임명되어도 미국이 강력한 힘을 발휘하는 것은 연령에 의한 위계 질서가 아니라 시스템에 의해 정부 조직과 사회가 움직이기 때문이다.

능력 본위의 사회

금융권에서 홍석주 조흥은행장이 40대 행장 시대를 열었다고 사회적으로 떠들썩했던 적이 있다. 상무에서 행장으로 올라가던 때 그의 나이는 49세였다. 조흥은행은 국제감각과 개혁성을 감안해 젊은 행장을 뽑았다고 밝혔다. 그러자 직원들 사이에서는 "신임 행장보다 나이가 많은 사람은 그만두어야 하는 게 아닌가" 하며 술렁이는 반면에, 주식시장에서는 젊은 행장에 대한 기대로 주가가 상승했다고 한다.

한국에서 외국인이 대주주인 한미은행에 40대 행장이 들어선 적이 있지만, 100년 역사의 보수적인 국내 은행이 젊은 행장을 선택했으니 사람들이 놀라는 것도 당연하다. 반가운 소식은 신임 행장보다 나이가 많은 200명의 행원들이 새 경영진과 함께 은행을 위해 일하겠다고 내부적으로 정리하고, 홍 행장도 취임 직후 어느 인터뷰에서 "나이가 인사의 기준이 될 수 없고, 능력 위주로 인사를 할 생각"이라고 말해 인사로 인한 안팎의 불안감을 수습하려고 했다. 한국에서 가장 빠르게 구조 개혁이 단행됐다고 평가받고 있는 금융 분야에서 젊은 최고경영자가 정착되어 가고 있는 모습이다.

한국을 비롯한 동양권에서는 나이가 아래인 사람이 높은 직책에 오르면, 나이가 많은 사람은 물먹은 것으로 간주돼 직장을 떠나는 게 관례처럼 되어 있다. 또 나이 어린 사람이 조직을 맡으면 지휘통솔 체계가 흔들린다는 장유유서(長幼有序)의 유교 관념이 관료·군·직장 사회에 깊게 뿌리박혀 있다.

그러나 미국 금융권에선 나이가 전혀 문제되지 않는다. 시장 경제가 발달한 미국에서는 전통 관념이 아니라 시스템이 움직이기 때문이다.

미국에서 다섯 번째로 큰 상업 은행인 뱅크원의 최고경영자 제임스 다이먼 회장은 2002년에 46세였다. 그가 2년 전에 뱅크원의 최고경영자를 맡았을 때 은행은 고비용 구조에 시달렸고, 자본 효율성이 미국 은행의 평균치 이하였다. 그는 경영을 맡자마자 소매 분야를 통합하고 중복되는 분야를 도려냈으며, 기업 대출의 수익성을 높이는 등 대대적인 수술을 단행했다. 그 결과 뱅크원은 지난해 경기 침체에도 불구하고 건전한 수익성을 유지하여 뉴욕 증시에서 인기 있는 종목으로 부상했다.

　다이먼 회장은 41세에 투자은행 살로먼 스미스 바니의 최고경영자를 맡아, 시티 그룹의 샌디 웨일 회장 후계자로 지목되던 인물이다. 그는 젊은 나이에 너무나 잘나갔기에 오히려 미국 금융계의 대부로 자처하는 웨일 회장의 견제를 받아 시티 그룹을 떠났다. 그렇지만 젊은 경영자는 새로운 은행에서 천부적인 자질을 발휘하고 있는 것이다.

　미국 최대 자동차 회사인 제너럴 모터스(GM)의 최고경영자 릭 왜고너 사장이 2년 전 47세의 나이로 경영을 맡았을 때 GM의 수익은 포드에 밀리고, 생산성과 자동차 품질은 일본 자동차에 뒤졌다. 그는 비용을 줄이고 외부의 능력 있는 사람을 과감히 채용하며, 자동차 품질 개선에 나서 GM을 모든 분야에서 1위로 올려놓았다. 또 잭 웰치의 후임으로 GE의 최고경영자를 맡고 있는 제프리 이멜트 회장은 46세다.

　문제는 관료 사회다. 재경부 정무직에 30대 또는 40대의 외부인이 자리를 차지했을 경우를 가정해보자. 나이든 재경부 관리 중에 마음속으로 승복하는 사람이 얼마나 될까? 사표를 내라는 뜻으로 받아들이거나 복지부동의 태도로 돌아서지 않을까?

　로렌스 서머스 하버드대 총장이 클린턴 정부 시절인 지난 1999년 재무장관을 맡았을 때 44세였다. 그의 밑에는 장관보다 10살 많은 스튜어트 아이젠스탯이 부장관을 맡았고, 국제 경제를 담당하는 티모시 가이스터 차관은 당시 37세였다. 이런 연령 구조에도 불구하고, 미국 재무부는 세계 경제를 이끄는 중심축으로서의 역할을 하는 데 조금도 내부적 갈등을 보이지 않았다.

　이에 비해 일본은 당시 수상을 지낸 80대의 미야자와 기이치를 대장상으로 모셨다. 최악의 위기에 처해 있을 때 금융 개혁을 노정객에게 맡길 수밖에 없었던 것은 일본의 고질적인 연공서열 때문이었다.

미국이 세계 경제를 리드하는 힘은 국력이 크기 때문만이 아니라, 나이와 상관없이 능력 본위로 조직이 움직이는 시스템을 갖추었기 때문이다. 한국도 경제 체질을 한 차원 높이기 위해서는 은행에서 시작된 젊은 피 수혈을 정부 조직에까지 확산시킬 필요가 있다.

한국인들은 2002년 대선에서 변화를 선택했다. 그런 만큼 사회 체계도 변해야 한다. 젊은 사람이 조직을 맡으면 지휘통솔 체계가 흔들린다는 장유유서의 전통 관념에서 벗어나 능력과 직책에 의해 움직이는 시스템에 적응해야 한다. 일본이 낡은 관념에서 벗어나지 못해 10년째 장기 불황을 겪고 있질 않는가. 능력 본위로 정부시스템이 움직이는 미국 관료 체계를 눈여겨 보면서, 한국호가 가야 할 방향을 가늠해볼 필요가 있다.

7

정치가 경제를 망친다

한국에서 오는 신문을 넘기면 정신이 아찔하다. 온통 정치 얘기다. 진보와 보수, 여당과 야당이 한 치도 양보하지 않고 할퀴고 싸우는 기사로 가득 차 있다.

그뿐 아니다. 지역 감정의 골은 갈수록 깊어지고 있고, IMF 직후 잠잠했던 노사 분규도 악화일로에 있다. 또 공정해야 할 언론도 김대중 정부의 세무 조사 후에 정치와 사회 갈등의 한편에 서서 골을 더 깊이 패게하는 역할을 하고 있다. 정치력이라든지 토론이라든지 하는 개념은 사라진 지 오래다. 정치 세력이나 사회 세력은 물론 언론마저 상대방이 죽지 않으면 내가 죽는다는 식의 전투를 벌이고 있다.

문제는 경제다. 이념 싸움과 정쟁이 아무리 치열하게 벌어지더라도, 경제가 좋으면 큰 걱정이 없다. 미국 경제가 저성장의 늪에서 3년째 헤어나지 못하고 있고, 2002년 대선을 전후로 북한 핵 문제로 인해 한국 금융시장이 불안에 떨고 있다. 여당과 야당이 한 치의 양보도 없이 싸움을 벌일 때 그 틈을 비집고 엄청난 사회적 혼란이 야기되고, 그 사이에 경제는 멍들고, 한국에 들어온 해외 자금이 동요할 가능성을 배제할 수 없다.

우리는 최근 중남미 국가와 터키의 경제 위기에서 정치와 사회 안정이 얼마나 중요한지를 배울 수 있다. 정치가 불안하면 경제가 불안해지는 것은 글로벌 경제 시대의 공식이 되고 있다. 한국은 1997년 대선 직전에 태국발 아시아 위기에 휩쓸린 경험이 있지 않은가.

2002년 여름 미국발 금융 위기로 세계 경제의 불확실성이 고조되고 있는 가운데 정쟁이 치열한 브라질, 터키와 같은 나라에서 해외 자본이 썰물처럼 빠져나가면서 경제 위기가 가중됐다. 뉴욕 증시가 하락하면서 월 가의 펀드들이 투자자의 자금 상환 요구에 대응하느라, 정치적으로 불안한 나라에서 투자 자금을 우선 빼내기 때문에 생긴 문제다.

브라질은 2002년 10월 대선을 앞두고 당선이 유력한 야당의 룰라 다 실바 후보가 시장 경제를 부정하자, 해외 투자자들이 대규모로 탈출하는 바람에 헤알화가 급락하고 국채 가산금리가 급등했다. IMF는 2002년 여름에 브라질에 300억 달러의 구제 금융을 지원하겠다고 발표했지만, 차기 대선 후보들이 고통스런 IMF 조건을 거부할 경우 국가 파산을 피하기 어려운 실정이었다.

터키의 경제 불안은 불렌트 에체비트 총리가 2002년 11월 조기 총선 실시에 앞서 야당으로 돌아선 케말 데르비스 재무장관을 해임하면서 촉발됐다. 미국은 이라크 공격의 전초기지를 확보하기 위해 IMF를 앞세워 터키에 11억 달러의 긴급 자금을 수혈했지만, 총선 전후로 정치 불안을 두려워하는 해외 자금 이탈은 계속되었다.

중요한 점은 중남미와 아시아의 이머징마켓이 선거를 전후해 정쟁이 격화될 때마다 주기적으로 금융 위기를 겪어왔다는 사실이다.

브라질은 대선을 치른 직후인 1999년 초 지방 주지사들이 부채 상환 유예를 선언함으로써 헤알화를 절하한 바 있다. 당시 금융 위기는 정쟁에서 비롯됐다. 브라질에서 두 번째 큰 주인 미나이스 제라이스 주의 이타마르 프랑코 주지사는 "연방 정부에 갚아야 할 부채의 상환을 유예한다"라고 선언함으로써 카르도소 정부에 정면 도전했다. 프랑코 주지사는 지난 1992~94년에 대통령을 지냈으며, 그때 카르도소는 재무장관이었다. 그는 부하였던 카르도소가 자신을 밀어내고 대통령이 되었다고 믿었고, 정계에 복귀하기 위해 주지사에 출마하여 당선됐다. 주지사에 오르자마자, 그는 정적에게 포문을 열고 빚을 갚지 않겠다고 선언한 것이다. 정쟁이 격화되자, 외국인 투자가는 떠나고 통화 가치는 하루아침에 폭락하고 말았다.

2001년에 불거진 아르헨티나 위기도 정치 불안에서 시작됐다. 신임 페르디난도 델라루아 대통령은 여러 정당의 연합으로 집권했는데, 오랫동안 아르헨티나를 집권한 페론당이 노조를 등에 업고 사사건건 정부의 개혁안에 반대했다. 그 결과는 외국 자본의 탈출이었고, 경제는 벼랑 끝에 몰려 2002년 초 아르헨티나 정부는 국가 파산을 선언하지 않을 수 없었다.

멕시코는 과거 대통령 선거가 돌아오는 5년 주기로 경제 위기를 겪었고, 지난 1994년 대통령 후보가 암살되는 등 극심한 정치 불안을 겪는 과정에서 페소화 폭락 사태가 터졌다. 연초 터키의 경제 위기는 대통령과 총리 간의 갈등에서 출발했다.

베를린 장벽 붕괴 후 형성된 세계 단일시장에는 하루에도 수조 달러의 유동성 자금이 국경을 넘어 빠르게 이동하고 있다. 방대한 국제 자본은 정치 불안으로 위험도가 높은 나라에서 갑자기 이탈해버린다. 1990년대 후반 이후 세계적인 경제 위기는 정치 갈등과 직결되고 있다. 1995년 멕시코 위기, 1998년 러시아 위기도 정정 불안이 배경이다.

선진국도 예외는 아니다. 미국에선 2002년 중간선거를 앞두고 민주당이 조지 부시 대통령과 딕 체니 부통령의 과거 기업 자금을 쓴 전력을 문제삼으면서 신용의 위기가 가중돼 해외 자금이 빠져나갔다. 일본도 고이즈미 준이치로 총리가 자민당 내 보수 세력의 반대로 예금부분보장제를 비롯한 개혁 노선에서 후퇴하자 니케이 지수가 18년 만에 최저치로 떨어졌다.

경제도 정치를 망칠 수 있다

정치가 경제를 망친다면, 그 역의 논리도 성립하지 않을까. 즉, '경제가 잘못되면 정치인도 망한다'는 것인데, 세계적으로 이미 입증되고 있다. 몇 가지 예를 들어보자.

1998년 1월 15일, 인도네시아 대통령궁에서 수하르토 대통령이 침통한 표정으로 책상에 구부정하게 앉아서 IMF 협정에 조인했다. 그의 뒤에는 미셸 캉드시 IMF 총재가 팔짱을 끼고 서서 노려보고 있었다. 수하르토의 서명 사진이 언론을 통해 전해지자, 자카르타 시민들은 무엇을 합의했는지에는 관심이 없었고, 우리 대통령이 저렇게 수모를 당해야 하는가에 분노했다. 수하르토는 이 같은 분위기를 이용하여 경제 개혁 조치를 지연시켰고, 7년 임기의 대통령직에 나서서 장기집권체제를 굳혀 나갔다. 그러나 경제는 이미 나락으로 떨어졌다. 뒤늦게 수술의 칼을

댔지만, 그 결과는 휘발유 가격 70% 인상이었다. 인도네시아 국민들은 시위대에 합류했으며, 수하르토는 마침내 30년 권좌를 내놓아야 했다.

태국도 지난 1997년 국제 자본의 무거운 압력으로 바트화가 폭락했고, 그에 따른 경제 위기의 책임을 지고 차왈릿 용차이웃 총리가 물러났다.

한국도 예외는 아니다. 1997년 12월 대통령 선거 때를 돌아보자. 선거일이 다가오는데도 신문지상의 톱 뉴스는 온통 경제로 뒤덮였다. 환율이 1달러당 2000원에 육박하고, 기업들이 줄줄이 도산하고 있었다. IMF 고위층의 동정과 발언이 대통령 후보보다 더 중요한 비중으로 다뤄졌었다. 경제 위기 한가운데서 치른 선거는 경제 파탄의 원인을 제공한 집권 여당에게 고배를 안기고, 오랜 야당 생활을 한 세력의 손을 들어줬다.

세계 경제는 정치의 패턴도 바꾸어놓았다. 국제시장의 논리에 부응하여 시장 경제를 운영하는 나라는 안정된 민주주의가 운영되지만, 국제시장 원리를 어길 경우 경제 파탄이 일어나고, 집권 세력도 큰 위기에 봉착하는 새로운 패러다임이 형성되고 있다.

민주주의는 '1인=1표'의 원리를 적용하는, 인류가 고안한 가장 훌륭한 정치제도로 인식되고 있다. 그러나 국제 자본시장이 단일화되면서, 국제 자본과 시장이 또 다른 중요한 유권자로 등장하고 있다는 새로운 현상에 주목할 필요가 있다.

한국 정부는 외환보유고가 넉넉하고 단기 채무를 줄였기 때문에 과거와 다르다고 주장하지만, 주식시장에 들어온 해외 단기 자본(핫머니)은 언제라도 한국을 떠날 수 있다. 문제는 정치권이다. 정치인들이 흙탕싸움을 벌이고 있는 사이에 경제가 물밑으로 가라앉게 될 경우 그들만이 살아있을 것이라고 생각하면 큰 오산이다.

집권 여당은 물론 야당도 국내 유권자만을 상대로 정쟁을 벌이고 있다. 그러나 그들의 뒤에 국제 자본시장이 무거운 힘으로 누르고 있다는 것을 알아야 한다. 경제가 무너지면 정치도 없고, 여도 야도 없게 되는 무서운 원리가 1990년대 이후 국제 사회에 형성되고 있다는 사실을 우리 정치인들이 모르는 것 같아 안타깝다.

8

이머징마켓을 졸업하자

한국 경제는 뉴욕 금융시장에서 이머징마켓(emerging market)으로 분류돼 있다. 직역하면 '떠오르는 시장', '발전하는 시장'이라는 좋은 뜻이다. 하지만 정확하게 말하자면 선진국에 진입하지 못한 후진국 시장이라는 뜻이다. 이머징마켓의 상대어로 선진국마켓(developed market)이라는 용어가 있다.

한국은 이머징마켓을 졸업하고 선진국마켓으로 올라가야 한다. 그것은 한국의 국제적 위상이 높아지는 상징적 의미와 함께 해외 투자자들이 한국 증시에 대한 투자 비율을 높이는 현실적 이득이 생기는 중요한 문제다. 2002년부터 국제 금융시장의 일부에서는 한국을 이머징마켓에서 선진국마켓으로 상향 조정하기 시작했으며, 한국 정부도 이머징마켓과 선진국마켓을 가르는 MSCI의 등급 조정을 공식 요청해놓고 있다.

2002년에 김용덕 재경부 차관보는 헨리 페르난데스 MSCI 사장을 만난 후 "정부의 요청으로 당장에 선진국마켓으로 올라가는 것은 아니지만, 한국 경제 여건을 잘 설명하고 MSCI의 조건에 맞추어 나간다면 이머징마켓 졸업도 어려운 일이 아니다"라고 말했다.

전체는 아니지만, 국제 금융시장 일부에서 한국을 선진국으로 대우하기 시작했다.

2002년 7월 JP 모건은 한국의 외국환평형기금채권(외평채)을 이머징마켓에서 제외한다는 내용의 보고서를 각 투자 회사에 돌렸다. 디스커버리 캐피털 매니지먼트의 매니저 데이비드 전은 "JP 모건이 이머징마켓에서 선진국마켓으로 올려준 나라는 한국이 처음"이라며 "채권 부문에서 선진국으로 대우받은 만큼 증권 부문에서도 이머징마켓을 졸업하도록 노력할 필요가 있다"라고 말했다.

한국 국채의 인기는 최근 뉴욕 증시가 하락하면서 물량이 모자랄 정도다. 만기 5년의 외평채는 2002년 여름에 LIBOR(런던은행간 금리)+0.35%의 저금리로 거래돼 그 무렵 국채 발행에 실패한 일본과 대조적인 모습을 보였다. 이러한 현상은 한국 경제가 무디스나 S&P와 같은 신용평가 기관의 등급보다 높은 수준에서 평가받고 있음을 의미하는 것이다.

한국에 대한 월 가의 평가도 긍정적이다. 로버트 루빈 시티 그룹 회장(전 재무장관)은 2002년 전윤철 당시 부총리겸 재정경제부 장관을 만나 "한국 경제가 세계에서 가장 전망이 밝은 곳이며, 한 줄기 빛"이라고 극찬을 했다. 이런 좋은 기회에 한국이 증권 분야에서도 선진국마켓에 진입해야 할 필요가 있다.

뉴욕에 본사를 둔 MSCI사가 평가하는 지수는 전세계 투자 회사들이 인정하는 것으로, 미국에서는 해외 투자 전문 펀드의 90%, 유럽에선 3분의 2가 이 지수를 활용해서 포트폴리오를 구성하고 있다. MSCI는 전

세계적으로 27개국을 이머징마켓, 24개국을 선진국마켓으로 분류하고 있으며, 아시아에서는 일본과 홍콩·싱가포르가 선진국 범주에 들어있다. GDP 기준으로 세계 11위 국가이며, 지난 5년간의 경제 개혁으로 자본시장에 선진국 시스템을 도입한 한국으로선 MSCI의 선진국 기준을 통과할 충분한 여건이 마련되어 있다.

월 가의 뮤추얼펀드들은 대략 8 대 2의 비율로 선진국마켓과 이머징마켓에 투자하기 때문에 한국이 이머징마켓에 남아있는 한 해외 자금 유입에 한계가 있다. 스커더 인베스트먼트의 한국 투자 담당 매니저 존 리는 "뮤추얼펀드가 포트폴리오 비율 이상으로 이머징마켓에 투자했다가 손해를 볼 경우 책임 추궁이 뒤따른다"면서 "한국이 선진국마켓에 진입하려면 주식 거래량이 커져야 하며, 정부의 시장 개입이 없어야 한다"라고 말했다. 존 리는 "한국 증시가 이머징마켓을 탈피하려면 단기 투자에 매달리는 개인투자자보다 미국의 뮤추얼펀드처럼 장기 투자에 주력하는 투자 회사를 육성해 증권시장의 안정 기반을 형성해야" 한다고 주문했다.

핀란드 노키아 사의 2001년 매출은 280억 달러로 핀란드 정부의
연간 예산에 맞먹는다. 빙하의 나라에서 발원한 이 회사는 미국의 모토
롤라를 누르고, 세계 무선전화기 시장의 37%를 장악하며 선두를 지키고
있다.

한국에서는 노키아와 핀란드에 대해 "강한 기업이 강소국(强小國)을
만들었다"며 거의 신화적으로 미화하고 있다. 2002년 대통령 선거에 뛰
어든 여러 후보들도 유럽과 아시아의 '강소국'을 한국 경제의 모델로 삼
아야 한다고 역설했다. 언론 매체도 핀란드, 스웨덴, 아일랜드, 네덜란
드, 싱가포르와 타이완에 기자를 보내 현지 취재 시리즈물을 경쟁적으
로 다루었다. 한국처럼 나라 규모는 작지만, 노키아나 에릭슨, 필립스와
같은 세계적인 기업을 배출하고 높은 국민소득을 구가하고 있는 나라를
배우려는 자세는 높이 살 만한 일이다.

한국에서 강소국의 모델로 배우고 있는 핀란드 노키아의 연구소

　그런데 한국에서 추앙받고 있는 '강소국'들에서 어떤 문제들이 생기고 있는지를 살펴볼 필요가 있다. 강소국은 한두 개 기업 또는 업종에 집중해 있기 때문에 주변 강대국이 호황일 때는 잘나가지만, 강대국이 조금만 흔들려도 크게 흔들리는 특성을 가지고 있다.

　노키아는 2001년 세계적인 경기 침체로 매출과 수익이 줄었고, 그 때문에 핀란드의 성장률이 1%대 이하로 떨어졌다. 기업이 어려워지면서 노키아는 핀란드에서 나가려는 움직임을 보여 나라를 발칵 뒤집어놓았다. 북유럽 국가들은 전통적으로 사회보장제도가 발달되어 있고, 성인이 직장을 잃으면 15개월 동안은 사회보장기금으로 먹고 살 수 있다. 그러자면 기업과 직장에서 일하는 노동인구가 엄청난 세금을 내서 실업인구를 먹여 살려야 한다. 기업은 자선 단체가 아니다. 핀란드 기업임을 고집하려면 세금을 너무 많이 물어야 하기 때문에 다른 나라로 이전하고 싶다는 얘기다.

영국의 이웃 섬나라 아일랜드는 전통적인 농업국으로 제조업이나 서비스 분야가 취약하지만, 인터넷과 디지털 시대를 맞아 각광을 받았다. 영어가 통하고 인건비가 싸며 교육 수준이 높기 때문에 선진국 하이테크 기업들이 대거 아일랜드에 공장을 세웠다. 그렇지만 미국과 유럽의 하이테크 산업이 무너지면서 이 섬나라의 경제도 심하게 위축되었고, 이제 아일랜드 사람들도 굴뚝 산업의 중요성을 인식하게 됐다.

가깝게 타이완과 싱가포르는 첨단기술산업에 집중해서 이른바 아시아의 네 마리 용으로 부상했다. 그러나 2001년에 두 나라는 1997년 아시아 통화 위기 때보다 더 큰 침체를 겪었다. 이웃 태국과 인도네시아의 경제가 무너진 것보다 그들의 물건을 사주었던 미국의 하이테크 산업이 붕괴되는 것이 더 큰 타격을 주었기 때문이다.

한국 경제는 세계 경기 침체를 원만하게 극복하고 빠르게 회복하는 나라로 꼽히고 있다. 산업 구조가 전자, 자동차, 조선, 중공업, 화학 산업 등으로 비교적 다각화돼 있기 때문에 미국의 하이테크 산업이 무너졌어도 다른 산업에서 보강할 여력이 있었고, 6000만 인구의 소비력이 경기 침체를 막았던 것이다.

한국이 노키아에서 배울 점은, 강소국의 논리가 아니라 세계화의 이점이다. 노키아가 1865년에 창업했을 때 현지의 풍부한 목재를 이용한 제지산업으로 출발하여 고무 등 화학산업에 진출한 국내기업에 불과했다. 노키아는 창업 100년 후인 1960년대에 케이블 산업에 진출하여 디지털 산업에 손을 댔으며, 그 연장선에서 무선통신사업에서 세계적인 기업이 되었다. 이제 노키아는 핀란드에서의 매출이 전세계 매출의 1.5%에 불과하고 주주의 90%가 외국인인 글로벌 기업이다.

한국에서 '강소국'이라는 새로운 용어를 만들고, 이들 국가를 선망하는 배경에는 한국 땅덩어리가 좁다는 데 있을 것이다. 그렇지만 한국은 이제 강소국이 아니라 세계를 향한 강대국이 될 필요가 있다. 남북한 합쳐 인구가 1억에 가까운데 아직도 소국을 모델로 지향할 필요가 없다고 생각한다. 한국 기업도 이제 세계를 무대로 장사를 하는 시대가 됐고, 한국은 다만 기업이 발원한 고향쯤으로 생각할 필요가 있다.

10년 전인 1990년대 초로 돌아가보자. 미국 굴지의 은행들이 한국 기업들을 찾아다니며 금리를 싸게 해줄 테니 돈을 빌려가라고 대대적인 세일을 했다. 〈비즈니스 위크〉는 "아시아의 네 마리 용이 용트림하고 있다"느니, "한국이 몰려온다"느니 하면서 한국 경제의 잠재력을 두려운 시각으로 다뤘다. 한국 사람들은 그런 칭찬에 흡족해했고, 기업들은 미국 은행들로부터 달러 자금을 흥청망청 들여와 유화 공장을 짓고 제철소를 건설했다.

요즘 또다시 뉴욕 금융가 사람들이 한국 경제를 대단히 칭찬하고 있다. 그들은 한국 경제가 외환 위기를 극복하는 과정에서 과감한 구조 개혁을 단행했기 때문에 세계적인 경기 침체를 이겨내고 강력한 힘으로 회복하고 있다고 이구동성으로 말한다. 미국 언론들도 한국 경제의 잠재력을 높게 평가하고 있다.

그런데 월 가 사람들이 한국에 대해 좋게 얘기하고, 미국 언론들이 한국에 대한 기사를 잘 써주고 있을 때 함정이 있다는 사실을 염두에 둘 필요가 있다. 미국 투자가들이 한국에 들어올 때는 한국을 좋게 말하고, 빠져나갈 때는 한국을 거의 야만적인 수준으로 몰아친다는 사실이다.

지금의 세계 경제 상황이 여러 가지 점에서 미국 자금이 아시아로 몰려오던 1990년대 초와 비슷하다. 1990년대 초 미국의 단기금리가 10%에서 3%로 떨어져 저금리의 시대가 열렸고, 미국 경제가 침체를 극복하고 장기 호황의 문턱에 들어서고 있었다. 지금도 미국의 은행간 콜금리가 40년 만에 최저인 1%대로 떨어졌고, 이러한 저금리는 상당한 기간 동안 유지될 전망이다. 지금의 미국 경제는 10년 전처럼 느린 속도이지만 회복의 길을 가고 있다.

10년의 사이를 두고 나타나고 있는 또 다른 비슷한 현상은, 바로 월 가의 거대한 뭉칫돈이 아시아로 몰려오고 있다는 사실이다. 중국과 한국은 월 가 사람들에게 주요 투자처로 꼽히고 있다.

그러면 미국인 투자가들이 한국을 중심으로 아시아로 몰려오는 이유는 무엇일까? 한국 경제가 구조 개혁이 이뤄졌기 때문일까? 반드시 그렇지는 않다. 그들이 1990년대 초 아시아에 몰려올 때 아시아 국가들이 회계가 투명하고 기업 지배 구조가 훌륭했기 때문은 아니었다. 아시아 시장에서 많은 이문을 남길 것이라는 동물적 직관 때문이었다.

지금 미국 경제가 빠르게 회복되면서 뉴욕 자본시장 주변의 엄청난 대기성 자금이 투자할 곳을 찾고 있다. 남미를 가려니 아르헨티나처럼 돈을 떼일 우려가 있고, 아시아 국가 중에서 말레이시아나 필리핀, 인도네시아와 같은 회교 세력이 있는 곳은 싫고, 한국과 타이완이 그들에겐 좋은 투자처로 분류되고 있다.

미국의 펀드매니저들은 평균적으로 새로운 세기를 맞아 몇 년 동안 주가 하락으로 엄청난 손해를 보았다. 어떤 매니저는 보너스 한 푼도 받지 못했다. 경기가 느리게나마 회복되고 있지만, 주가는 오를 가능성이 적다. 블루칩 500개(S&P 500)의 주가수익률이 1929년 대공황 직전보다 높으니 뉴욕 증시에서 높은 수익을 내기는 어렵고, 한국과 같이 변덕이 심한 시장으로 가자는 것이다.

그런데 문제는 국제 금융시장이 월 가를 중심으로 하나의 시장으로 되면서 주변부 시장의 불안정성이 높아졌다는 사실이다. 10조 달러의 엄청난 국제 유동성이 월 가의 심장이 뛰는 대로 흘러나갔다가 빠져나오면서 이른바 이머징마켓은 과열과 붕괴를 거듭하고 있다는 사실이다. 1990년대 초 멕시코는 저금리의 미국 자본이 고수익을 찾아 몰려갔다가

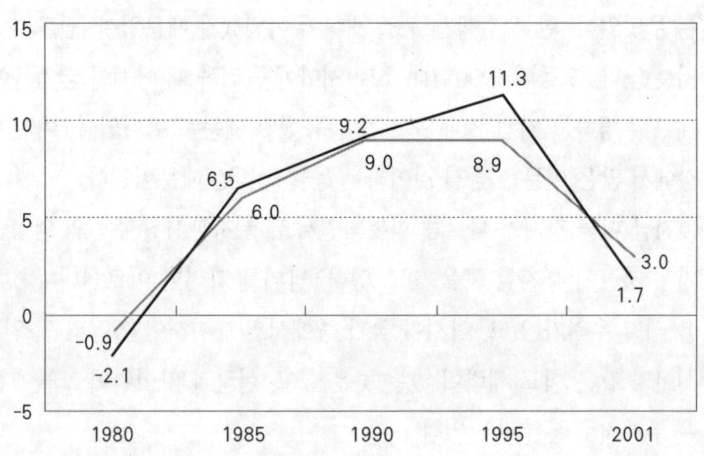

도표4-4. 한국의 경제 성장률 (단위 : %)

어느 날 갑자기 빠져나오면서 경제 파탄의 나락으로 떨어진 적이 있다.

한국 사람들은 주가가 뛴다고 마냥 좋아들하고 있는데, 미국인, 정확하게 말하자면 월 가의 펀드매니저들이 한국 주식을 더 이상 사지 않게 되었을 때 시장을 버텨나갈 힘이 있는가를 생각해보아야 한다. 또 그들이 놀란 양떼처럼 한꺼번에 빠져나가지 않도록 경제를 잘 관리하고 시스템이 돌아가도록 유지하는 것이 중요하다는 사실을 염두에 둘 필요가 있다.

미국 경영계의 여걸 휴렛패커드의 칼리 피오리나 회장은 한국을 잘 아는 인물로 알려져 있다. 9·11 테러 직전인 2001년 9월 4일 그녀는 뉴욕을 방문하여 카메라맨들 앞에서 컴팩 컴퓨터의 마이클 카펠라 회장과 가볍게 포옹을 한 후 두 회사의 합병을 공식 선언했다. 한때 경쟁자이던 두 경영인이 다정하게 손잡은 모습을 보고, 저게 바로 미국 기업의 생동력이라는 생각을 했다.

재미있는 사실은 세계적인 컴퓨터 메이커의 합병을 놓고 서울 증권시장과 뉴욕 증권시장이 달리 해석했다는 점이다. 두 기업의 결합 소식이 전파를 타고 서울에 전해지자, 여의도 증시의 종합주가 지수가 폭등했다. 세계 PC업계의 구조 조정이 이뤄지면 PC와 반도체 가격이 크게 오를 것이라는 기대 때문이었다. 그렇지만 정작 뉴욕 증시에서는 휴렛패커드 주가는 10% 이상 폭락했고, 컴팩 주가도 큰 폭으로 빠졌다. 휴렛패커드가 막대한 인수 비용을 치러야 하기 때문에 수익률이 떨어질 것이고, 합병에도 불구하고 PC시장이 좋지 않을 것이라는 전망 때문이었다.

동일한 사안을 놓고 미국 시장과 한국 시장이 어쩌면 이렇게 정반대로 생각할 수 있을까. 미국 투자자들은 철저하게 수익 변화를 따져 주가를 움직였고, 한국 사람들은 막연한 기대에 따라 움직였다고도 볼 수 있다.

그런데 짚고 넘어가야 할 대목이 있다. 미국 기업들은 스스로의 문제점을 파악하고 고치는 데 비해, 한국 기업들은 스스로 구조 조정을 하길 꺼리면서 외부의 변화에 지나칠 정도로 민감하다는 점이다.

미국 기업들은 2000년 말부터 경기가 가라앉으면서 엄청난 구조 조정을 했다. 휴렛패커드와 컴팩이 합병하는 것도 세계 PC시장 불경기에 대처하기 위해 대형화를 통해 감량화를 단행하자는 것이다.

최근의 예를 몇 가지 들자면, 게이트웨이는 수천 명의 직원을 해고하고 해외 지점망을 철수하여 국내 기업으로 전환했다. 광케이블 회사인 코닝도 수천 명의 직원들을 길거리로 내몰았다. 기업들이 수천, 수만의 직원을 대량 해고하는 바람에 2001년 한 해에만 미국 전역에서 100만 명이 일자리를 잃었다.

컴퓨터칩 메이커인 인텔의 경우 불경기 속에서도 연구 개발 투자를 늘려 미래의 수요를 창출하는 데 노력을 아끼지 않고 있다. 미국 1위 기업인 GE는 그룹 내에 구조 조정을 단행하여 1등 분야가 아니면 과감하게 정리하고 있다.

미국 경기가 살아나면 그것은 미국 기업들의 살을 깎는 구조 조정 노력 덕분이라고 해야 한다. 연방준비제도이사회가 유럽이나 일본이 할 수 없는 과감한 금리 인하를 단행하고, 연방 정부가 세금을 되돌려주는 과단성 있는 정책을 취하긴 했지만, 경기 회복의 주역은 그래도 기업이다. 10년간 장기 호황의 맥을 이어나간 것은 미국의 기업들이고, 21세기 초 불황을 극복하는 것도 그들이다.

미국 경제가 가라앉으면서 한국도 심각한 경제 위기를 맞고 있다. 한국 기업들은 더 죽을 맛이다. 수출이 둔화되고 제조업의 생산과 출하, 설비 투자가 살아나지 않고 있으니, 기업의 장사가 안 되는 것은 당연하다.

그렇지만 한국 정부는 경제가 안 되는 것을 미국과 세계 경제의 탓으로 돌리고 있다. 기업들도 마찬가지다. 장사가 잘될 때는 기업이 잘했기 때문이라고 자랑하다가도, 기업이 안 될 때는 정부를 탓한다. 재계는 스스로 구조 조정을 게을리한 것은 반성하지 않고 정부가 규제 개혁을 하지 않고 있기 때문에 기업을 할 수 없다고 화살을 다른 곳에 돌리고, 재무 구조 개선 조항을 완화해야 한다고 주장하고 있다. 대우가 그랬고, 옛 현대 그룹 계열사들이 지금 한국 경제의 발목을 잡고 있는 것도 이런 타성 때문이다.

1970년대 오일쇼크 이후 처음으로 겪는 세계적인 불황을 맞아 한국 경제의 사활은 최종적으로 기업에게 달려 있다고 해도 지나친 말이 아니다. 정부의 경기부양정책은 기업이 물에 가라앉지 않도록 여건을 형성하는 것일 뿐, 결국 수렁에서 헤엄쳐 나올 당사자는 기업이기 때문이다. 한국 기업들은 세계적인 불경기를 맞아 미국 등 선진국 기업들이 발빠르게 움직이고 있는 모습을 배워야 한다.

한국에서 대통령 선거전이 치열하게 벌어지던 2002년 말 미국의 워싱턴과 뉴욕에선 이라크와 북한을 제재하기 위한 움직임이 부산했다. 11월 13일 뉴욕 유엔본부에선 이라크 대사가 유엔 무기사찰단의 입국을 수용하겠다고 밝혔고, 다음달 한반도 에너지개발기구(KEDO) 이사회는 북한 경수로에 쓰일 중유 공급을 중단키로 했다. 이로써 중동과 한반도에 일촉즉발의 긴장감이 돌기 시작했고, 세계는 또 다른 불확실성의 시대로 진입했다.

그러면 미국이 이라크와 북한에서 노리는 것은 무엇일까?

미국이 이라크에서 노리는 것은 사담 후세인 정권을 타도하고 친미 정권을 세우는 것이라고만 보기는 어렵다. 미국이 1000억 달러에 달하는 막대한 전비를 들여 전쟁을 하려는 것은 테러 세력을 발본색원하는 것 외에도 사우디아라비아에 이어 세계 2위의 매장량을 보유하고 있는 이라크 유전을 확보하기 위한 것이다.

미국은 알래스카에 막대한 유전을 완전히 개발해놓고도 환경론자들의 반대에 부딪혀 쓰지 못하고 있고, 멕시코 만 유전 개발도 같은 이유로 제한을 받고 있다. 알래스카 얼음땅에 노는 순록을 보호하고, 멕시코 만의 어장을 보호하기 위해 미국은 중동의 기름을 노리고 있는 것이다.

그러면 북한에 대해 미국이 노리는 것은 무엇일까? 북한은 세계 경제를 좌지우지할 광산자원을 매장하고 있지 못하다. 경제력이 높아 미국에 경쟁하는 처지도 아니다. 김정일 국방위원장은 제임스 켈리 미국 국무부 차관보가 평양을 방문하기 전까지만 해도 이라크의 사담 후세인 대통령보다 미국과의 대화에 보다 적극적이었다.

미국이 북한 핵 문제에 강력하게 대처하는 것은 바로 동아시아의 헤게모니를 쥐기 위한 것으로 여겨진다. 10년 전 소련이 붕괴하고 대적할 세력이 없는 미국으로선 급격히 부상하고 있는 중국이 두려운 존재다. 10년 장기 불황에 시달리고 있지만 일본은 세계 2위의 경제대국이다. 한국이 혈맹 관계라지만, 미국 보수 세력의 입장에서 볼 때 한국 정부는 지나치게 북한에 유화적이다.

미국이 가장 두려워한 것은 고이즈미 준이치로 일본 총리가 2002년 가을에 북한을 방문하고, 중국도 북한의 개방을 지원하면서 극동아시아에서 미국이 고립되고 있다는 점일 것이다. 북한이 경제를 개방하면서 남한과 교류하고, 남북간 경제 협력이 강화되면 미국으로선 한반도에 대한 영향력이 약화될 수밖에 없다.

미국 보수 세력을 대변하는 〈월스트리트 저널〉은 2002년 11월 13일자 칼럼에서 한국의 차기 정부가 미국과 협력해서 북한에 대응하든지, 그렇지 않으면 미군이 철수하고 단독으로 북한과 부딪히든지를 선택해야

2002년 9월 17일 평양에서 열린 북·일 정상회담. 미국은 동아시아의 헤게모니를 잃어가고 있는 데 초조감을 느꼈다.

한다고 주장했다. 그 글을 쓴 칼럼니스트는 한국의 많은 젊은이들이 전쟁을 하고 싶어하지 않는다는 사실을 읽지 못한 것 같다. 미국의 적이 우방의 적이어야 하며, 미국의 도움 없이 지역 문제가 해소될 수 없다는 헤게모니 이론이 한반도를 지배하고 있는 것이다.

통일의 서막

1989년 수천 명의 동독인을 태운 열차가 체코 프라하를 거쳐 서독 땅에 도착하여 자유를 찾았다. 당시 에리히 호네커 서기장이 이끄는 동독 정권은 인민들에게 자유를 주지 않았고, 동독인들은 경비병의 무차별 발포를 무릅쓰고 목숨을 걸고 베를린 장벽을 넘었다.

철저하게 관리되던 공산 동독에서도 자유의 바람은 막을 수 없었다. 소련은 고르바초프 서기장이 주도하는 페레스트로이카(개혁)와 글라스노스트(개방)의 열풍에 휩싸이고, 폴란드, 체코슬로바키아, 헝가리에 민주화와 개방의 함성이 일면서 동독으로 옮겨붙었다. 동독인들에게 자유를 얻는 길은 두 가지였다. 첫째는 동독을 탈출하여 서독으로 도망가는 것이고, 다른 방법은 동독 내에서 민주화 운동을 벌이는 일이었다. 그해 9월부터 10월 초까지 서독으로 탈출한 동독인은 10만 명에 이르렀고, 마침내 18년간 집권했던 호네커 서기장이 물러났다. 사슬에서 풀린 동독 주민들은 11월 9일 베를린 장벽을 무너뜨리고, 40년간의 독일 분단은 종언을 고했다.

이제 한반도에서 13년 전 독일에서 있었던 일과 비슷한 현상이 나타나고 있다. 2001년 6월 장길수 군 일가족 7명이 북경 유엔 고등판무관(UNHCR) 사무소에 진입한 후 입국한 것을 시작으로, 이듬해 3월에는 주중 스페인 대사관을 통해 25명이 입국하고, 주중 한국 대사관을 통해서도 24명의 탈북자들이 서울에 들어왔다. 김대중 정부 말기에 북한을 탈출하여 남한으로 들어온 탈북자는 2002년 중반까지 2500명에 이르고, 한국 정부의 수용 시설이 부족할 정도다.

물론 최근 북한 주민의 집단 탈출이 서독과 같은 통일의 서막일지는 좀더 지켜보아야 한다. 독일 통일 당시에 수십만 명이 집단 이동한 것에 비하면 규모가 상대적으로 작고, 동독 내에는 민주화 바람이 거세게 일었다는 점에서 시기가 무르익지 않았다고 할 수 있다. 또 50년 동안 북한을 지배해온 김일성·김정일 부자 세습체제가 막강한 권력을 행사하고 있다는 점을 간과할 수 없다.

하지만 작금의 정황으로 보아 북한 정권이 한계에 이르고 있음을 감지할 수 있다. 2002년에 미국 ABC 방송이 저녁 프로그램인 '데이트라인'을 통해 만주로 탈출한 북한 주민들의 실상을 시리즈로 보도했었다. 북경 근처에는 수많은 탈북 주민들이 떠돌고 있다고 외신들이 전하고 있다. 북한 주민들의 탈출을 돕고 있는 독일인 의사 노베르트 폴러첸 씨는 얼마 전에 탈북자 1500명이 해상 탈출을 계획하고 있다고 밝힌 바 있다.

북한은 경제난을 해결하기 위해 시장 경제를 도입하는 위험한 도박을 벌이고 있다. 2002년엔 1달러당 2.2원 하던 환율을 150원으로 70분의 1로 대폭 절하하고, 식량 및 의복 배급제를 철폐하고 시장에서 거래가 가능하도록 했다. 이 두 가지 사실은 북한에 외환이 고갈되고 북한 경제가 심각한 재정난에 봉착해 있음을 보여주는 것이다. 중국이 외환이 충분하기 때문에 암시장의 가격 변동과 연초 일본 엔화 하락에도 불구하고 1달러당 8위안의 고정 환율을 지키고 있는 것과 비교하면, 북한 암시장에서 1달러당 200원에 거래된다는 것은 통제 환율로 교환할 외환이 없다는 것을 의미한다. 또 북한 노동자의 월급을 15~20배 인상해놓고 1kg당 쌀값을 0.08원에서 43원으로, 옥수수값을 0.07원에서 33원으로 500배 이상 올린 것은, 정부가 가격 통제를 할 재정이 없음을 반증한다. 시장 경제를 한답시고 봉급 인상보다 수십 배 높은 식량 가격 상승을 방치함으로써 북한 정권은 인민들의 굶주림을 방치하고 있는 것이다.

따라서 먹을 것을 찾아 탈북하는 사람들이 급증할 것이다. 155마일 휴전선을 넘기는 어려울 것이고, 독일처럼 내륙으로 연결되지 않았으니, 해상 루트가 북한 주민들의 탈출로로 활용될 가능성이 높아졌다.

북한 주민들을 받아들일 사람은 같은 민족밖에 없다. 경제력이 월등하고, 자유민주주의를 구가하고 있는 한국 사람들이 북한 주민들을 받아들일 준비를 할 필요가 있다.

북한의 영변 화력발전소. 이곳에서 핵 시설이 재가동되고 있다고 추정된다. (자료:글로벌 시큐리티 닷컴)

통일 비용을 준비해야 한다

미국 39대 지미 카터 대통령은 평화주의자로 잘 알려져 있다. 그는 독실한 기독교인으로 인권과 평화를 슬로건으로 내걸고 대외정책을 수행했다. 조지아 주 땅콩 농장 출신인 그가 당시 박정희 대통령의 인권정책을 강하게 비판함으로써 한국의 민주화 운동에 큰 힘이 된 것은 사실이다. 카터 대통령은 이스라엘과 이집트 사이의 협상을 중재하고 평화조약을 이끌어냈다. 이 조약은 아직도 중동 평화에 크게 기여하고 있다.

카터의 인도주의는 퇴임 후에 더 빛이 났다. 대통령까지 지냈던 사람이 작업복을 입고 빈민들에게 집을 만들어주는 '사랑의 집짓기 운동'을 벌여 전세계의 주목을 받았고, 2002년엔 쿠바를 방문해서 피델 카스트로 수반을 만나 반정부 인사의 석방을 탄원하기도 했다.

그러나 그의 평화주의는 대통령 재임 시절이나 퇴임 후에 곳곳에서 암

초를 만났다. 재임 시절에 그는 브레즈네프 소련 공산당 서기장의 뺨에 키스를 하며 동서 양진영의 데탕트를 추구하고, 한반도 긴장 완화를 위해 주한 미군 철수를 추진했다. 하지만 소련은 그 틈을 적극 활용해 전세계에 마르크스주의자를 수출하여 앙골라, 니카라과, 아프가니스탄, 엘살바도르에 좌익 정부가 들어섰다. 중동 이란에서는 이슬람 과격 세력들이 팔레비 왕조 타도를 외치고 있는데도 카터 행정부는 우유부단하게 대응했다. 왕정을 타도한 이란의 이슬람 과격파들이 카터 행정부에게 준 대답은 미국 대사관 인질극이었다.

카터는 임기말에야 힘을 전제로 하지 않는다면 평화가 유지될 수 없다는 것을 터득하게 됐다. 그는 안보담당 고문에 매파인 즈비그뉴 브르젠스키를 등용하고, 주한미군 철수 방침을 철회했다. 그러나 때는 늦었다. 그는 소련을 '악의 제국'으로 규정한 로널드 레이건에 패해 단임으로 물러나야 했고, 미국 대사관을 점령했던 이란 회교 과격파들은 그가 공식 퇴임히는 날까지 444일 동안 미국인들을 풀어주지 않았다.

카터 전 대통령은 2002년 노벨 평화상 수상자로 선정됐다. 노벨 위원회가 조지 W. 부시 대통령을 비난하기 위한 것이라고 말해 수상자 결정 과정에 논란이 일기도 했지만, 카터 전 대통령이 세계 평화를 위해 일한 사실은 인정하지 않을 수 없다.

한국의 김대중 전 대통령도 2000년에 북한을 전격 방문, 김정일 국방위원장과 남북 정상회담을 갖고 한반도 긴장 완화에 노력한 공로로 노벨 평화상을 수상하였다. 김 대통령의 햇볕정책 덕분에 최근 북한은 시장 경제를 도입하고, 신의주 경제특구 설립을 추진했다. 남북 철도 연결이 진행되고, 부산 아시안 게임에 북측 여성 응원단이 한국 남성들의 뜨거운 호기심을 유발한 일도 김대중 정부의 평화주의가 가져온 결과다.

하지만 김 대통령의 임기가 끝나가면서 평화주의에 찬물을 끼얹는 돌발 사태들이 터져나왔다. 북한이 핵무기 개발 계획을 진행해왔음을 시인하고, 핵 동결을 약속한 1994년의 제네바 합의를 위반한 사실이 드러났다. 북한이 얼마 전에 평양을 방문한 제임스 켈리 미국 특사에게 최근 몇 년 동안의 핵개발 프로그램을 인정한 것은, 남북 정상이 포옹을 하며 화해를 약속하면서 다른 한편으론 대량살상용 무기를 만들었다는 것을 의미한다.

제네바 합의는 북한이 핵확산금지조약(NPT) 탈퇴로 핵 위기가 고조되던 때 카터 전 대통령이 북한을 방문한 직후에 체결된 것이다. 따라서 북한의 태도는 두 노벨 평화상 수상자의 입지를 위태롭게 했다. 중요한 것은 서로 포옹과 키스를 한 후에도 힘의 균형을 파괴하려는 저의가 진행되지 않도록 긴장해야 한다는 사실이다. 평화를 유지하기 위해서는 평화를 깨는 세력보다 힘이 세야 한다는 점을 북한의 핵개발 확인을 계기로 다시 새겨둘 필요가 있다.

김대중 전 대통령은 북한에 2억 달러를 보낸 사실로 퇴임 마지막에 사과를 하는 등 곤욕을 치렀다. 이 이슈는 한국은 물론 미국에서도 논란이 되었다. 논란의 핵심은 김대중 정부가 북한에 거액의 뇌물을 주고 남북 정상회담을 성사시켰으며, 따라서 김대중 대통령이 노벨 평화상을 산 게 아니냐는 것이다. 한국에서는 대선에서 실패한 보수 세력이 이 이슈를 계기로 김대중 정부와 노무현 정부와의 틈새를 갈라놓으려 했고, 미국 보수 언론들은 한국 진보 세력의 민족주의 성향에 쐐기를 박고 부시 대통령의 강경한 대북정책의 당위성을 강조하려는 의도를 보였다.

우리는 여기서 사건의 진위에 대한 논쟁에서 한 발 물러나 대북 지원이 왜 필요한지를 짚고 넘어갈 필요가 있다.

첫째, 북한의 갑작스런 붕괴를 막아야 한다는 것이다. 북한의 경제는 지금 아주 어려운 상태에 있다. 수만 명이 하루 세 끼를 해결하지 못하고 많은 주민들이 중국으로 건너가 목숨을 걸고 외국 대사관의 담을 넘어야 했다. 독일에선 통일 직전인 1980년대 말 헝가리가 서독으로 가려는 동독 주민의 행렬에 길을 내주었지만, 중국은 북한 주민의 유일한 한국행 육로를 방해해왔다.

독일과 비교할 때 한국의 통일 비용은 엄청날 것으로 예상되고 있다. 동독의 인구는 서독의 3분의 1인 데 비해 북한의 인구는 남한의 절반에 이른다. 통일 당시 동독의 1인당 소득이 서독의 3분의 1이었지만, 지금 남북한의 격차는 엄청나게 벌어져 있다. 북한 당국은 자신들의 1인당 국민소득이 700달러라고 주장하지만, 전문가들은 이 정도의 소득으로는 굶주림에 빠질 리 없고, 적어도 10배 정도는 과장했다고 평가하고 있다. 그렇다면 한국 국민소득의 100분의 1 수준인 것이다.

북한이 갑자기 붕괴될 경우 한국이 치러야 할 통일 비용은 수십조에서 수백조 원에 이른다. 베를린 장벽이 무너진 직후 독일의 한 장관은 "앞으로 5년 내에 동독과 서독 주민이 동등한 삶을 살 것"이라고 말했지만, 10여 년이 지난 지금까지 동서독 사이에 경제력의 차이는 해소되지 못했고, 독일 경제는 아직도 통일 비용의 후유증에서 헤어나지 못하고 있다.

서독은 1972년 양독 기본조약 체결 후 통일될 때까지 17년 동안 한국 돈으로 62조 원을 동독에 지원했다는 연구 결과가 있다. 지금 북한이 붕괴되어 한국이 북한 경제의 파산을 떠안을 준비가 되어 있지 않다는 점에 문제가 있다. 따라서 한국은 조금씩, 천천히 북한을 지원하면서 시장 경제로의 변화를 요구하고, 북한의 저임금을 활용해서 중국에 대한 가격 경쟁력을 확보하는 전략을 추진해야 한다. 이것이 김대중 정부의 햇볕정책이며, 노무현 정부의 포용정책이다.

둘째, 군사력으로 북한을 개방할 수 없다는 사실이다. 미국은 주한 미군으로 인해 한반도의 군사력 균형이 유지되고 있다고 주장하지만, 한국은 지금 북한과의 싸움에서 승리할 수 있는 충분한 군사력을 보유하고 있다. 다만 한반도에서 전쟁이 일어나 양쪽이 잿더미가 되는 것을 막아야겠기에 전쟁보다는 경제 교류, 즉 가난한 북한에 대한 지원이 요구되고 있는 것이다.

〈월스트리트 저널〉은 2003년 2월 5일자 사설에서 대북 송금 때문에 김대중 대통령은 노벨 평화상을 받을 자격이 없다고 주장했다. 대북 자금을 공개적으로 주었든지 비밀리에 주었든지 간에, 그로 인해 남북한 이산 가족이 많이 만나고, 금강산 육로관광길이 열려 한반도에 평화가 온 것은 사실이 아닌가. 그렇다면 북한을 고립시켜 전쟁을 벌일 수도 있다는 럼스펠드 미 국방장관에게 노벨 평화상 자격이 있다는 말인가?

한국에서는 대북 송금 사건으로 정부·기업·금융 기관의 투명성이 상실돼 한국의 대외 신인도가 떨어질 것이라고 보도했다. 하지만 세계 금융시장의 신용평가를 주도하는 무디스와 S&P 사람들을 만나보면, 그들은 북한이 붕괴될 경우 한국이 떠안을 재정 부담을 걱정하며 천천히 북한을 도울 것을 권한다. 한국에서 김대중 정부의 대북 비밀 송금을 둘러싸고 치열한 정치 싸움이 벌어졌지만 뉴욕 월 가에서는 북한 경제가 붕괴될 경우 한국 정부가 부담을 어떻게 최소화할 것인지에 초점을 맞추고 있다는 얘기다.

무디스의 토머스 번 부사장이 2003년 초 코리아 소사이어티 모임에서 "한국에 민족주의 성향이 휩쓸고 있다"라고 말했다. 그는 최근 한반도에서 제기되고 있는 핵 이슈, 반미 감정으로 한국 경제에 대한 '코리안 리스크(Korean risk)'가 높아질 것이며, 한국 경제가 처하고 있는 가장 큰 문제로 북한 포용의 비용, 즉 통일 비용을 들었다.

그는 "북한 경제의 갑작스런 붕괴가 한국 경제에 큰 부담이 될 것"이라며, "포용정책(햇볕정책)만이 북한의 붕괴를 막고 통일 비용을 최소화할 것"이라고 말했다. 무디스는 한국 통일 비용이 GDP의 25%를 넘어설 것으로 보고 있는데, 논란이 된 김대중 정부의 2억 달러 대북 송금을 포함, 지난 1998년 이래 한국·중국 등이 50억 달러를 북한에 지원한 것으로 추산하며, 이 정도의 금액은 아주 저렴한 비용이라고 평가했다.

또 다른 신용평가 회사인 S&P는 지난해 7월 한국의 신용 등급을 조정하면서, 해외발행 채권에 영향을 주는 외국환 신용 등급만 올리고, 국내발행 채권 가격을 결정하는 내국환 신용 등급을 올리지 않았다. 북한 경제가 무너질 때 한국이 치러야 할 엄청난 비용을 감안했다는 것이 존 체임버스 이사의 설명이다.

리먼 브러더스의 로빈 윕스덴 부사장(신용 조사 담당)도 한국 경제의 당면한 문제는 은행 위기가 아니라 통일 위기라고 주장한다. 그는 5년 전 한국 정부가 외환 위기를 극복하는 과정에서 수십조 원의 공적 자금을 조성하여 은행을 살렸던 것처럼 이제부터 재정 자금에서 통일 비용을 마련할 것을 권했다.

정쟁의 이슈가 된 2000억 원은 앞으로 감당해야 할 통일 비용에 비하면 적은 돈에 불과하다. 정치권에서는 돈을 비밀리에 건넨 대목을 물고 늘어졌지만, 차제에 북한 붕괴 또는 포용시 필요한 거액의 자금을 어떻게 조성할 것인지를 공개적으로 논의하는 계기로 삼을 필요가 있다. 그렇지 않고는 갑작스런 북한 붕괴를 우려하는 국제 자본시장의 우려를 불식시키지 못해 국가 신인도를 추락시킬 가능성이 크다.

대선 때마다 다가오는 위기

역사는 반복되는 것인가.

한국에서 국민회의 김대중 후보가 당선된 다음날인 1997년 12월 19일, 미국 백악관 지하 상황실에 매들린 올브라이트 국무장관, 윌리엄 코언 국방장관, 로버트 루빈 재무장관 등이 참석했다. IMF가 570억 달러의 구제 금융을 지원키로 약속했음에도, 한국 경제는 회생 기미를 보이지 않았다. 원화 환율은 1달러당 2000원까지 폭등하고, 외국 채권 은행들은 한국에 빌려준 돈을 마구잡이로 빼내 갔다. 당시 백악관 지하 벙커에서의 주제는 한국의 외환 위기였다. 주무부서인 재무부의 루빈 장관은 한국 정부가 요구한 지원에 반대했지만, 국무부와 국방부는 한국의 경제불안을 장기적으로 방치하면 북한의 도발을 부를 가능성이 있다며 지원을 요구했다. 재무부는 마침내 국무부의 요구를 받아들여 한국을 지원하는 쪽으로 방향을 선회했고, 당시 빌 클린턴 대통령이 이에 서명했다.

며칠 후 클린턴 행정부는 데이비드 립튼 재무부 차관을 한국에 보내 김대중 당선자를 만나 경제 개혁 약속을 받아내고 돌아왔다. 그 다음날인 12월 24일 워싱턴의 미 재무부는 뉴욕 은행들에게 한국에 빌려준 차관의 만기를 연장하라고 지시(?)함으로써 한국 경제는 파산 직전에서 살아났다.

그로부터 5년 후인 2002년 민주당의 노무현 후보가 당선된 직후에 북한 핵개발 문제가 터져나왔다. 주무부서인 국방부의 도널드 럼스펠드 장관은 이라크와 북한과의 두 전쟁을 동시에 치를 수 있다며 한반도에서 전쟁 가능성을 강하게 시사했다. 그러나 며칠 후 콜린 파월 국무장관이 텍사스 농장에서 휴가 중인 조지 부시 대통령에게 북한 핵 문제를 무력이 아닌 외교 채널을 통해 평화적으로 해결할 것을 설득했다. 이에 부시 대통령과 그의 참모진들이 동의했다. 부시 정부는 제임스 켈리 국무부 차관보를 특사 자격으로 한국에 파견해 김대중 정부와 노 당선자 측과 북한 핵 문제에 대해 한·미 간 정책 조율을 하였다.

이슈가 경제 위기에서 핵 위기로, 한국의 문제에서 한반도의 문제로 바뀌었을 뿐 똑같은 상황이 5년 만에 되풀이된 것이다. 〈뉴욕타임스〉와 〈월스트리트 저널〉 등 미국 유력 신문에서 며칠째 1면 머리기사와 사설, 논평에 이르기까지 한반도 뉴스로 채워지고 있는 것도 5년 전과 같다. 당시엔 한국의 외환 위기가 주제였고, 미국 언론들은 '악당(villain)' 등의 험악한 용어를 사용하며 한국의 기업과 금융인을 정경 유착과 경제 파탄의 원흉으로 지목했다. 지금 미국 언론들은 한국에 대해 믿을 수 없는 우방쯤으로 냉소를 보내며, 북한에 대해 '악의 축' 등의 용어로 공격하고 있다.

외환 위기에 휩싸여 있던 김대중 정부 탄생 때와 5년 후 노무현 정부 출범 때를 비교하면, 현상적으로 비슷한 점들이 많다. 우선 대통령 선거를 전후로 첨예한 문제가 터져 한·미 간에 쟁점으로 부각됐고, 한국 경제가 둔화되었다.

물론 두 시점 사이에 한국 경제와 주변 국제 정세는 차이가 있다. 결정적인 차이점은 지난번에는 동아시아의 경제 위기였지만, 5년 후 위기에선 동북아시아의 국제 질서가 흔들렸다는 점이다. 또 5년 사이에 한국인들의 문화와 정서가 달라졌다는 것도 큰 변화다. 따라서 5년 전의 상황을 돌이켜보며 해법을 찾기엔 새로운 변수들이 많다.

정치 위기는 경제 위기의 가능성을 제기했다. 2002년 대선을 전후로 터져나온 북한 핵 문제와 주한 미군 장갑차에 의한 여중생 사망 사건 이후 제기된 반미 정서는 한국 경제에도 위험 요인으로 다가왔다. 5년 전 대선 때의 IMF 위기와 비교할 때 외환보유액이 20배 이상 늘어났고 은행이 건실해졌으며, 기업 수익도 비교할 수 없을 정도로 개선된 것은 사실이다. 하지만 그 사이에 한국 증시의 외국인 투자 비중은 13%에서 35%로 크게 증가했고, 외국인 투자가들이 한국의 주요 기업을 인수했다. 따라서 북한 핵 문제와 반미 정서는 외국인 투자가들의 불안감을 가중시켰다.

나는 2002년 대선 결과가 나온 지 며칠 후, 무너진 세계무역센터 옆에 있는 무디스를 찾아 토머스 번 부사장과 한국 경제의 진로를 논의한 적이 있다. 그때 그는 이렇게 말했다.

홍콩을 방문했을 때(2002년 12월) 투자자들이 한국의 반미 운동과 북한의 위협이 어느 정도의 상황인지에 대해 높은 관심을 갖고 있었다. 해외 투자자들은 북한 핵 문제와 한국의 반미 운동이 극단적인 위기로까지 치닫지 않을 것으로 보고 있지만, 한국 투자에 의문을 품지 않을 수 없다고 두려워했다. 북한과 미국의 관계 악화가 이미 시장에 찬 기류를 형성하고 있다. 북한 핵 문제가 악화될 경우 어떤 형태로든 한국 경제에 나쁜 영향을 줄 것이다.

노무현 당선 직후 〈월스트리트 저널〉은 한국에서 높아지고 있는 반미 분위기로 한국의 대미 수출과 미국인 투자가의 한국 투자에 차질이 빚어질 우려가 있다고 보도했다. 이 신문은 미군 장갑차에 의한 여중생 사망 사건으로 반미 분위기가 확산되면서 나이키 운동화, 맥도널드, 할리우드 영화 등 미국 상품에 대한 불매 운동이 전개되고 있다고 전했다. 〈월스트리트 저널〉은 한국에 대한 미국의 투자액이 줄어들고 있으며, 반미 감정이 수그러들지 않는 한 투자 감소 추세는 계속될 것이라고 밝혔다. 테미 오버비 주한 미 상공회의소(AMCHAM) 소장은 최근 한국에서 활동하는 미국 기업인들이 본사로부터 한국 내 반미 문제가 어느 정도 심각한지에 대한 질문을 많이 받는다고 〈월스트리트 저널〉은 소개했다.

2002년에 한국의 국가신용 등급을 두 단계 올리고, 전망을 '안정적'에서 '긍정적'으로 변경했던 무디스는 노무현 정부 출범 직전인 2003년 2월에 신용 등급 전망을 '긍정적'에서 '부정적'으로 떨어뜨렸다. 한반도를 둘러싼 국제적 마찰이 경제 위기를 불러올 가능성을 제기한 것이다.

불확실성의 노무현 시대

미국은 2002년 한국 대선에 대단한 관심을 보였다. 김대중 정부가 출범할 때 미국은 빌 클린턴 대통령의 민주당이 정권을 장악하고 있었고, 두 정부는 이념적으로 조율하기 쉬웠다. 그 덕분에 미국은 외환 위기의 늪에 허우적거리던 한국을 지원해 구제했고, 김대중 정부의 햇볕정책을 지지했다. 2002년 남북 정상회담도 미국의 지원 아래 이뤄졌고, 그 후 매들린 올브라이트 국무장관이 평양을 방문하고, 북한 군 장성이 군복을 입고 백악관을 방문하는 초유의 사건이 가능했던 것이다. 미국과 북한은 국교 회복 직전까지 갔고, 클린턴 대통령은 임기 말에 평양 방문을 추진하다가 부시 대통령 당선자의 반대로 좌절되었다.

부시 정부는 북한에 대한 강한 반감을 가졌고, 김대중 정부의 햇볕정책에 회의적인 반응을 보였다. 그래서 김대중 정부 말기 2년 동안 한·

미 관계에 금이 생겼고, 그 틈새는 더욱 커졌다. 부시 정부를 구성하는 보수 핵심층들은 2002년 대선에서 한국에 보수 정당이 정권을 장악하길 바랐고, 그런 희망을 여러 곳에서 드러냈다. 2002년 1월에 한나라당의 이회창 후보(당시는 총재)가 워싱턴을 방문했을 때 딕 체니 부통령, 폴 월 포비츠 국방부 차관 등 부시 행정부의 보수 핵심 인사들이 그를 만났다. 그 후 〈워싱턴 포스트〉 지에서 부시 정부가 이회창 후보를 지지한다고 보도한 것은 단순한 신문기사 이상인 것이다. 불행하게도 이회창 총재 의 워싱턴 방문 직후에 부시 대통령은 연두교서에서 북한을 '악의 축'으 로 규정했다.

2002년 초 민주당 경선에서 노무현 후보가 결정된 직후 부시 행정부 의 한국 담당자 또는 미국의 한국 전문가들은 노무현이 누구인지 궁금 해했다. 그는 미국에서 생소한 인물이었고, 스스로가 미국을 한 번도 방 문하지 않았음을 자랑스럽게 밝힌 바 있다. 한국에 투자하는 펀드매니 저, 신용평가 회사 사람들은 모두 노무현의 미국관과 시장 경제 및 경제 개혁 지속 여부에 대해 깊은 관심을 보였다.

정치 중심의 워싱턴과 경제 중심의 뉴욕에서 한국 대선을 보는 시각이 달랐다. 워싱턴의 한국통들은 이회창 후보와 노무현 후보 중 누가 부시 행정부의 대북한정책에 더 가까운지를 주시했다. 이에 비해 뉴욕 월 가 사람들의 초점은 김대중 정부의 경제 개혁이 어느 후보에 의해 보다 강 력하게 지속될 것인지 하는 점에 쏠려 있었다. 두 개의 관심, 즉 대한반 도정책 조율과 경제 개혁 지속성 여부를 놓고 워싱턴과 뉴욕 월 가가 선 호하는 한국의 후보가 달랐다는 얘기다.

2002년 중간 선거에서 행정부와 의회를 장악한 미국의 공화당 보수파 들은 이회창 후보의 노선을 지지했다. 부시 행정부는 북한의 핵개발 프로그램 포기를 위해 한국이 대북 경제 지원을 중단하길 기대했고, 이에 이회창 후보가 당선되는 것이 유리하다고 판단했다. 부시 행정부가 북한을 '악의 축'으로 지목한 이후 김대중 정부의 햇볕정책과 껄끄러운 관계를 형성했던 점에서 〈월스트리트 저널〉 등 보수 언론들은 보다 강력한 대북정책 조율을 위해 이회창 후보를 선호하는 논평을 썼다.

그러나 자본의 논리는 달랐다. 월 가 투자자들은 김대중 정부의 경제 개혁 조치를 지속할 가능성이 큰 노 후보 쪽으로 기울었다. 〈뉴욕타임스〉는 이회창 후보가 재벌의 지지를 받고 있다고 보도했고, 경제 개혁에 관해 과거 회귀의 가능성을 우려했다. 살로먼 스미스 바니의 제프리 셰이퍼 부회장은 한 모임에서 "과감한 경제 개혁을 지속할 경우 한국 경제는 발전할 것이며, 개혁을 지연하면 일본처럼 장기 침체에 빠질 것"이라고 말해 김대중 정부의 경제 개혁을 지속시키는 정부의 탄생을 기대했다.

그러나 노무현 후보의 포퓰리즘을 걱정하는 기류도 뉴욕 월 가에 잠재해 있었다. 노무현 후보를 야당이 공격하는 평등주의자 또는 페론주의자로 보는 시각이 세계시장에 전해진 것이다. 국제신용평가 기관인 무디스의 토머스 번 부사장은 노 후보를 '진보적 자유주의자(liberal left)'라고 규정했다.

선거 막바지에 이회창, 노무현 후보가 팽팽하게 경쟁하자 부시 행정부의 정책담당자들은 "김대중 대통령보다 더 진보적인 사람이 등장하더라도 차기 정부와 긴밀한 관계를 유지할 필요가 있다"라고 말하면서 노 후보의 대미 노선에 깊은 관심을 보였다. 부시 행정부는 동아시아에서 가장 많은 군대를 주둔시키고 있는 나라인 데다 테러 이후 새롭게 전개되고 있는 국제 전략면에서 한국 차기 정권의 협조가 필요했기 때문이다.

2002년 12월 대선에서 노무현 후보가 당선된 직후 미국 언론에서는 한국 관련 기사가 봇물처럼 쏟아졌다. 한국에 새로운 정권이 탄생한 데다 북한이 핵을 보유하려는 의사를 분명히 하면서 미국 언론에 한국 문제가 주요 이슈로 등장했다.

그러면서도 돌이킬 수 없는 대형 오보도 자주 발생했다. 〈월스트리트 저널〉은 한국 대선 직후에 낸 사설에서 노태우 전 대통령의 얼굴 커리커쳐에 노무현 당선자의 이름을 써넣는 오보를 냈다. 〈로스앤젤레스 타임스〉도 한반도 전문가를 자처하는 프랭크 기브니 교수의 기고에서 노 당선자를 '조선민주주의인민공화국(DPRK)'의 대통령으로 선출됐다고 소개해 물의를 빚었다. 신문에서 오보가 불가피하다는 점은 인정하지만, 적어도 칼럼이나 특정 분야의 전문가를 자처하는 인사의 글에서 오보가 발생하는 것은 수치다.

미국 언론들의 잇따른 오보를 단순한 실수 차원에서 보기 어려운 측면이 있다. 그것은 미국의 지식인층이 한국에 대해 무지하고 미국의 논객들이 자국 중심의 사고를 할 뿐 상대방 국가의 실정을 이해하려 들지 않는다는 점을 증명하는 것이다. 독선적인 사고에서 나온 결과이다.

이런 결과는 〈워싱턴포스트〉 지의 칼럼에서 드러난다. 보수 논객으로 알려진 로버트 노박은 칼럼에서 "군부에게 처형되기 직전 로널드 레이건 대통령에게 구출된 김대중 대통령은 한국 역사상 가장 반미적인 대통령임이 입증됐다"며 "김 대통령의 추종자인 노 당선자는 한술 더 떠 '엉클샘(미국)'의 수염을 잡아당기고 있다"라고 주장했다. 김 대통령은 반미주의자가 아니다. 그는 자신의 철학인 햇볕정책이 부시 대통령의 보수적 대외정책에 부딪혀 고민했지만, 북한에게 주한 미군 주둔의 필요성을 설득시키고, 수 차례 연설에서 미국은 한국의 우방임을 강조한 바 있다.

이런 와중에 〈월스트리트 저널〉이나 〈뉴욕타임스〉 등 미국 언론들은 최근 일제히 지도에 '동해'를 '일본해'로 표기했다. 미국 언론들이 자국 독자들에게는 공정할지 모르지만, 해외 뉴스에 대해서는 지나칠 정도로 자국 이기주의에 빠져 있다는 증거였다.

언론만이 아니다. '007, 언아더데이'는 한국을 잘못 이해한 실수를 범했다. 007과 할리베리가 북한 특수부대 요원을 가장하면서 한국 예비군복을 입었고, 한국 농민이 물소로 밭을 갈고, 불상 앞에서 007과 본드걸이 섹스 행각을 벌인 절은 동남아풍의 사원이라는 것이다. 이러한 오류는 잘못된 인식의 결과로 이어진다. 영화에서 미군 장군이 말 한마디로 한국군을 기동시킨다는 내용은 바로 미국이 한국을 마음대로 할 수 있다는 그릇된 인식을 심어주기에 충분하다.

노무현 당선 전후에 미국 언론이나 할리우드의 영화가 한국을 잘못 이해하고 있다는 사실은 한·미 관계가 삐걱거릴 수밖에 없는 배경을 제시하고 있다. 대선 직후에 나온 〈월스트리트 저널〉의 시설은 한국 대선 결과에 대해 "진정한 승자는 북한"이라며 "유권자는 때로 실수할 수 있다"라고 비아냥거렸다. 자유와 민주주의의 수호자로 자처하는 미국의 지식인이 가장 공정하고 민주적이었다는 평가를 받는 한국 선거를 폄하한 것이다. 또한 그 사설은 한국의 젊은이들이 전쟁 위협을 모른다고 주장했다.

한국을 제대로 아는 미국인들은 미군 장갑차에 의한 여중생 사망 사건 이후 한국에서 벌어진 반미 시위가 한국 자존심의 표출이라고 알고 있었지만, 주류의 목소리는 아니었다. 시카고 대학의 브루스 커밍스 교수는 "지난번(2002년 12월) 한국을 방문해서 수천 명의 젊은이들이 시위하는 것을 옆에서 보았는데, 그들은 미국인을 반대하는 것이 아니라 미국의 정책을 반대하는 것"이었다고 말했다. 도널드 그레그 코리아 소사이어티 회장은 한 모임에서 "한국은 정권이 변해도 정책이 변하지 않는데, 미국이 클린턴에서 부시 정부로 바뀌면서 한반도정책을 바꾼 것이 문제"라고 지적한 바 있다.

노무현 정부는 한·미 관계에 근본적 변화를 요구하지만, 미국은 50년간의 기득권을 놓치려 하지 않고 있다. 부시 행정부가 한국에 원하는 것과 한국의 새 정부가 추구하는 새로운 질서 사이에는 큰 차이가 있다. 이 괴리가 북한 핵 문제와 함께 한반도 위기에 또 다른 요인으로 작용하고 있다.

미국을 움직이는 지식인의 생각이 한반도 문제에 강경하게 전환되고 있을 때 한국 정부는 이를 정확히 인식하고 있었을까? 적어도 노무현 정부는 당선 직후에서 출범 초기까지 국제 정세 변화를 안이하게 파악했다는 것이 내 생각이다. 노무현 시대의 불확실성은 여기서 제기되고 있는 것이다. 그 불확실성은 두 가지로 요약된다.

첫째, 북한 핵 문제를 해결하는 과정에서 전통적 한·미 관계에 틈이 커지고 있다는 사실이다. '참여 정부' 출범에 앞서 정대철 의원을 단장으로 하는 신정부 특사단과 의회 특사단이 잇달아 워싱턴을 방문했지만, 오히려 두 나라의 시각차가 크다는 사실을 확인하는 데 그쳤다. 특사단 활동이 외교적으로 미숙했다는 지적도 있지만, 차기 정부가 본질적으로 한·미 간의 정책 조율을 하려는 의지가 미흡했다는 비난에서 자유로울 수 없을 것이다.

브라질의 대통령 당선자 루이스 이냐시오 룰라 다 실바는 2002년 12월 중순, 정식 취임을 보름여 앞두고 백악관을 방문하여 부시 대통령을 만났다. 룰라는 한 시간여의 정상회담 끝에 부시 대통령으로부터 "당신이야말로 공화당원이오”라는 흡족한 대답을 얻어냈다. 헤지펀드의 대부 조지 소로스는 사회주의자 룰라가 당선되면 브라질은 파산할 것이라고 주장하며 국제 자본의 탈출을 선도했지만, 룰라가 워싱턴의 지지를 얻어냄으로써 국가 파산을 막았던 것이다. 브라질의 룰라처럼 당선자 신분으로 워싱턴을 방문하는 것이 반드시 옳은 일이라고 주장하긴 어렵지만, 그 편이 특사단을 보내 문제를 해결하려는 것보다는 적극적인 자세인 것은 분명하다. 문제는 노무현 정부가 추구하는 포용정책이 부시 정부의 북한 포위 전략과 너무나 괴리가 크다는 점에서 한반도 긴장 완화의 해법을 찾기가 어려워지고 있는 것이다.

둘째, 노무현 정부의 경제정책에 대한 불안감이 높아지고 있다는 점이다. 노무현 대통령이 출범하기 직전에 정권 인수팀이 재벌 개혁을 내세우며 그 로비 단체인 전경련과 대결 자세를 보이는 가운데 당선자가 노동단체를 찾아 “경제계와 노동계의 힘의 불균형을 바로잡겠다”며 친근감을 보인 사실은 가진 지를 불안하게 했다. 한국 재벌이 김대중 정부의 대대적 개혁에도 불구하고 여전히 많은 문제점을 노출하고 있는 것은 분명하다. 하지만 가진 자와 없는 자를 구분하며 분배에 중점을 두는 것은 시장 질서를 유지하고자 하는 세력(투자가 계급)을 불안하게 했다. 대선 직후 한 달 사이에 한국의 종합주가 지수가 700포인트에서 600포인트 아래로 가라앉은 것은 외국인이 아니라 한국인 투자자들이 겁을 먹고 빠져나갔기 때문이라는 게 월 가의 지적이다. 가진 자들이 돈을 쓰지 않고 빼돌리면 경제가 무너진다. 과거 인도네시아, 브라질, 아르헨티나의 경제 위기는 그 나라 부자들이 돈을 싸들고 도망가면서 생겼고, 1997년 외환 위기 때 한국의 돈 있는 사람들이 달러를 사재기했다. 경제 활동에 게임의 룰을 강화하고 거시 경제의 파이를 키우며 기업의 국제 경쟁력을 높이는 것이 중요하지, 부자와 가난한 자를 나누는 식의 이분법으로 시스템을 바꾸는 것은 국내 투자자건 해외 투자자건 그들을 불안하게 할 가능성이 크다.

한국은 1970년대 유신 말기에 전통적 우방인 미국과 삐걱거린 후 정치적 위기를 맞았고, 1997년 월 가로 대변되는 국제 자본시장이 한국 경제정책을 불신했을 때 IMF 위기를 당한 경험이 있다. 미국은 세계 최강 대국이며, 9·11 테러 이후 성난 슈퍼파워로 변모했다. 노무현 정부의 대북정책과 분배 위주의 정책 기조는 슈퍼파워를 지휘하고 있는 부시 행정부와 세계 금융시장을 장악하고 있는 월 가 사이의 괴리를 크게 하고, 이에 따른 불안감을 가중시키고 있는 것이다.

노무현 대통령은 대선에서 박빙의 차이로 승리했다. 그만큼 생각이 다른 사람이 많고, 지지층도 점진적인 개혁을 원하고 있다는 의미다. 노무현 정부에 대한 불확실성이 높아지고 불안감이 고조되고 있다는 사실은 새 정부가 성급하게 모든 것을 달성하려 할 경우 많은 것을 잃을 것임을 역설적으로 시사하고 있다.

존 나이스비트 –미래학자

"21세기엔 세계 경제체제가 강화돼 GDP 개념이 사라지게 될 것입니다. 한국의 문제는 재벌에 있습니다. 대기업을 분해해서 작은 기업으로 만들고, 이를 네트워크로 형성하길 기대합니다. 그럴 경우 한국 기업들은 장기적 관점에서 힘을 가질 것으로 봅니다."

미래학자로 유명한 존 나이스비트(John Naisbits)는 낙관론자로 알려져 있다. 그는 새로운 세기에도 기술과 경제의 발전이 인류를 행복하게 해줄 것이며, 작은 기업일수록 강력한 힘을 발휘할 것이라고 주장했다. 그는 아시아 경제 특히 한국과 일본에 관해 자세할 정도로 많은 지식을 가지고 있었다. 특히 한국 재벌들이 큰 문제이며, 작은 기업으로 나눠져 네트워크를 형성해야 한다고 조언했다.

21세기는 미국의 세기가 된다는 얘기가 있습니다.

▶한 세기는 긴 세월입니다. 알 수 없는 일이지요. 20세기는 영국의 세기로 시작되지 않았습니까? 중요한 것은 앞으로 하나의 글로벌 경제가 강화된다는 사실입니다. 세계의 모든 경제가 하나로 묶이는 것입니다. 그렇게 되면 GDP란 개념도 사라집니다. 회사가 건전한가, 기업의 경영 실태가 좋은가 하는 개별 기업의 문제가 중요하지, 국가 단위의 평가는 무의미할 것입니다.

21세기의 아시아를 전망해주시지요.

▶기업이 얼마나 활력을 가지고 있는지를 보아야 합니다. 아시아 기업과 기업인들은 대단히 강한 활력을 가지고 있다고 봅니다. 아시아는 새로운 세기엔 분명히 중요한 역할을 할 것으로 봅니다.

저서 『메가트렌드 2000』에서 아시아 경제 위기를 예측하지 못했는데요.

▶예측하지 못한 것은 사실입니다. 경제가 완만한 경향을 보이지 못했기 때문이지요. 갑자기 큰 장애물을 만나 무너진 것입니다. 그렇지만 아시아는 곧 성장세를 회복하지 않았습니까? 또 다른 장애물을 만날 수도 있지만, 아시아는 새로운 세기에 훌륭한 주자로 뛸 수 있을 것입니다. 장기적 관점에서 아시아는 기대할 수 있습니다.

1997년에 영국이 홍콩을 중국에 이양하고, 1999년 말 포르투갈이 마카오를 넘겼습니다. 저서에서 '용의 세기(Dragon Century)'를 예측하셨는데요.

■ 정확하게 말하면, 넘겨준 게 아니라 본래대로 되돌려준 것이지요. 원래 중국 땅이 아니었습니까? 중국은 새로운 세기에 경제적으로 큰 나라로 부상할 것으로 믿습니다. 단일 국가로 큰 경제권을 형성하고 있고, 1999년엔 세계무역기구(WTO)에도 가입했습니다. GDP의 개념으로 중국을 평가할 수도 없고, 그런 측정법은 소용이 없습니다만, 개별 기업과 기업인들의 활력을 감안할 때 21세기에 중국은 강력한 주자로 나타날 게 분명합니다.

아시아, 라틴 아메리카, 러시아 등 이른바 이머징마켓이 지난 세기 말에 경제적으로 큰 위기를 겪었습니다. 21세기엔 이 개념이 존재할런지요.

■ 이머징마켓에 포함되어 있는 많은 나라들이 지속적으로 글로벌 경제에 합류할 것이라고 봅니다. 30년 전엔 '제3세계'라는 용어가 사용되었지요. 한국도 그 범주에 있었습니다. 이들 나라가 지금은 글로벌 경제의 일부가 되었습니다. 앞으로도 글로벌 경제에 합류하는 나라가 많아질 것이고, 장기적으로 세계는 하나의 경제권을 형성할 것입니다.

아마 이머징마켓은 새로운 개념을 필요로 할 것입니다. 한국과 같이 성숙한 이머징마켓이 생겨날 테니까요.

20세기엔 철도 · 철강 · 자동차 등 중공업이 세계 경제 발전을 주도했습니다. 새로운 세기엔 어떤 산업이 세계 경제를 이끌어나갈 것으로 봅니까?

➡️ 생명공학입니다. 굳이 화이저같이 큰 제약 회사가 아니더라도, 지금 이름도 알려지지 않았지만 새롭게 나타나는 생명공학 회사들이 강력하게 새로운 영역을 확보할 것입니다. 저는 최근에 쓴 책 『하이테크/하이터치』에서 이 문제를 다뤘습니다. 갈릴레이와 다윈은 당시의 문화와 충돌했지 않습니까? 문화와 기술이 균형을 유지하는 것이 이상적인 일입니다. 그러나 역사적으로 살펴볼 때 그렇지 않았습니다. 새로운 기술은 처음엔 종교 · 예술 · 공동체 문화와 충돌하고 서서히 균형을 이룹니다. 인간생명 분야를 비롯, 생명공학이 지금 그런 단계에 있습니다.

인터넷 등 신기술이 인간을 노예로 전락시켰다는 비판이 있습니다. 하이테크 시대에 인간의 도덕성은 사라지는 것입니까?

➡️ 도덕성의 중요성은 앞으로 더욱 강조될 것입니다. 과학자들은 새로운 발견을 한 후 법정의 도전을 받아 싸워왔습니다. 그러나 과학자는 일개 시민에 불과하지, 정신 세계의 지도자는 아니었습니다. 인간은 정신적 동물입니다. 그런 점에서 신기술과 도덕성에 대한 논란이 높아질 것입니다.

인터넷이 20세기 초 미국의 대륙횡단 철도처럼 산업 발전에 큰 원동력을 가질까요?

➡️ 그렇습니다. 인터넷은 단순한 기술의 문제로가 아니라 인간을 묶어주는 사회적인 기반이라고 볼 때 더욱 그렇습니다. 우리는 인터넷을 사회적 현상으로 보아야 합니다. 기술은 단순하게 무엇을 가능케 하는 것에 불과하고, 중요한 것은 사회적 현상입니다. 인터넷은 사람과 사람, 비즈니스와 비즈니스를

연결해주는 하부구조입니다. 채팅룸이나 제너럴 모터스의 자동차 주문 인터넷 서비스 등이 바로 그런 것입니다. 인터넷 기술과 정보화 기술은 이제 시작이고, 무선 기술도 그렇습니다. 인터넷 산업의 전망은 밝습니다.

한국 독자 중에는 나이스비트가 미래를 지나치게 낙관적으로 보는 게 아니냐는 시각이 있습니다.

➡ 그렇다고 비관적인 관점으로 돌아갈 수는 없질 않습니까(웃음). 20세기를 돌이켜보면 창조적이고 긍정적인 점이 많았습니다. 역동적인 경제 발전을 보면 긍정적이고 지지할 점들이 많지요. 더 이상 국경을 사이로 한 전쟁은 사라지지 않았습니까. 과거엔 전혀 생각할 수도 없었던 일이지요. 물론 인종 분쟁 또는 내전은 남아있습니다. 에티오피아의 내전도 그런 부류입니다. 체첸 사태나 유고 분쟁이 발생했지만, 이들 전쟁은 모두 내부적 갈등에서 나온 것이지, 국경을 사이에 둔 국가간 대규모 전쟁이 아니지 않습니까. 언론들은 보스니아 사태, 코소보 사태 등 나쁜 뉴스만 다룹니다.

그러나 같은 유고 연방에서 독립한 슬로베니아와 마케도니아를 봅시다. 경제가 엄청난 속도로 발전하고 있질 않습니까. 나쁜 뉴스만 쏟아지니까 사람들은 모든 것을 부정적으로 보려고 합니다. 저는 낙관론자입니다. 세계화가 진전되고, 투명성이 확대되고 있질 않습니까.

아시아에 집중적으로 관심을 두고 있는 이유는 무엇입니까?

➡ 저는 아시아를 잘 알고 있습니다. 1967년엔 태국에서 살기도 했지요. 한

때 저널리스트로 일하며 베트남전을 취재하기도 했어요. 아시아에는 1년에 여러 차례 방문합니다. 일본은 100번쯤 다녀왔을 정도죠. 정확하게 기억나지 않지만 한국도 10번은 방문한 것 같습니다. 저는 아시아를 사랑합니다. 아시아엔 에너지가 있고, 훌륭한 사람들이 있고, 유럽의 것보다 생동감 있는 고대 예술이 있습니다.

세계화가 진전될수록 작은 기업이 유리하다고 지적했습니다만, 최근 미국에서 벌어진 대규모 기업 합병을 어떻게 봅니까?

◪기업의 대형화가 좋다고 생각하지 않습니다. 작고 빠르게 움직이는 기업이 더 유리합니다. 공룡 시대는 갔습니다. 신문에는 은행 합병과 대형화에 관한 소식이 많이 나옵니다. 신문에 나지 않은 사실은, 최근 미국에서 105개의 신규 은행들이 설립됐다는 사실입니다. 그들은 대형 은행과 경쟁을 할 것입니다. 출판업계에도 독일의 베텔스만과 미국 랜덤하우스가 합병하여 대형출판사로 태어났지요. 그 이면에 7000개의 신규 출판사가 나타났습니다. 대형 기업과 은행의 인수합병은 그대로 갈 것입니다. 그러나 작은 기업이 강력한 경쟁력을 가질 것이고, 큰 기업들은 결국 작은 기업을 상대로 싸워야할 것입니다.

(2000년 1월 3일)

마커스 놀랜드 -IIE 선임연구원

"북한은 한국에서 돈을 얻어가고, 그렇게 해서 체제를 당분간 유지할 것입니다. 신의주 특구 등 경제특구를 만들어 개방하는 듯 보이는데, 특구는 성공하기 어렵습니다."

워싱턴 소재 싱크탱크인 국제경제연구원(IIE)의 마커스 놀랜드(Marcus Noland) 선임연구원은 한국전문가다. 그는 최근 북한의 변화는 경제적으로 상당히 어려운 상태에 있음을 드러내는 것이라고 진단한다.

북한이 최근 신의주를 자본주의 세계에 개방한다고 발표했습니다. 신의주 경제특구가 성공할 것으로 봅니까?

➡️최근 북한의 경제적 변화는 크게 세 가지로 요약됩니다.

첫째가 시장 경제를 도입하는 것입니다. 좋은 일로 평가됩니다. 둘째는 인플레이션을 창출하는 것입니다. 많은 사람들이 이 조치는 매우 위험한 것으로 평가하고 있습니다. 셋째는 경제특구를 만드는 것입니다. 개성 산업공단이 그 예입니다. 남한과 철도를 연결해서 개성 지역의 공단화를 시작하고, 그 다음으로 신의주를 개발한다는 것이지요.

북한의 신의주 특구 개발은 이미 지난 1998년부터 논의된 사안이고, 최근에 그것을 발표한 것입니다. 50만 명의 현지 주민을 내몰고 20만 명을 새로 유입시킨다는 복안을 가지고 있습니다. 중국인(양빈)을 신의주 특구를 경영하도록 초청했는데, 그는 매우 불투명한(cloudy)한 인물로 알려져 있습니다. 개성은 한국을 겨냥해서 개발하는 산업공단이고, 신의주는 중국과 연결하자는 것입니다. 신의주 건너편의 도시 단둥은 중국에서 다크호스로 급부상하고는 있지만, 경제적으로 활력이 있는 도시는 아닙니다. 북한 경제가 최근에 많이 어려워지면서 중국과 연결하려고 하는데, 저는 신의주가 크게 성공할 것으로 보지 않습니다.

중국은 20년 전에 홍콩 북쪽의 선천을 특구로 개발, 자본주의 시스템을 도입한 바 있습니다. 신의주와 선천의 차이점을 말씀해주시지요.

➡️크게 다르지요. 홍콩은 세계에서 가장 부유하고 개방된 도시의 하나이고, 광둥 지역 주민들과 동일한 민족으로 구성돼 있습니다. 홍콩은 중국 광둥

성의 많은 제조업에 투자했고, 광둥성은 크게 발전했습니다. 그렇지만 신의주의 경우 맞은편에 있는 단둥은 오래된 산업 도시이고, 특화된 산업이 없습니다. 홍콩과 비교할 수 없습니다.

중국의 특구는 활력 있고 힘 있는 자본주의 도시와 연결됐지만, 북한이 연결하려는 중국 도시는 낡은 산업 지대이며, 공산주의 도시입니다.

북한은 이미 10년 전에 나진·선봉을 특구로 개발하기 위해 개방했지만 실패했습니다. 나진·선봉이 실패한 이유는 무엇입니까?

▶ 몇 가지 이유가 있습니다. 첫째는 나진·선봉이 매우 고립된 도시라는 점입니다. 그곳에 도달하기가 어렵고, 교통망이 정비되지 않았습니다. 둘째, 산업기반 시설(infrastructure)이 갖춰져 있지 않았습니다. 셋째, 까다로운 북한의 노동 규율이 장애가 됐습니다. 북한은 매우 높은 인건비를 요구했는데, 그 임금의 대부분이 정부로 귀속됐고, 노동자에게는 조금밖에 돌아가지 않았습니다. 비경제적으로 활용한 것입니다. 그러다보니 중국이나 베트남의 도시에 비해 경쟁력을 잃게 됐습니다.

넷째는 북한의 공장 운영 방식에 문제가 있었습니다. 일본인 등 해외투자가들이 나진·선봉에 공장을 지어 근로자를 교육시키고 기계를 설치하는 등 투자를 했습니다. 일본으로 돌아갔다가 몇 달 후에 돌아와보면, 교육시킨 근로자들이 없어졌습니다. 북한이 훈련된 근로자를 국영 공장으로 빼돌린 것이지요. 대부분의 해외 투자가들은 결국 돌아가게 됐습니다. 북한 당국과 싸우면서 시간을 허비한 것입니다.

최근 북한의 경제적 변화는 김대중 대통령의 햇볕정책의 결과라고 봅니까?

▶최근의 북한 변화는 기본적으로 평양 정부가 위기에 임박했기 때문이라고 생각합니다. 북한에는 시스템이 붕괴됐습니다. 지금 북한은 새로운 변화를 하지 않으면 안 되는 절박함에 봉착해 있습니다. 과거 스타일의 시스템이 움직여지지 않고, 그것으로는 경제 문제를 해결할 수 없게 됐습니다. 무언가 새로운 시도를 해야 할 입장에 있습니다.

물론 김대중 정부의 포용정책이 북한으로 하여금 새로운 변화를 시도하는 데 큰 신뢰감을 주었다고 생각합니다. 하지만 근본적으로는 북한이 무언가 새로운 시도를 하지 않으면 안 될 정도로 시스템이 무너져 있는 것도 사실입니다.

북한의 미래에 대해 세 가지 시나리오를 제시한 것으로 알고 있는데, 그 내용을 소개해 주시지요.

▶첫 번째 시나리오는 독일의 경우처럼 북한이 붕괴해서 남한에 흡수되는 것입니다. 두 번째는 성공적인 개혁을 단행하는 것입니다. 세 번째는 개혁은 하지만 근본적인 변화는 피하면서 그럭저럭 현상을 유지하는 것입니다. 최근 몇 년 동안 북한이 지내온 과정은 세 번째의 과정입니다. 때론 남한에 손을 벌려 돈을 얻어가기도 하고, 그렇게 해서 위태롭게 버텨 나가는 것입니다.

부시 대통령이 김대중 대통령에게 전화를 걸어 북한과 대화하겠다고 약속했습니다. 북한을 '악의 축'으로 규정한 부시 행정부가 정책 기조를 바꾼 이유는 무엇입니까?

▣ 부시 행정부의 변화는 고이즈미 준이치로 일본 총리의 평양 방문에 자극 받았기 때문입니다. 북한과 일본은 국교 정상화를 논의하고, 많은 사람들의 기대보다 빨리 일들이 진척되고 있습니다. 부시 정부가 제임스 켈리 대북 특사를 신속하게 북한에 파견할 것으로 생각되는데, 고이즈미 방북에 놀란 것 같습니다.

고이즈미 총리와 김정일 위원장의 정상회담에서 얻어진 결과는 무엇이라고 봅니까?

▣ 정상회담에서 김정일 위원장이 일본인을 납치한 사실을 대담하게 인정한 것을 보고 저도 놀랐습니다.

고이즈미 총리가 북한과 국교 정상화 노력을 하겠다고 한 것도 놀라운 일입니다. 일본인들이 납치되고 죽고, 그러면서도 100억 달러의 지원을 하겠다고 한 것은 재미있는 일이 아닙니까?

어려운 질문입니다만, 한반도는 어떤 방식으로 통일될 것인지를 묻고 싶습니다.

▣ 북한은 최근 몇 년 동안에 너무나 많은 변화를 하고 있습니다. 김대중 대통령을 평양에 초대하고, 오스트레일리아와 필리핀, 뉴질랜드, 유럽 국가 등과 외교 관계를 맺었습니다. 이제 일본과 국교 정상화를 추진하고 있습니다. 그렇지만 이러한 외교 관계 확대는 극소수의 외교부 고위층에 의해 주도되고 있습니다. 지난 2개월 동안의 경제적 변화를 돌이켜보지요. 시장 원리를 도입하고 인플레이션을 유도하고 있습니다. 이런 일들은 북한 주민 전체에게 영향을 주는 일입니다. 아주 조심스런 접근이긴 하지만, 북한의 사회 동요와 정치

불안이 3개월 전에 비해 심각해지고 있다는 사실에 주목할 필요가 있습니다. 북한은 세계를 상대로 아주 위험한 주사위를 던졌습니다. 최근의 경제정책 변화와 한국, 일본에 대해 경제적 지원을 요구하는 일 등은 김정일 정권의 종말이 시작되고 있는 것으로 보아야 합니다.

과거 외교 채널 확대는 많은 사람들에게 영향을 주지 않았지만, 지금 경제시스템 변화는 북한 주민들에게 절대적 영향을 준다는 점입니다. (자본주의 도입으로) 승리한 자와 패배한 자를 가르게 되고, 그 결과로 사회 불안이 심각해질 것입니다.

여러 가지 가능성이 있지만, 북한이 남한과 비슷한 수준으로 변할 경우 남한과 북한의 협상에 의해 한반도 통일이 추진될 것입니다. 하지만 북한이 옛 동독처럼 붕괴되고 대규모 사회 불안을 야기할 가능성도 있습니다. 저의 관점에서 지난 두 달의 북한의 변화를 지켜보면 두 가지 통일의 가능성이 동시에 제기되고 있다고 봅니다.

(2002년 9월 30일)

스탠리 피셔 –전 IMF 수석부총재

"5년 전에는 미국과 세계 경제가 호황을 유지했지만, 지금은 미국 경제가 아주 어렵다는 점이 다릅니다. 하지만 한국은 지난 5년간 과감한 구조 개혁을 단행했고 정부 재정도 건실하기 때문에, 어려움을 잘 극복해 나갈 것으로 봅니다."

대통령 선거를 앞두고 주가가 폭락하고 경기가 둔화하는 지금의 상황은 5년 전 외환 위기를 겪었을 때와 비슷하다. 그러나 지난 1997년 11월 구제 금융을 전제로 한국 정부와 협상을 벌였던 스탠리 피셔(Stanley Fischer) 전 IMF 수석부총재(현 시티 그룹 부회장)는 한국 경제를 낙관했다. IMF 위기 5주년을 맞아 그를 만나 현재 한국 경제 상황을 짚어보고, 당시를 회고해보았다.

한국이 IMF 구제 금융을 받은 지 벌써 5년이 지났습니다. 그동안의 한국 경제 변화를 말씀해주시지요.

▶ 지난 5년간 한국 경제의 변화는 아주 긍정적입니다. 거시경제적 관점에서 볼 때 첫째, 한국은 변동환율제를 채택함으로써 달러에 대한 환율 고정으로 인한 불안감을 제거했습니다. 둘째, 정부 예산도 건실합니다. 많은 사람들이 한국이 금융 위기를 겪은 다른 어떤 나라보다 빠르게 회복한 이유에 관심을 갖고 있지만, 그것은 은행 부문과 기업 부문에서 구조 개혁을 빠르고 결단력 있게 단행했기 때문입니다.

저는 지난 1996년에 몇몇 한국 사람들로부터 한국이 경제 위기에 처할 가능성이 있겠는가 하는 질문을 받은 적이 있습니다. 그때 만일 위기가 닥친다면, 한국이 가장 먼저 벗어날 것이라고 대답한 것으로 기억됩니다. 당시 제가 제시한 이유는 지난 1982년에도 한국은 남미와 비슷한 경제 위기를 겪었지만, 남미와 달리 한국은 6~7년 동안 단결해서 경제에 매진한 결과, 1990년대 초 호황을 맞을 수 있었다는 점입니다. 한국이 외환 위기를 겪었을 때 한국 국민들이 단결해서 해결해 나가려는 노력은 그전에도 보여주었던 것이고, 예상하지 못했던 바가 아닙니다.

당시에 IMF가 아시아 경제 체질에 맞지 않는 서구적 경제시스템을 한국에 강제로 적용하려고 한다는 비난이 있었습니다.

▶ 저는 그렇게 생각하지 않습니다. 당시 IMF가 제시한 처방은 한국의 금융 시스템을 살리고, 기업 지배 구조를 개선하는 데 적절한 조치였다고 생각합니다. 서구시스템을 강요한 것은 아닙니다. 당신과 제가 양복을 입고 넥타이를

한 것이 똑같지 않습니까? 경제에서도 올바른 정책이란 마찬가지입니다.

1997년 12월 3일 IMF는 한국 정부와 개혁 프로그램에 합의했고, 김대중 후보도 이를 받아들였습니다. 많은 한국 사람들이 IMF 프로그램을 인정하게 됐습니다. 일부 재벌들이 부정적이었는데, 그들의 상당수는 이미 위기 이전인 1997년 초부터 거의 파산 상태에 있었습니다.

한국 정부의 경제 개혁에 대해 어떻게 평가하십니까?

▶ 저는 한국 정부와 사회가 경제 개혁을 훌륭하게 처리하는 것을 목격했습니다.

한국의 외환 위기는 대선 직전에 진행돼 선거 2주 전인 12월 3일에 IMF와 합의가 체결되었습니다. 당시 한국 경제에 대한 신뢰는 바닥에 떨어져 있었습니다.

선거 직후 한국 정부는 은행 문제를 해결하기 위해 공적 자금을 투입하기로 결정했습니다. 대통령 당선자는 IMF 프로그램을 전폭적으로 지지하고, 정부와 기업인, 노동자를 묶어 노동 구조를 개혁하고, 파업 방지를 위한 대화 장치를 만들었습니다.

한국 사회가 위기를 맞아 경제 개혁을 뒷받침하고 성공시킨 것은 아주 상징적인 일입니다. 국민들이 보관하고 있던 금을 모아 빚을 갚으라고 정부에 가져다준 것은 대단히 인상적이었지요.

금융 부문에서 더 개혁해야 할 부분은 무엇이라고 생각합니까?

■ 한국의 금융시스템도 업그레이드되고, 국제 경쟁력도 높아지는 것으로 알고 있습니다. 그렇지만 외국 은행이 한국 시장에 접근하는 데 아직도 애로 사항이 있다는 얘기를 들었습니다. 금융 부분의 개혁과 선진화는 앞으로도 계속 추진해야 할 부문입니다.

한국 경제의 소비 과열을 우려하는 시각이 많이 있습니다. 중앙 은행과 정부 사이에 금리 인상 논쟁도 벌어지고 있습니다. 한국 통화정책에 대해 조언해줄 것이 있습니까?

■ 저는 특정 국가에서 중앙 은행과 재무부가 금리 논쟁을 벌일 때 조언을 하지 않겠다고 다짐하고 있습니다(웃음). 어느 나라에서든지 중앙 은행과 재무부 사이에 금리 논쟁이 벌어지곤 합니다. 한쪽에서는 소비자 대출을 늘려야 한다고 주장하고, 다른 한쪽에서는 소비자 대출이 물가 목표를 넘어선다고 주장합니다.

최근 한국 경제 상황이 어떻게 진행되고 있는지 정확히 파악하고 있지는 않습니다. 다만 제가 IMF에 있을 때 들은 얘긴데, 어느 나라에서나 중앙 은행 사람들이 재정정책을 비판하고, 재무부 관리들이 금리정책을 비난한다는 것입니다.

미국의 경기 둔화가 2년째 계속되고 있습니다. 언제쯤 미국 경제가 완전하게 회복될 것으로 봅니까?

■ 미국 경제는 상당히 오랫동안 지난 1990년대 중반에 이뤘던 4~5%대의 성장률을 달성하기 어려울 것입니다. 그렇지만 경제를 지탱할 수 있을 정도의

성장은 이뤄나갈 것으로 봅니다. 주가 폭락, 정보통신산업 붕괴 등의 요인이 미국 경제의 정상적인 성장을 어렵게 하고, 경기 회복이 아주 느린 속도로 이뤄지고 있습니다. 지난 1991~1992년을 돌이켜보면 당시 미국 경제는 신용 경색이 심했고, 더 이상 성장은 없을 것이라는 우려가 팽배했습니다. 그러나 서서히 경제가 회복되었습니다. 현재 미국 경제는 3/4분기와 4/4분기에 3% 정도의 완만한 성장을 할 것으로 보이는데, 이는 경기 침체도 아니고, 동시에 빠른 회복도 아닙니다. 지금 미국 경제에는 여러 가지 불확실성이 앞을 가로막고 있습니다. 내년 1/4분기와 3/4분기 사이에 불확실성이 거의 제거될 것으로 보는데, 그 이후에는 정상적인 성장이 이뤄질 것 같습니다.

(1997년 11월 21일자 〈서울경제신문〉 기사를 보여주며) 한국 경제를 구제하기 위해 비밀리에 입국해서 한국 정부의 고위 관료를 만났을 때 느낌이 어떠했습니까?

▶그때 한국에 들어가서 임창렬 부총리와 한국은행 총재, 그리고 박영철 씨(당시 금융연구원장) 등을 만나보았습니다. 한국 정부와 공식 협상을 벌이기 며칠 전에 한국 상황을 체크하기 위한 것이었습니다. 당시 한국 경제는 매우 어려운 상황이었습니다. 그때 한국 관리들은 상황이 얼마나 어려운지 확실하게 모르고 있었습니다. 저는 상황이 매우 심각하고, IMF 프로그램을 수용하지 않으면 더 어려워진다는 점을 설득했지요. 제가 며칠 후 한국에서 나올 때 경제 상황은 더 어려워지고 있었습니다. 한국 관리들과의 협상은 아주 어렵게 진행됐지만, 결국 그들은 명쾌하게 받아들였습니다.

(2002년 10월 14일)

브루스 커밍스 -시카고대 교수

"대북한정책에 관해 한국과 미국 사이에 정책적 차이가 있지만, 북한 핵 문제를 해결하기 위해서는 북한을 외교적으로 포용하는 길 이외에는 방법이 없습니다. 미국이 북한과의 협상을 거부하며 시간을 끌다가는 오히려 코너에 몰릴 가능성이 있고, 북한도 이라크전을 의식해서 미국을 협상으로 유도하기 위해 강경하게 나가고 있습니다."

시카고 대학의 브루스 커밍스(Bruce Cumings) 교수는 미국과 북한이 조만간 핵 문제로 협상에 임할 것이며, 노무현 당선자의 포용정책이 한반도 긴장 완화에 큰 도움이 될 것으로 진단했다. 그는 한국 내 반미 시위가 미국의 정책에 대한 반대 의사이지, 미국인에 대한 것은 아니라고 평가했다.

지난 대통령 선거에서 노무현 후보가 당선됐습니다. 이번 선거를 어떻게 보고 있습니까?

▶한국의 민주주의가 성숙한 결과입니다. 20년 전 독재 정권 시절에 감옥에 가고 수모를 당했던 사람들을 변호해주던 노무현 씨가 대통령에 당선됐다는 것은 역사적으로 큰 변화입니다. 이번 대선이 지난 1997년 김대중 대통령이 당선된 선거보다 더 중요한 의미가 있습니다. 김 대통령은 당시 야당이었지만 1950년대부터 정치 활동을 했고, 한국에서 오랜 정치 활동을 한 이른바 3김의 한 사람이었습니다. 그런 의미에서 이번 선거에서 노 후보가 당선된 것은 아주 중요한 의미가 있고, 한국 민주주의의 건강한 발전을 의미하는 신호라고 판단하고 있습니다.

최근 북한 핵개발 문제로 미국과 북한 사이에 긴장이 고조되고 있습니다.

▶핵 문제의 발단은 북한에 있습니다. 북한이 영변 원자로를 재가동하고 우라늄을 확보하려고 하는 데서 국제적 긴장이 시작됐습니다. 미국이 북한에 대해 포용정책으로 전환한 시점인 1998년에 북한이 농축 우라늄을 확보하려고 한 것은 잘못된 것입니다. 미국 지도자들의 입장에서 볼 때 현재 일어나고 있는 일들은 북한과의 관계를 악화시키고 있습니다.

조지 W. 부시 대통령이 취임한 이후 미국은 북한에 대한 포용정책을 포기하고, 북한을 '악의 축'으로 표현했습니다. 어느 나라라도 이라크와 이란처럼 악의 축이라고 비난받았을 때 강경파들이 가만 있지 않을 것입니다. 더 이상의 포용정책을 받아들이지 말자는 북한의 강경파들이 득세하고 있는 것입니다.

　한국은 포용정책을 추구하면서 북한에 핵개발 포기를 요구하는 데 비해, 미국은 핵 포기의 압력으로 대북 원조를 중단하겠다고 위협하고 있습니다. 한국과 미국의 대북정책이 큰 차이를 드러내고 있습니다.

　■한국은 오랜 세월 동안 북한의 위협에 시달려왔고, 핵무기라고 한들 종전의 위협과 본질적으로 다를 게 없다고 생각하고 있습니다. 북한 미사일이 한국의 핵심 시설을 파괴하고 수많은 인명을 살상시키는 데는 현재 보유하고 있는 재래식 무기와 다를 게 없습니다. 수십 년 동안 북한의 위협에 직면해온 한국으로선 북한 핵미사일을 더 위협적으로 생각하지 않고 있습니다.

　하지만 미국으로선 북한의 핵개발을 오랫동안 경고해왔고, 북한이 1990년대 체결한 약속을 어기고 미국의 핵억제정책에 정면 대립하고 있는 데 대해 충격을 받고 있습니다. 워싱턴 정가의 입장에서는 테러와의 전쟁을 지속하고, 핵확산방지정책을 추구하고 있기 때문에 북한의 핵개발을 인정할 수 없는 것입니다.

　그러면 북한 핵 문제의 해결책은 무엇입니까?

　■한국과 미국 사이에 대북정책면에서 근본적인 차이가 드러나고 있지만, 중요한 것은 북한을 외교적으로 포용하지 않고는 문제 해결의 방법이 없다는 사실입니다. 제 생각으로는 미국이 이라크 문제에 집중할 때쯤 북한이 협상에 나설 것으로 봅니다. 부시 행정부는 북한 문제를 해결하고 이라크 문제에 집중하고 싶어하고, 북한은 이를 기회로 활용하고 있습니다. 그래서 북한이 이 시점에 핵 문제를 강하게 밀어붙이는 것은 미국을 협상에 끌어들이려는 의도로 생각됩니다.

부시 행정부의 입장에서는 북한이 핵개발을 포기하지 않을 때까지 협상을 하지 않을 경우 코너에 몰릴 우려가 있습니다. 워싱턴의 부시 행정부가 북한과의 협상을 거부하고 시간을 끌 경우, 그 결과는 결국 북한의 핵무장입니다. 그런 의미에서 노 당선자는 북한 핵 문제 해결에 도움이 됩니다. 노 당선자는 북한과 미국 사이의 협상을 중재할 것을 제의하지 않았습니까?

미국 장갑차에 의한 여중생 사망 사건 이후 한국에서 반미 정서가 확산되고 있습니다. 한국의 반미 운동을 어떻게 봅니까?

▣ 저는 그 움직임을 반미로 보지 않습니다. 지난해 12월 중순에 한국을 방문했을 때 수천 명의 한국 젊은이들이 시위하는 것을 보았습니다. 그들은 미국의 정책에 반대하는 것이지, 미국인을 반대하는 것은 아니었습니다. 그 모습을 보고 우리(미국인)는 두려워할 필요가 없다고 생각했습니다(웃음). 일반적인 한국인들은 미국인들에게 우호적입니다.

한국에 그런 정서가 확산되는 데는 크게 두 가지 원인이 있다고 생각합니다. 첫째는 부시 행정부가 대북 포용정책을 포기하고 김대중 정부의 햇볕정책을 방해한 것입니다. 둘째는 주한미군지위협정(SOFA)에 문제가 있다는 점입니다. 지난해 여중생 사망 사건에 대한 재판에서 미군 법정의 판결은 의도적이진 않았지만, 한국인들을 화나게 했습니다.

미국이 대북 포용정책을 수용하는 쪽으로 전환하고, 주한미군지위협정을 개정하고, 노무현 당선자의 공약처럼 한·미 간에 대등한 관계가 형성된다면 한국의 반미 움직임이 사그라들 것으로 봅니다.

　북한은 최근 시장시스템을 도입하고, 신의주 · 개성 · 금강산 등 세 곳에 경제특구를 추진하고 있습니다. 북한의 시장 개방 노력이 성공할 것으로 봅니까?

　➡북한은 이미 경제특구를 만든 경험이 있습니다. 동북 지역의 나진 · 선봉에 경제특구를 설치했고, 개성 경제특구의 경우 현대 그룹 등 한국의 전문가들이 많이 진출해서 개발되고 있지만, 움직이지 못하고 있습니다.

　신의주 특구는 양빈 장관이 중국에 체포된 이후 어떻게 될지 아직 잘 모르겠습니다. 하지만 그 계획 자체는 크게 발전한 내용입니다. 북한은 중국과 베트남이 걸어온 방향으로 가리라고 봅니다. 베트남은 경제 개혁을 통해 외국인 투자를 유치해 경제를 발전시키고 미국에까지 수출을 확대하고 있습니다. 북한은 노동당 권력을 유지한 채 경제 개혁을 밀고 나갈 것이고, 시간이 지나면서 노동당원은 중국이나 베트남처럼 부자가 되고 회사를 소유하게 될 것입니다. 이 길만이 고립된 공산 국가로부터 탈피하는 방법이라고 생각합니다.

　북한의 갑작스런 붕괴와 이에 따른 통일의 가능성을 제기하는 전문가들이 많습니다. 그럴 가능성이 있다고 봅니까?

　➡저는 북한의 갑작스런 붕괴를 주장한 적이 없습니다. 저는 북한이 오랫동안 생존할 재원을 가지고 있다고 보고 있습니다. 1998년부터 시작된 한국의 햇볕정책은 북한체제를 유지하는 데 도움이 되었습니다. 따라서 현재 북한의 붕괴 가능성은 10년 전보다 더 줄어들었습니다. 그동안 한국과 미국의 포용정책은 북한체제를 유지하고 생존하도록 하는 것이었습니다. 하지만 앞으로 대북한정책이 어떻게 전개될 것인지가 북한체제 유지의 관건이 될 것입니다.

한국에서는 커밍스 교수가 북한에 너무 우호적이라는 비판이 있습니다.

▶저의 견해가 북한에 동정적이라는 말에 공감하지 않습니다. 저는 북한 문제를 해결하는 유일한 방법이 외교적으로 포용하는 정책이라고 오랫동안 주장해왔습니다. 우리는 50년 이상 북한과 대결 국면을 지속해왔습니다. 그 결과는 북한 정권이 변하지 않고 있다는 것입니다. 북한이 변하기를 원한다면, 북한으로 하여금 한국과 미국, 러시아, 중국, 일본과 대화하도록 유도하는 것입니다. 그래도 북한이 변하지 않으면 포용하지 말아야 합니다. 저는 이 주장을 오랫동안 해왔을 뿐입니다.

(2003년 1월 1일)

토머스 번 -무디스 부사장

"외국인 투자자들이 북한 핵 문제, 한국의 반미 운동 등에 높은 관심을 가지고 있습니다. 이 문제들이 외국인 투자자들에게 위험 요소로 작용하고 있습니다."

토머스 번(Thomas Byrne) 무디스 부사장은 북핵 문제, 반미 운동 등으로 한국에 대한 국가 위험도가 높아지고 있다고 진단했다. 하지만 그는 노무현 대통령 당선자가 경제 개혁을 지속할 것임을 다짐한 것은 한국 경제의 신뢰도에 긍정적 요소가 될 것이라고 평가했다. 그는 또 한국의 가계 부채는 아직 위험 수위는 아니며, 일본 경제의 취약성이 해결되지 않고 있다고 진단했다.

노무현 정부가 곧 출범합니다. 경제정책에 어떤 변화가 있을 것으로 봅니까?

▶우리는 수년 동안 한국의 여야 의원들을 만나 이야기를 들었습니다. 대체로 경제 개혁을 진전시켜야 한다는 데 의견을 같이했습니다. 노무현 대통령 당선자는 소액 주주의 권한을 강화하고, 재벌의 오너십을 분리하는 등 기업 지배 구조 개선을 진척시켜 나갈 것으로 보입니다. 금융 개혁과 재벌 개혁을 진전시키겠다고 한 점들은 모두 긍정적입니다.

노 당선자의 차기 정부에 대해 우려되는 점은 한국 사회가 양극화되고 있다는 것입니다.

과거 외환 위기 때 노사정 세 그룹이 힘을 합쳐 위기를 성공적으로 극복하고, 세계 역사에 훌륭한 선례를 남겼습니다. 노조는 파업 자제를 약속했고, 재벌과 금융 기관들도 내부 개혁을 단행했으며, 관료들은 경제 개방을 훌륭하게 처리했습니다. 그 결과 한국 증시에 500억 달러의 외자가 유입되고, 한국 경제 회복에 큰 원동력이 되었으며, 한국은 넉넉한 외화를 보유하게 됐습니다.

그러나 이제 근로자와 사용자, 그리고 정부 사이에 이뤄졌던 단결에 금이 가고, 서로 갈라지는 극화 현상이 나타나고 있습니다.

또 최근 나타나고 있는 반미 운동이 해외 투자자를 두렵게 하고 있습니다. 지금까지 외국인 투자가 많이 들어와서 한국 경제에 도움이 됐지만, 이 운동은 외국인 투자자에게는 위험 요소로 작용할 수 있습니다.

국회에 야당이 다수당입니다. 새 정부 출범 후 정쟁이 심해질 때 신용 등급 평가에 어떤 영향을 미칩니까?

▶어느 나라에도 정부와 의회의 마찰은 있습니다. 한국처럼 신용 등급이 높은 나라도 마찬가지입니다. 우리는 모든 정치 활동을 체크하지는 않지만, 정책이 실패하거나 정쟁으로 인한 파장이 커질 때 주목합니다. 한국의 경우 안보 문제도 중요한 문제가 됩니다. 우리의 평가는 정치 성숙도나 경제 개혁 추진 정도를 의미하는 것이 아닙니다. 정치적 갈등으로 정부 지출에 균형이 깨지거나 의무 이행이 지연될 때 평가 요인으로 삼습니다. 한국은 수년 동안 민주주의가 진척됐기 때문에 정치적 갈등이 생기더라도 잘 해결될 것이고, 시스템을 마비시킬 정도의 위험 요인을 만들지는 않을 것입니다.

북한 핵 문제로 미국과 북한 사이의 긴장이 고조되고 있습니다. 한반도 긴장이 한국의 신용 등급 평가에 어떤 영향을 줄 것으로 봅니까?

▶최근 북한 핵 문제는 한국에 투자하는 외국인들의 분위기를 냉각시키고 있습니다. 제가 지난달에 홍콩을 다녀왔을 때 많은 투자자들이 한반도 상황에 대해 질문을 하더군요. 북한이 왜 절망적인 상태에 빠졌는지, 한국의 반미 운동은 어느 정도인지, 한국과 미국의 관계는 지속될 것인지 등의 질문이 나왔습니다. 투자자들은 한반도 사태가 파국으로 가지는 않을 것으로 보지만, 어쨌든 많은 의문을 제기했습니다. 특히 반미 운동으로 한국과 미국 사이의 관계가 예측할 수 없는 길을 가는 게 아닌가 하는 걱정도 있었습니다. 한국의 경제 규모가 크고, 국제 사회에서 비중이 높기 때문에 한반도 문제는 한국은 물론 국제 경제에 큰 비중을 차지하고 있는 것이지요.

홍콩 투자가 회의 마지막 날에 한반도 사태로 인해 한국 경제가 흔들리거나 한·미 관계에 변화가 있지는 않을 것이라는 결론이 내려졌습니다. 또 한국만이 단독으로 북한을 포용할 경우 한국 경제에 큰 타격이 있을 것이라는 전망도 나왔습니다. 북한 경제는 절망적이기 때문에 일본, 미국 등 여러 나라의 지원이 필요한데, 북한이 국제 사회로부터 고립될 경우 한국의 부담이 커진다는 것이지요.

한국 정부의 포용정책은 북한 경제가 붕괴되지 않도록 함으로써 과거 동서독의 통일에서 나타난 엄청난 비용을 줄이려는 것으로 저는 이해하고 있습니다. 미국과 일본, 러시아, 중국이 대북 포용정책에 참여하는 것이 한국 경제에 도움이 될 것입니다.

한국 가계 대출이 급증해 사회 문제가 되고 있습니다. 제2의 은행 위기가 올 것이라는 우려도 있습니다.

▶ 우리는 이 문제를 점검한 적이 있는데, 아직 경고 단계일 뿐 위험 단계는 아니라고 결론지었습니다.

첫째, 소비자 대출이 급격하게 증가했지만, 시작 단계의 수위가 아주 낮았습니다. 아직 기초 여건이 흔들릴 단계는 아닙니다. 또 금융감독위원회가 나서서 소비자 대출에 제한을 가하는 등 규제 조치를 취하는 것도 긍정적 요소입니다. 새 정부가 소비자 대출에 균형을 유지하도록 조치를 취할 것으로 봅니다. 둘째, 현재의 소비자 대출은 과거 재벌에 대한 은행 대출, 금융 기관의 무분별한 외화 차입 등과 같이 균형을 잃지는 않았다는 점입니다.

결론적으로 소비자 대출의 문제로 인해 한국 금융 기관의 신용 등급이 낮아지는 일은 아직 없다는 것입니다.

최근 한국 국가신용 등급 전망을 '안정적(stable)'에서 '긍정적(positive)'으로 변경했습니다. 신용 등급을 언제 올려준다는 얘기입니까?

➡ 원론적으로 말하자면 앞으로 1~2년 내에 등급을 조정하겠다는 뜻입니다. 지난해 11월 한국 신용 등급 전망을 상향 조정했을 때 한국의 외환정책, 거시정책 등을 종합적으로 고려한 것입니다.

한국은 정부의 외환 보유액이 늘고, 정부의 금융 및 재벌 정책이 진전되면서 신뢰를 높였습니다. 우리는 대통령 당선자가 경제 개혁을 지속할 것으로 믿고 있습니다.

하지만 한국 경제에 세 가지 불확실성이 존재합니다. 첫째, 대통령 당선자의 정권 이양 과정에서 혼란이 발생할 것인지, 둘째, 유가 상승, 엔화 하락 등 대외 요인이 어떻게 변할 것인지 하는 것입니다. 셋째는 최근 문제가 되고 있는 북한 핵 등 한반도 안보 상황입니다. 우리는 이러한 것들을 1월에 종합 점검해서 새롭게 평가할 것입니다.

일본 경제도 1997년 아시아 위기 때처럼 붕괴될 가능성이 있습니까?

➡ 일본 경제에 대한 신뢰도가 하락하면서 해외 자본이 일본을 탈출할 가능성은 배제할 수 없지만, 일본의 수출산업은 높은 국제 경쟁력을 가지고 있습니다. 소니와 도요타 같은 회사는 미국이나 유럽 기업 이상의 경쟁력을 가지고 있고, 해외에서 많은 돈을 벌어옵니다. 일본의 해외 자산도 많습니다. 따라

서 일본은 5년 전 아시아 국가처럼 경제가 붕괴되지는 않을 것입니다. 다만 수출산업이 일본 경제의 10%에 불과하고 90%가 내수산업인데, 여기에서 발생하는 금융산업의 부실, 재정 적자가 커져가고 있다는 것이 문제입니다.

(2003년 1월 3일)

존 체임버스 –S&P이사

　“북한 핵 문제라는 지정학적 위험이 최근 한국의 신용 등급에 영향을 주고 있지만, 우리는 한반도에 전쟁이 일어날 가능성이 희박하고 외교적인 방법으로 해결될 것으로 봅니다.”

　무디스와 함께 월 가의 양대 신용평가 회사인 S&P의 존 체임버스 이사(John Chambers, 국가신용 평가 담당)는 “한국에서 전개되는 반미 운동이 국가 신인도에 영향을 주지는 않는다”라고 말했다. 그는 노무현 당선자가 김대중 정부의 경제 개혁을 이어나갈 것이며, 정부가 경제에 개입하는 비중을 최소화할 필요가 있다고 지적했다. 그는 또 일본이 경제 회복을 위해 엔화를 급격히 절하할 가능성에 대비할 것을 주문했다.

북한 핵 문제로 인해 한반도에 전쟁이 일어날 것으로 봅니까? 북한 문제가 한국의 국가 신용 등급에 어떤 영향을 미칠까요?

▶한반도에서 전쟁이 일어날 가능성은 희박하다고 봅니다. 한국이 처한 지정학적 문제는 수십 년 동안 국가신용 등급을 결정할 때 중요한 요소가 되어 왔습니다. 지정학적 위험 요소가 국가신용 평가에 중요한 나라들이 많습니다. 예를 들어 이스라엘의 지정학적 위험도는 한국과 비슷하거나 더 높을 것입니다. 인도와 파키스탄도 지역 분쟁으로 인해 신용평가가 낮게 나오고 있고, 사이프러스는 지정학적 위험이 높습니다. 우리는 국가 신인도를 평가할 때 지정학적 위험도를 중요한 요소로 고려합니다.

현재 한국의 지정학적 위험도는 지난 1994년만큼 높습니다. 그때 거의 전쟁 직전까지 가지 않았습니까? 하지만 우리는 한국과 미국, 일본, 러시아가 한반도 긴장 완화를 위해 노력하고 있고 아무도 군사적 해결을 통해 사태를 악화시키는 것을 원치 않고 있다는 점에 초점을 맞추고 있습니다.

노무현 정부의 경제정책을 어떻게 전망하는지요?

▶집권당이 대통령 선거에서 승리했기 때문에 기존의 경제정책이 지속되기를 희망합니다. 우리는 선거 이전에 민주당과 한나라당 중 어느 정당이 승리하든 경제정책에는 큰 변화가 없을 것으로 전망했습니다.

지난 5년 동안 한국의 경제정책은 모범적이었습니다. 한국 경제는 다른 아시아 국가들보다 높은 성장을 유지하고 위험이 줄어들었습니다. 그런 점에서 노무현 당선자가 김대중 정부의 경제정책을 이어나갈 것으로 봅니다.

한국 노동 세력의 요구가 높아지고 있고, 한국 근로자들의 움직임을 걱정하는 목소리도 높아지고 있습니다.

▶한국의 노동운동이 격렬하다는 평을 받는데, 이런 평가는 일부 근거가 없다고 생각합니다. 1960년대 이후 한국 경제가 성공한 이면에는 근로자들이 근면했고 저임금에도 불구하고 높은 생산성을 창출했던 것이 주요인이었습니다. 그 덕분에 한국 경제는 번영했고, 경쟁력을 획득했습니다. 아시아 국가나 다른 공업 국가에서 보기 힘든 것이었습니다. 노 당선자가 공약으로 내세운 주5일 근무제는 선진국(OECD) 국가의 기준으로 볼 때 합리적인 수준입니다. 한국은 이 제도를 운영해갈 능력이 있다고 봅니다.

또 한국 경제가 지난 1997~1998년에 아주 위험한 상태에 놓였을 때 근로자들이 경제 위기를 극복하는 데 크게 협조했습니다. 한국 경제가 똑같은 상황을 맞는다면 노동자들의 대응이 같을 것으로 봅니다.

외국인 투자자들이 한국 젊은이들의 반미 감정을 걱정하고 있습니다. 반미 운동이 국가 신인도에 영향을 줍니까?

▶저는 최근에 나타난 반미 시위가 한국에 대한 외국인 직접 투자나 포트폴리오 투자에 직접적인 영향을 줄 것으로 생각하지 않습니다. 한국의 반미 시위가 프랑스에서 있었던 반미 시위보다 심각하다고 보지 않습니다. 한국에는 전쟁을 경험하지 않은 세대에 견해차가 있고, 그들은 확산된 인터넷을 비공식 채널로 활용하여 빠르게 결집하고 있는 것 같습니다. 한국에서의 반미 감정은 10년 전 파나마에서 있었던 반미 감정과 유사합니다.

우리(S&P)의 국가신용 등급 평가팀에도 미국인과 비(非)미국인이 있는데,

미국의 정책에 대해 서로 견해가 다릅니다. 저는 미국인이므로 미국의 정책을 지지하지만 일본, 싱가포르, 캐나다 출신자들은 저의 견해에 동의하지 않습니다.

결론적으로 한국의 반미 감정이 국가신용 평가에는 영향을 주지 않습니다.

한국의 가계 대출이 문제로 되고 있습니다. 위험 수위에 있다는 지적도 있고, 그렇지 않다는 지적도 있습니다.

▶S&P에서 한국 가계 대출에 관해 연구한 적이 있습니다. 그 결론은 한국의 소비자 대출이 관리 가능하다는 것입니다. 국가신용 평가의 입장에서 볼 때 한국의 소비자 대출 증가는 지난 4~5년 동안 한국 경제가 높은 성장을 유지하는 데 도움이 되었다는 점입니다. 소비자 개인은 평생의 잠재적 소득이 어떻게 될 것인가를 생각해서 소비를 합니다. 사람들은 자신의 수입이 보장될 것으로 믿고 어느 시점에 집을 구하고, 자동차를 삽니다. 개인의 소비는 전체적으로 볼 때 합리적으로 운영됩니다. 이런 합리적 소비가 많은 사람들에게 확산되면 재벌의 무분별한 씀씀이보다 안정적일 것입니다.

노무현 당선자가 재벌정책을 강화하겠다고 약속했습니다. 지난 5년 동안 재벌 개혁을 했는데, 더 해야 하는가 하는 불만이 있습니다.

▶1997년 외환 위기 이전에 한국의 재벌은 잘 운영되지 못했습니다. 한국 재벌들은 해외 신인도에 신경 쓰지 않았고, 부채를 지나치게 늘렸으며, 수익 면에서 효율적이지 못했습니다. 김대중 정부가 재벌의 대외 신인도를 높이고

부채 비율을 축소하도록 한 조치는 긍정적인 반응을 얻었고, 한국 경제를 위험에서 구해냈습니다. 재벌정책을 더 지속하는 것은 환영입니다.

김대중 정부와 노무현 정부 사이에 경제 개혁이 달라져야 한다는 견해도 있습니다. 어떻게 보십니까?

▶특정 정부에 대해 어떤 정책을 채택하도록 권고를 하는 것은 S&P의 입장이 아닙니다. 그것은 아마 IMF에서 하는 일일 겁니다. 우리는 정부의 정책이 어떻게 나오는가를 관찰하고, 그 정책이 금융 부채에 어떤 영향을 줄 것인지를 판단합니다. 아까도 언급했지만, 노무현 정부는 김대중 정부의 개혁을 이어받아 개혁의 2세대를 열 것으로 봅니다. 재벌 부문을 건실하게 유도하고, 수출을 확대할 것으로 봅니다. 이런 것들은 환영받을 일입니다. 하지만 한국 경제가 높은 성장을 유지하려면 정부가 원칙을 정하고, 경제에 대한 개입을 최소화해야 합니다.

한국의 국가신용 등급이 현재 'A-'이고 신용 전망이 '안정적(stable)'으로 되어 있습니다. 한국의 신용 등급을 언제 올려줄 것입니까?

▶우리는 매일 한국의 신인도를 점검하고 항상 관찰하고 있습니다.

한국은 지난 1998년 이래 신용 등급이 항상 업그레이드됐습니다. 한국 사람들이 우리를 만날 때 항상 물어보는 질문이 '다음번 신용 등급 상향 조정을 언제 할 것이냐' 하는 것입니다(웃음). 김대중 대통령이 당선되고 나서 은행의 자금 사정을 들춰보니 오늘 내일 하는 상황이었습니다. 그러니 신인도를 올리는 것이 가장 큰일이었겠지요.

우리는 지난해 7월에 한국의 신용 등급을 상향 조정했습니다. 그때는 외국환 신용 등급만 올렸고, 내국환 신용 등급은 올리지 않았는데 그것은 북한 문제 때문이었습니다. 지금처럼 전쟁 위험을 걱정한 것이 아니라 그때엔 북한의 경제적 붕괴를 전제했습니다. 북한이 언제 붕괴될지 모르지만, 그 비용의 대부분은 한국에게 돌아갈 것입니다. 한국의 통일 비용은 엄청날 것으로 생각되는데, 그 불확실성을 고려한 것입니다.

현재 한국의 신용 전망은 '안정적'인데, 그것은 상향 조정의 압력과 하향 조정의 압력이 동등하다는 것을 의미합니다.

(2003년 1월 20일)

KI 신서 504

전쟁 이후의 미국 경제, 불황은 계속된다

지은이 김인영

1판 1쇄 인쇄 2003. 4. 4
1판 1쇄 발행 2003. 4. 14

펴낸곳 (주)북21
펴낸이 김영곤
책임편집 권정희
영업 · 마케팅 김중현 · 안경찬 · 박성인 · 김진갑 · 박진모

등록번호 제10-1965호
등록일자 2000. 5. 6.
주소 서울시 마포구 서교동 464-41 미진빌딩 2층 (121-841)
전화 (02)336-2100(대표)
팩스 (02)336-2151(대표)
이메일 book21@book21.co.kr
홈페이지 www.book21.co.kr

값 13,000원
ISBN 89-509-0570-1 13320

※ 잘못 만들어진 책은 구입하신 서점에서 교환해드립니다.